Ambroise Vollard
Auguste Renoir. Ein Künstlerleben.
Mit zahlreichen Abbildungen, Gesprächsnotizen und Zeichnungen

SEVERUS Verlag

Vollard, Ambroise: Auguste Renoir. Ein Künstlerleben. Mit zahlreichen Abbildungen, Gesprächs-
notizen und Zeichnungen. 2019
Neuauflage der Ausgabe von 1924
ISBN: 978-3-96345-227-7

Korrektorat: Friederike Grube

Umschlaggestaltung: Annelie Lamers, SEVERUS Verlag
Umschlagmotiv: www.pixabay.com

Bibliografische Information der Deutschen Nationalbibliothek: Die Deutsche Nationalbibliothek
verzeichnet diese Publikation in der Deutschen Nationalbibliografie; detaillierte bibliografische
Daten sind im Internet über https://dnb.de abrufbar.

Der SEVERUS Verlag ist ein Imprint der Bedey & Thoms Media GmbH,
Hermannstal 119k, 22119 Hamburg

SEVERUS Verlag, 2019
http://www.severus-verlag.de
Gedruckt in Deutschland

# Ambroise Vollard

---

# Auguste Renoir
# Ein Künstlerben

Mit zahlreichen Abbildungen,
Gesprächsnotizen und Zeichnungen

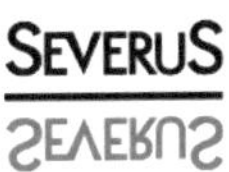

Editorische Notiz:
Der Text der vorliegenden Edition beruht auf der Ausgabe:
Ambroise Vollard: Auguste Renoir, Verlag Bruno Cassirer, Berlin, 1924. Übersetzer: Albert
Dreyfus. Die Orthographie wurde behutsam modernisiert, grammatikalische Eigenheiten blei-
ben gewahrt. Die Interpunktion folgt der Druckvorlage. Der Inhalt ist im historischen Kontext
zu lesen.

# Inhalt

# Vorbemerkung

In dieser Ausgabe findet man einige Stellen, die in der großen illustrierten Ausgabe *„La Vie et l'Œuvre de Renoir"*[1] fehlen, die zuerst ausgedruckt war, aber erst später erschien, da die Bildbeigaben noch nicht fertig waren. Man kann auch einige Varianten in beiden Ausgaben feststellen.

Man muss sich wohl vor Augen halten, dass das vorliegende Buch aus tausend Einzelzügen zusammengesetzt ist: Ausschnitte aus Gesprächen mit Renoir, die sich über fünfundzwanzig Jahre hin erstrecken und sowohl von seinen Erlebnissen als auch vom Gang der alten und der modernen Malerei handeln; Beobachtungen über Tun und Lassen des Malers, Beobachtungen über seine Umgebung (Familie, Besucher). Darüber hinaus wollte der Verfasser ein Bild des ganzen Kunstmilieus geben, in dem Renoir stand, mit seinen Sammlern, die spekulieren, den Kunstsnobs, den Kritikern, den modernen Mäzenen …

Der Leser mag verstehen, dass beim Sichten eines so weitläufigen Materials von Notizen und weit zurückreichenden Erinnerungen, beim Gruppieren und Anordnen so disparater Elemente in einer ersten Ausgabe kleinere Mängel und Auslassungen nicht zu vermeiden waren; in dem vorliegenden Buch sind daher Einzelheiten richtig gestellt, andere hinzugefügt.

*A. V.*

---

[1] Les Editions G. Crès & Co., Paris 1919.

# I

## WIE ICH DIE BEKANNTSCHAFT RENOIRS MACHTE

### *(1894)*

Ich wünschte zu erfahren, wer auf einem Bild Manets das ich besaß, Modell gestanden habe. Es stellte einen Mann dar in einer Allee des Boulogner Wäldchens, mit einem grauen Hut auf dem Kopf, mit malvenfarbigem Jackett, gelber Weste, weißer Hose und Lackschuhen; beinahe hätte ich die Rose im Knopfloch vergessen. Man hatte mir gesagt: „Renoir muss wissen, um wen es sich handelt." Ich suchte Renoir auf, der auf dem Montmartre in einem alten, „Nebelschloss" genannten, Gebäude wohnte. Ich traf im Garten ein Hausmädchen von zigeunerhaftem Aussehen, das mich warten hieß, indem sie nach dem Flur deutete, als eine junge Dame dazu kam, von der Rundung und Gutmütigkeit jener Bürgersfrauen aus der Zeit Ludwigs XV. auf gewissen Pastellen Perroneaus: es war Madame Renoir.

„Wie? Man hat Sie nicht hereingeführt! Gabriele!" Das Mädchen war überrascht von den Vorwürfen der Herrin:

„Aber es ist doch so kotig draußen. Und die Boulangère[2] hat vergessen, die Strohmatte vor die Tür zu legen!"

Madame Renoir ging ihren Gatten benachrichtigen. Ich blieb im Speisezimmer, wo ich die schönsten Gemälde Renoirs bewundern konnte, die ich bis dahin gesehen hatte.

Renoir erschien alsbald.

Ich sah ihn zum ersten Mal: ein magerer Mann mit durchdringendem Blick, sehr nervös, den Eindruck erweckend, als könne er nicht auf einem Fleck stehen bleiben.

Ich trug ihm mein Anliegen vor.

„Ihr Mann heißt Monsieur Brun, ein Freund Manets. Aber da droben können wir besser miteinander reden. Wollen Sie mich in mein Atelier begleiten?"

---

2     Bäckerin. Spitzname eines anderen Mädchen Renoirs.

Renoir führte mich in einen höchst banalen Raum: zwei oder drei Möbel, die nicht zusammenpassten, ein Wirrwarr von Stoffen, einige Strohhüte, die der Maler zu verknüllen liebte, ehe er seine Modelle stellte. Überall Leinwände, hintereinander geschichtet. Neben dem Stuhl für das Modell bemerkte ich einen Stoß von Nummern der „Revue Blanche", einer Rundschau der „Jungen", die beim Publikum Erfolg hatte, und in der, wie ich mich erinnerte, dem Impressionismus Lob gezollt wurde. Sie waren noch unter Streifband.

„Das ist", sagte ich, „eine interessante Zeitschrift."

*Renoir.* „Ach ja! Ich bekomme sie von meinem Freund Natanson zugeschickt, aber ich gestehe, ich habe sie nie aufgemacht."

Und da ich die Hand danach ausstreckte, fuhr Renoir lebhaft dazwischen:

„Verschieben Sie nichts; das ist so hingelegt, damit mein Modell seinen Fuß darauf stützt."

Renoir hatte sich vor seine Staffelei gesetzt und seinen Farbenkasten geöffnet. Ich war erstaunt über die Ordnung und Sauberkeit, die da herrschte. Diese Palette, diese Pinsel, nach dem Verbrauch ausgequetschten und aufgerollten Tuben machten den Eindruck einer beinahe weiblichen Genauigkeit.

Ich sprach mit Renoir von den beiden Akten im Speisezimmer und wie entzückt ich von ihnen sei.

„Es sind Studien nach meinen Dienstmädchen. Ich hatte einige mit wundervollem Körperbau und die saßen ruhig wie Engel. Freilich muss ich hinzufügen, dass ich nicht anspruchsvoll bin. Der erste beste dreckige A ... ist mir gerade recht, vorausgesetzt, dass die Haut das Licht auffängt. Ich weiß nicht, wie es die andern anstellen, so faisandiertes Fleisch zu malen. Das nennen sie Damen der Gesellschaft! ... Haben Sie je Damen der Gesellschaft gesehen, deren Hände man gern malen möchte? Es ist so hübsch, Frauenhände zu malen, aber Hände, die Hausarbeit verrichten! In Rom, in der Farnesina, gibt es eine *Venus* von Raffael, die den *Jupiter* anfleht, sie hat Arme ... entzückend! Man fühlt, das ist eine dicke biedere Frau, die wieder in ihre Küche geht, was Stendhal zu sagen veranlasste, dass Raffaels Frauen gewöhnlich und schwerfällig seien."

Das Modell kam. Ich schickte mich zum Weggehen an. Ehe ich mich verabschiedete, fragte ich den Maler, ob ich wiederkommen dürfe.

„So oft Sie wollen! Aber kommen Sie lieber nach Beendigung meines Tagewerks, wenn die Nacht anbricht."

Das Leben Renoirs war nämlich wie bei einem Beamten geregelt. Er ging mit derselben Pünktlichkeit in sein Atelier wie der Angestellte in sein Büro. Es sei hinzugefügt, dass er früh zu Bett ging, nach einer Partie Dame oder Lotto mit Madame Renoir. Wenn er länger aufgeblieben wäre, so wäre die Sitzung des folgenden Tages in Frage gestellt worden. Sein ganzes Leben lang war Malen sein einziges Vergnügen, seine einzige Erholung.

Ich erinnere mich an eine Begegnung mit Madame Renoir aus dem Jahr 1911. Sie kam voll Hast aus einer Klinik, in der Renoir denselben Tag operiert werden sollte.

„Wie geht es ihm?" „Die Operation ist auf morgen verschoben worden. Entschuldigen Sie mich, ich bin in großer Eile, mein Gatte schickt mich nach seinem Farbenkasten. Er will die Blumen malen, die ihm heute früh gebracht worden sind! … " Renoir arbeitete den ganzen Tag an diesen Blumen; er arbeitete noch anderen Tags daran, bis man ihn holte, um ihn auf den Operationstisch zu tragen.

Ein anderes Mal, 1916 (Renoir war über 75 Jahre alt), bemerkte ich während eines Aufenthalts in Cagnes wie er plötzlich entmutigt aussah.

Ich sprach mit ihm von der Leinwand, an der er gerade malte.

„Ich will nicht mehr malen, ich tauge zu nichts mehr …"

Eine so große Niedergeschlagenheit kam über Renoir, dass er die Augen schloss. Aus Angst ihm beschwerlich zu fallen ging ich in den Garten. Einen Augenblick darauf wurde ich von der „großen Luise" gerufen.

Monsieur bittet Sie ins Atelier.

Ich fand Renoir vor seiner Staffelei, einen strahlenden Renoir … Er hatte eine Studie von Dahlien in Angriff genommen.

„Schauen Sie, Vollard, ist das nicht beinahe ebenso leuchtend wie eine Schlacht von Delacroix? Diesmal, glaube ich, habe ich es, das Geheimnis der Malerei. Ach, wie schade, dass jeder vermeintliche Fortschritt zugleich ein Schritt gegen das Grab hin ist! … Eine kurze Zeit noch leben, um das Meisterwerk zu schaffen! …"

* * *

Man kann sich vorstellen, mit welcher Eile ich von der Erlaubnis Gebrauch machte, ihn wieder besuchen zu dürfen.

7

In der nächsten Woche bereits kam ich wieder. Nach dem Abendessen. ⸱r war bereits zu Bett gegangen.

„Da ich heute Abend allein bin, legte ich mich noch früher wie gewöhnlich zu Bett. Gabriele wird mir *La Dame de Monsoreau* vorlesen. Ich lade Sie zu dem kleinen Fest ein."

Aber *La Dame de Monsoreau* war unauffindbar.

„So sehen Sie, Gabriele", sagte Renoir, „nach, was es sonst in der Bibliothek gibt."

Gabriele schloss einen Wandschrank auf, in dem etwa zwanzig Bände durcheinander lagen. Sie zählte auf: „*Cruelle Enigme, Peints par Eux-Mêmes, Lettres à Françoise, La Confession d'un Amant, Deuxième Amour. Les Fleurs du Mal* …"

Renoir unterbrach:

„Eines der Bücher, das ich am meisten verabscheue. Wer mag mir das wieder zugetragen haben! Wenn Sie wie ich im Salon der Madame Ch. – ich glaube – von Mounet-Sully – den Vortrag des Gedichts *Das Aas* gehört hätten, mit all den dummen Gänsen ringsum, denen das Wasser im Munde zusammen lief! … Genauso verhält es sich mit den anderen Schmökern, deren Titel uns Gabriele nannte. Meine Freunde versetzten mir zu allen Zeiten solches Zeug, aber zuletzt wird es einem über. Nicht wahr?"

Gabriele fuhr fort: „*Mon Frère Yves, La Chanson des Gueux, Les Misérables* …" Renoir, der bis dahin gleichgültig zugehört hatte, streckte bei diesem letzten Namen die Hand abwehrend aus.

*Ich.* „Es heißt, die Verse von Hugo seien sehr schön …"

*Renoir.* „Es wäre Wahnsinn, das Genie Hugos abzuleugnen, aber ich finde seine Kunst, so wie sie einmal ist, grauslich. Und hauptsächlich hasse ich diesen Mann, weil er den Franzosen abgewöhnt hat, sich einfach auszudrücken … Gabriele, gehen Sie bestimmt mir morgen, *La Dame de Monsoreau* kaufen."

Und indem er sich an mich wendete:

„Welches Meisterwerk! … Das Kapitel, wo Chicot die Prozession segnet …"

„ – Monsieur, rief plötzlich Gabriele, „ich habe ein Buch von Alexander Dumas gefunden!"

Das Gesicht Renoirs heiterte sich auf.

„Ach, lassen Sie mich sehen!"

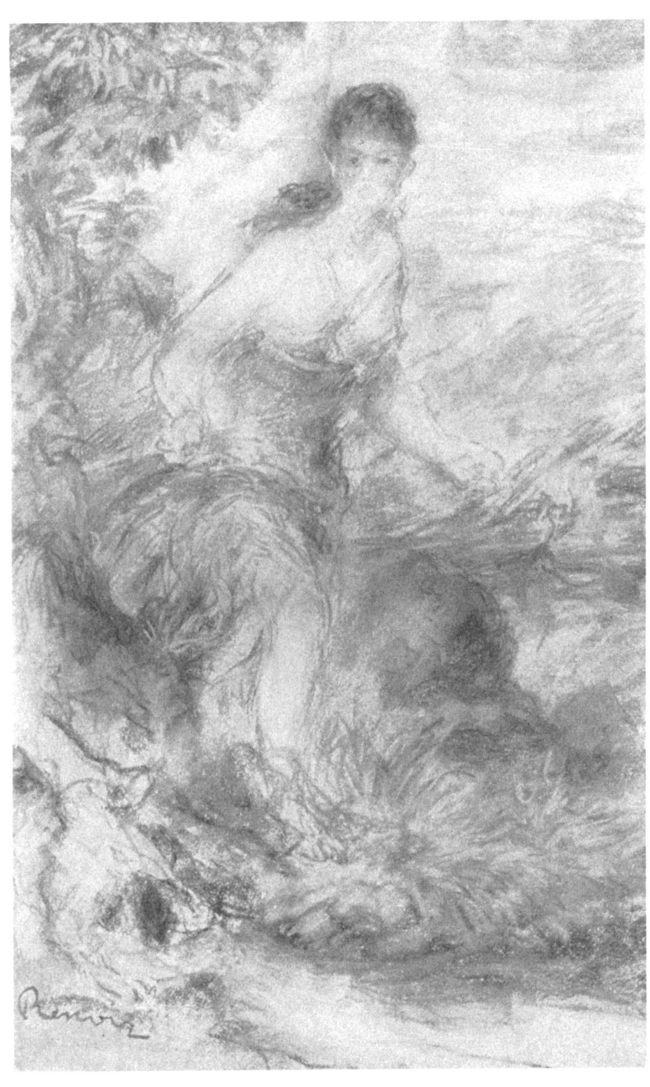

ZEICHNUNG

Gabriele kündigte triumphierend *La Dame aux Camélias* an.

„Nie im Leben", protestierte Renoir. „Ich mag nichts, was der Sohn geschrieben hat, und dieses Buch am wenigsten. Von jeher finde ich sentimentale Huren entsetzlich!"

* * *

Ich hatte auf dem Buffetaufsatz im Speisezimmer ein kleines Kaffeeservice und zwei handbemalte Porzellanleuchter bemerkt, so wie sie fleißige junge Mädchen bemalen.

Ich dachte an ein Geburtstagsgeschenk.

„Es sind noch die einzigen Stücke, die mir von meinem früheren Beruf als Porzellanmaler geblieben sind", sagte mir Renoir.

Und er erzählte mir einige Einzelheiten aus seiner Jugend. Mir machte das, was ich hörte, den tiefsten Eindruck, und ich gewöhnte mich von nun an, jedes Mal wenn ich Renoir sah, daran, ihn nach Dingen aus seinem Leben zu fragen. Diese Geschichte des Daseins eines großen Malers will ich wiedergeben, und ich habe nur die eine Sorge, dass ich die Worte, die ich jeweils mit Sorgfalt aufzeichnete, so getreu wie möglich wiederhole.

II

## Die Anfänge

*Renoir.* „Ich bin in Limoges im Jahre 1841 geboren. Darf ich Ihnen sagen, dass in unserer Familie eine Geschichte über unseren Namen im Umlauf ist? Wenigstens hat mir meine Mutter oft erzählt, wie mein Großvater, der von adliger Abkunft war, und dessen Familie unter der „Schreckensherrschaft" zugrunde gegangen war, als ganz kleines Kind von einem Holzschuhmacher, der Renoir hieß, bei sich aufgenommen und adoptiert wurde. Wie dem auch sei, mein Vater war, als ich geboren wurde, ein bescheidener Handwerker, dem es zu schwer wurde, in seinem Heimatbezirk vorwärtszukommen, und darum bald darauf nach Paris ging, um dort sein Glück zu versuchen. Verlangen Sie keine Einzelheiten über Limoges: ich war kaum vier Jahre alt, als ich von dort fortging, um nie wiederzukommen …

In Paris bewohnten wir ein Haus in der Rue d'Argenteuil, und zwar in ihrer Verlängerung über den Carrousel-Platz, wo sie gleichsam ein Enklave innerhalb des Louvre bildete. Meine ersten Jugenderinnerungen haften infolgedessen an dem Schauplatz, auf dem Balzac die Liebesgeschichte des Baron Hulot und der Madame Marneffe spielen lässt.

In der Gemeindeschule, die ich besuchte, erhielt ich Vorwürfe von meinen Lehrern, dass ich Allotria trieb, weil ich Männchen in meine Hefte zeichnete. Meinen Eltern war dies keineswegs leid, sie waren ganz glücklich darüber und sahen mich bereits als zukünftigen Porzellanmaler. Da mein Vater aus einer Stadt stammte, die wegen ihrer Keramik berühmt war, erschien ihm selbstverständlich der Beruf eines Porzellanmalers als das Schönste auf der Welt, noch schöner als Musik, für die mich mein Gesangslehrer auf der Gemeindeschule zu gewinnen suchte; das war kein anderer als Gounod, damals dreißigjährig und Chordirigent in Saint-Eustache. Sobald entschieden war, dass ich „Künstler" werden sollte, schickte man mich in Paris zu einem Fabrikanten glasierter Tonwaren in die Lehre. Zu dreizehn Jahren musste ich mir mein Leben verdienen. Meine Aufgabe war, einen weißen Grund mit kleinen Sträußen zu dekorieren, die mit fünf Sous das Dutzend bezahlt wurden. Wenn es sich um große Stücke handelte, so waren auch

11

die Sträuße dementsprechend größer, und ich erhielt eine freilich äußerst geringe Lohnerhöhung; der Prinzipal war der Ansicht, dass man seinen „Künstlern“, natürlich in ihrem eigenen Interesse, nicht zu sehr die Taschen mit Gold füllen dürfe. Dieses ganze Geschirr war für den Orient bestimmt; ich muss hinzufügen, dass der Meister vor dem Versand auf die Rückseite jeden Stücks das Zeichen der Manufaktur von Sèvres stempelte.

Sobald ich mich ein wenig sicherer fühlte, gab ich die kleinen Sträuße auf und warf mich auf das Figürliche, immer zum selben Hungerlohn. Ich erinnere mich, dass mir das Profil der Marie-Antoinette acht Sous einbrachte. Die Fabrik, wo ich arbeitete, war in der Rue du Temple gelegen. Ich musste um acht Uhr morgens dort sein. In der Erholungspause von zehn bis zwölf Uhr lief ich in den Louvre, um nach der Antike zu zeichnen. Die Mahlzeiten nahm ich da ein, wo ich mich gerade befand. So war ich eines Tages im Hallenviertel auf der Suche nach einem Lokal, wo es Ochsenfleisch und Bratkartoffeln gäbe; ich blieb ganz hingerissen vor Jean Goujons *Fontaine des Innocents* stehen, die ich noch nicht kannte. Vielleicht in der Erinnerung an diese sehr alte Begegnung habe ich immer eine besondere Neigung für Jean Goujon behalten. Welche Reinheit, welche Naivität, welche Eleganz, und zu gleicher Zeit welche Festigkeit im Stofflichen! Heutige Marmorskulpturen scheinen aus Seife gemacht; bei den alten Bildhauern sieht der Marmor aus wie mit wuchtigen Hammerschlägen bearbeitet, dass die Späne fliegen; und dabei geben sie noch die Struktur des Fleisches!

Germain Pilon hat es machen wollen wie Jean Goujon; es ist ihm nicht gelungen. Seine Draperien sind zu kompliziert. Es ist schrecklich, Draperien zu machen! Wie bei Jean Goujon sich die Draperie gut mit der Form vermählt! Wie sehr lässt sie die Muskeln hervortreten!

Doch wobei war ich gerade? – Richtig, ich wollte Ihnen erzählen, dass ich nach meinem Besuch im Louvre und dieser Mittagessenspause wieder ins Atelier zurückkehrte, wo ich bis zum Abend meine Tassen und Teller bemalte. Und das war noch nicht alles. Nach dem Abendessen ging ich zu einem braven, alten Bildhauer, der Modelle von Vasen und Schalen für meinen Prinzipal anfertigte. Er war mein Freund geworden und bezeigte mir sein Interesse, indem er mich seine Modelle kopieren ließ.

Nach Ablauf von vier Jahren war meine Lehrzeit zu Ende. Vor dem Siebzehnjährigen eröffnete sich die prächtige Laufbahn eines Porzellanmalers, der sechs Franken im Tag verdient, als eine Katastrophe hereinbrach, die meinen Zukunftstraum hinwegfegte.

Man hatte gerade die ersten Versuche mit einem Druckverfahren auf Steingut und Porzellan gemacht; wie immer, wenn die Maschine eine Handarbeit ersetzt, war die Begeisterung des großen Publikums für dieses neue Verfahren sehr groß. Das Atelier musste schließen. Ich versuchte zwar mit der Maschine zu konkurrieren, indem ich für denselben Preis arbeitete, aber ich musste schnell darauf verzichten. Die Händler, denen ich meine Tassen und Untertassen anbot, antworteten mir wie auf Verabredung: ‚Ah, das ist mit der Hand gemacht! Unsere Kundschaft zieht die Maschinenarbeit vor, die regelmäßiger ist‘. Da machte ich mich daran, Fächer zu malen. Wie viele Male habe ich die Einschiffung nach Kythera gemalt! So geschah es, dass die ersten Maler, mit denen ich vertraut wurde, Watteau, Lancret, Boucher waren.

Um genauer zu sein, das *Bad der Diana* von Boucher war das erste Gemälde, das mich im Innersten packte, und ich habe es mein ganzes Leben lang geliebt, so wie man seine ersten Lieben liebt, wenn man mir auch immer wiederholte, gerade dies dürfe man nicht lieben, zudem Boucher nur „ein Dekorationsmaler“ sei. Ein Dekorationsmaler, als ob das ein Makel wäre! Dabei ist Boucher einer der Maler, der am besten den Frauenkörper verstanden hat. Er hat Gesäße von jungen Frauen gemacht, kleine Grübchen, gerade so, wie sie sein sollen. Es ist sonderbar, dass man nie einem Mann die Eigenschaften zusprechen will, die er hat! Man kriegt zu hören: „Mir ist ein Tizian lieber als ein Boucher.“ Wahrhaftig, mir auch! Immerhin hat Boucher sehr hübsche kleine Frauen gemacht! Ein Maler, sehen Sie, der ein Verständnis für Brüste und Hinterteile hat, ist fein heraus.

Hier, noch etwas Gelungenes. Als ich mich eines Tages im Louvre für einen Fragonard begeisterte, für eine *Schäferin* mit einem entzückenden Unterrock, der für sich allein schon das ganze Bild ausmachte, höre ich da nicht jemand bemerken, dass die Schäferinnen jener Zeit ebenso schmutzig gewesen sein müssen wie die heutigen? Erstens schere ich mich den Teufel drum, und zweitens, wenn dem so ist, wie groß muss unsere Bewunderung für einen Maler sein, der nach so schmutzigen Modellen ein solches Kleinod schuf!“

*Ich.* „Und Chardin?“

*Renoir.* „Chardin, das ist ein sch … langweiliger Maler … Er hat hübsche Stillleben gemacht …

Ich sprach Ihnen gerade von meinen Fächern. Glücklicherweise hatte ich noch andere Einnahmequellen.

Mein älterer Bruder, ein Medailleur, verschaffte mir zuweilen den Auftrag, Wappen zu reproduzieren. So erinnere ich mich an einen *Heiligen Georg, der einen Schild hält,* in den ich einen anderen *Heiligen Georg* in der gleichen Stellung hineinzusetzen hatte, und so fort in immer gleicher verkleinernder Wiederholung, bis der letzte Schild und der letzte *Heilige Georg* nur noch mit einem Vergrößerungsglas zu erkennen war.

Aber alles zusammengenommen, die Fächer und die *Heiligen George* brachten doch wenig ein, und es ging mir schon recht übel, als ich eines Tags in der rue Dauphine hinten in einem Hof ein großes Café mit Glasveranda bemerkte, deren Wände gerade einige Maler bemalten. Im Näherkommen hörte ich einen Wortwechsel: der Wirt fluchte und schimpfte über diese Faulenzer von Arbeitern, niemals würden die Malereien in seinem Café bei Zeiten fertig! Ich biete ihm alsbald meine Dienste an.

Aber es wären wenigstens drei Arbeiter dafür nötig ... und richtige Arbeiter, betonte der Wirt, denn ich war klein und schmächtig.

Ohne mich daran zu kehren, ergriff ich einen Pinsel. Ich zeige diesem Dickkopf, dass ich es mit wem immer an Schnelligkeit im Malen aufnehmen konnte. Sie können sich sein Vergnügen ausmalen, und auch ich war schön zufrieden!

Nach Beendigung dieser Kaffeehausfresken kehrte ich ohne Begeisterung zu meinen Fächern zurück mit dem Vorsatz, diese Tätigkeit bei erster Gelegenheit aufzugeben. Diese Gelegenheit bot sich bald dar. Als ich bei einer Werkstatt vorbeiging, sah ich ein kleines Plakat auf die Tür geklebt: *Ein Arbeiter für Stores gesucht.* Ich trete auf gut Glück ein. ‚Wo haben Sie gearbeitet‘? forscht der Meister. Ich antworte ausweichend: ‚In Bordeaux‘. Ich wählte einen weit entlegenen Platz, da ich mir einbildete, man käme auf die Idee, sich an Ort und Stelle nach meinen Talenten zu erkundigen. Aber er hatte ganz andere Dinge im Kopf, der Meister. Er sagte: ‚Wo haben Sie gearbeitet‘? weil das die übliche Formel ist, wenn ein Arbeiter Anstellung verlangt. Er fügte sogleich hinzu: ‚Bringen Sie mir eine Probe Ihrer Kenntnisse; und auf Wiedersehen, junger Mann‘!

Bevor ich ging, hatte ich Zeit, mit einem der Arbeiter, der gutmütig aussah, ein Gespräch anzuknüpfen und in Erfahrung zu bringen, wie es sich mit dem Storebemalen verhielt.

„Kommen Sie mich nächsten Sonntag besuchen, hatte er mir geantwortet; ich werde Ihnen das Verfahren zeigen; wir werden ein wenig miteinander reden.“ Ich verfehlte nicht, hinzugehen. Meine erste Frage war,

ob der Meister bequem sei. – ‚O, das ist ein recht braver Mann; ich bin
sein Neffe.‘ Nach manchem Zögern wagte ich zu gestehen, dass ich niemals Stores bemalt hätte. ‚Aber das ist doch gar nicht so arg‘!, erwiderte
der andere. ‚Haben Sie schon Figuren gemalt‘? Ich atmete auf. Ich war
ganz beruhigt, als ich sah, dass die Storemalerei allen anderen Malweisen
sehr ähnlich war, bis auf dies, dass man der Farbe ein gewisses Quantum
Terpentin hinzufügen musste.

Ich bemerke noch, dass dieser Storefabrikant für Missionare arbeitete.
Er ließ auf Kalikostreifen biblische Szenen malen, wie man sie auf Kirchenfenstern sieht. Die Missionare nahmen sie aufgerollt mit, spannten
sie an Ort und Stelle auf Rahmen und gaben so den Negern die Illusion,
in einer wirklichen Kirche zu sein.

Ich brauchte nicht lange, so hatte ich eine prächtige Jungfrau mit den
drei Weisen und mit Cherubim hingehauen. Mein Lehrer zollte mir rück-
haltlose Bewunderung. ‚Würden Sie es wagen, sich an einen *Sankt Vinzenz
von Paul* zu machen‘? fragte er mich schließlich. Ich muss dazu bemerken,
dass bei den *Jungfrauen*, die ich malte, der Hintergrund des Bildes aus
Wolken bestand, die man leicht durch Reiben der Leinwand mit einem
Tuch hervorbrachte; nur dass einem die Farbe in die Ärmel rann, wenn
man den Handgriff nicht los hatte. Die *Sankt Vinzenz von Paul* dagegen
erforderten mehr Sachkenntnis. Diese Persönlichkeit wurde gewöhnlich
beim Almosengeben vor einer Kirchentür dargestellt, wozu man not-
wendigerweise einen Architekturhintergrund erfinden musste. Da ich
nicht weniger siegreich aus diesem zweiten Examen hervorging, wurde
ich sofort angestellt. Ich trat für einen alten krankgewordenen Arbeiter
ein, von dem ein längeres Ausbleiben zu erwarten war. ‚Sie treten ganz
in seine Fußstapfen, sagte der Meister; gewiss werden Sie ihm eines Tags
gleichkommen‘. Ein einziger Punkt beunruhigte meinen Arbeitgeber. Er
war von meinen Leistungen entzückt und gestand sogar, dass er niemals
eine geschicktere Hand gefunden habe; aber da er den Wert des Geldes
kannte, so ärgerte es ihn, dass ich mich auf so leichte Weise bereichern
sollte. Mein Vorgänger, der den Neulingen immer als Muster angeführt
wurde, malte nie etwas ohne längere Vorbereitung und eine sorgfältige
Einteilung in Vierecke. Wenn der Meister mich auf den ersten Anhieb hin
die Figur hinsetzen sah, erstickte er beinahe: ‚Welches Unglück, so viel
Geld verdienen zu wollen! Sie werden sehen, dass Sie sich zum Schluss
verhudeln‘! Als er sich endlich entschließen musste, bei mir auf die Ein-

teilung in Vierecke zu verzichten, hätte er gern den Lohn heruntergesetzt, aber ich war von seinem Neffen beraten: ‚Geben Sie nicht nach, sagte er mir; man kann Sie nicht entbehren‘!

Als ich indessen eine kleine Summe errafft hatte, sagte ich selbst meinem Storefabrikanten Lebewohl. Sie können sich seine Enttäuschung vorstellen. In seinem Bedauern über meinen Abschied verstieg er sich bis zum Versprechen, mir eines Tags sein Haus zu überlassen, wenn ich weiter mit ihm arbeiten wollte. Trotz dieses blendenden Angebots ließ ich mich nicht beirren, und da ich für eine Zeit lang genug zum Leben hatte, vorausgesetzt natürlich, dass ich mir keine großen Sprünge erlaubte, machte ich mich auf, „die große Malerei“ bei Gleyre zu erlernen, wo man nach dem lebenden Modell studierte.“

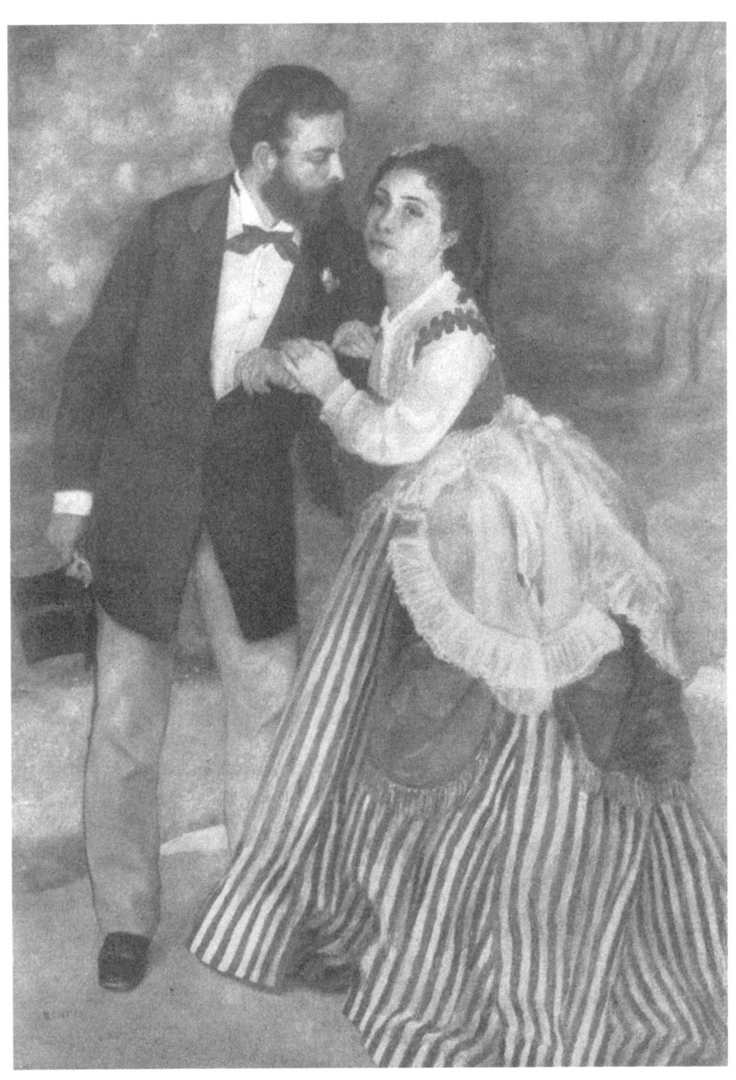

Das Ehepaar Sisley

# III

## Das Atelier Gleyres

*Renoir.* „Wenn meine Wahl auf das Atelier Gleyres fiel, so geschah es, weil ich dort meinen Freund Laporte wiederfand, mit dem ich schon als kleines Kind verbunden war. Und vielleicht wäre ich noch bei meinem Storefabrikanten geblieben, wenn mich Laporte nicht so sehr dazu gedrängt hätte, mit ihm zusammen zu arbeiten. Unsere schöne Kameradschaft indessen dauerte nicht lange, unsere Kunstrichtung war zu verschieden; aber wie dankbar bin ich Laporte, der schuld ist an meinem Entschluss; denn so kam es dazu, dass ich Maler wurde, und auch, dass ich Monet, Sisley und Bazille kennen lernte!

Dieser Gleyre war ein sehr achtbarer Schweizer Maler[3], aber er konnte seinen Schülern von keinem Nutzen sein. Wenigstens hatte er das Verdienst, ihnen alle Freiheit gelassen zu haben. Es dauerte nicht lange, dass ich mich mit den drei eben genannten Kameraden befreundete, von denen der eine, der so viel versprechende Bazille, ganz jung in der ersten Schlacht von 1870 fiel. Kaum dass man jetzt beginnt, ihm Gerechtigkeit widerfahren zu lassen. Die ersten Käufer des „Impressionismus“ nahmen seine Malerei kaum ernst, wahrscheinlich, weil Bazille reich war.“

*Ich.* „Welches waren die Maler, zu denen Sie und Ihre Freunde sich hingezogen fühlten?“

*Renoir.* „Monet kam von Havre, wo er Jongkind kennengelernt hatte, den er sehr bewunderte. Sisley stand hauptsächlich unter Corots Einfluss; was mich anlangt, so war Diaz in erster Linie mein Mann. Freilich war damals die Malerei Diaz', die so schwarz geworden ist, leuchtend wie Edelsteine.“

*Ich.* „Sie haben mir nicht von der Ecole des Beaux-Arts gesprochen …“

*Renoir.* „Die Ecole des Beaux-Arts war lange nicht, was sie heute ist. Es gab nur zwei Kurse: einen Zeichenkurs abends von acht bis zehn Uhr und einen Anatomiekurs, für den man aus der nahen medizinischen Akade-

---

3    Von ihm: *Die verlorenen Illusionen* im Louvre.

mie sich die Leichen ausleihen konnte. Ich ging zuweilen in diese beiden Kurse, doch die Maltechnik lernte ich bei Gleyre."

*Ich.* „Welche Lehrer hatten Sie in der Ecole des Beaux-Arts?"

*Renoir.* „Ich erinnere mich hauptsächlich an Signol ... Ich war eines Tags dabei, eine Figur nach der Antike zu zeichnen. Signol, der Korrektur hatte, trat zu mir: ‚Sie fühlen also nicht, dass die große Fußzehe des Germanikus mehr Erhabenheit zeigen muss als die große Fußzehe des Kohlenhändlers vom nächsten Eck'? Und er wiederholte feierlich: ‚die große Fußzehe des Germanikus'! ...

Einer meiner Nachbarn äußerte in diesem Augenblick ein Wort der Unzufriedenheit über seine Zeichnung. Signol bezog es auf sich und meinte obendrein, ich hätte das Wort gesagt; ich wurde auf der Stelle entlassen. Er hatte seine Feindseligkeit von dem Tag an gegen mich bezeugt, als er eine Ölstudie von mir bemerkte, die ich in den Kurs mitgebracht hatte.

Nehmen Sie sich in acht, ein zweiter Delacroix zu werden! rief er außer sich wegen eines armseligen Rot, das ich auf die Leinwand gesetzt hatte."

*Ich.* „Immerhin, nach dieser Richtung ist ein Fortschritt zu verzeichnen. Man beginnt, Ihre Farbe zu ertragen, ja sogar zu lieben. Ich bin im Luxembourg-Museum einem „Kenner" begegnet, der überfloss von Begeisterung: ‚Renoir ist der Gott der Farbe'! Aber ich kann Ihnen nicht verschweigen, dass er nicht in gleichem Maß Ihre Zeichnung goutierte. Als er vor der *Mater dolorosa* vorbeikam, stand Ihr Amateur plötzlich still: „Immerhin eine verteufelte Linie! Wie schade, dass Renoir zu seiner fabelhaften Farbe nicht auch die Zeichnung Bouguereaus besitzt!"

*Renoir.* „Ich kenne nichts Komischeres als die Amateure. Die beiden, die ich vor meiner Leinwand diskutieren sah: ‚Zweifellos ist sie von einer enormen Qualität', sagte der eine, ‚aber ist das ein Genrebild oder ein Historienbild'? Doch das Stärkste ... wieder ein Name, den ich vergessen habe ... Sie wissen schon, jener Krawattenhändler, der Bilder von Gustave Moreau kaufte ... Kurz, er zeigt mir in seiner Villa in der Nähe von Paris zwei kleine schlechte Pendantbilder, *Corot* gezeichnet. Und als ich einen Zweifel äußerte: ‚Pah'!, sagte er, ‚für's Land'! ...

Ich könnte heute mit Mandelmilch malen, man würde nicht weniger das Leuchten meiner Malerei rühmen; Sie hätten aber die schmutzige Farbe auf meiner Palette sehen sollen zu einer Zeit, als mich die Leute als Revolutionär verschrien! Ich kann wenigstens sagen, dass ich ohne Begeis-

terung im Asphalt schwamm; ich wurde auf dieser Bahn von einem Bilderhändler bestärkt, dem ersten, der mir Aufträge gegeben hat. Viel später erst
verstand ich die Vorliebe solcher Leute für die Schwarzmaler. Auf einer
Reise in England hatte ich die Bekanntschaft eines Sammlers gemacht,
der behauptete, einen Rousseau zu besitzen … Er nahm mich mit zu sich,
führte mich in ein Zimmer, in dem er aus Respekt für das Meisterwerk
nur auf Zehenspitzen ging, und indem er einen Schleier von einem großen
Rahmen fortzog, sagte er mir mit gedämpfter Stimme: „Schauen Sie!" …

„Ist es nicht ein wenig schwarz?" wagte ich zu sagen, indem ich eines
meiner alten Produkte erkannte. Mein Hausherr unterdrückte ein Lächeln
vor einem solchen Mangel an Geschmack und brach in ein solches Lob
auf seine Leinwand aus, dass ich nicht umhin konnte, mich als ihren Urhe-
ber zu bekennen. Was folgte, ärgerte mich ein wenig. Der brave Engländer
änderte plötzlich seine Meinung über die Schönheit seiner Erwerbung.
Er genierte sich nicht, den schamlosen Dieb, der ihm an Stelle eines
Rousseau einen Renoir angehängt hatte, vor mir mit Verwünschungen zu
überhäufen … Und ich hatte mir eingebildet, mein Name finge schon an
bekannt zu werden! Denn dieser Auftritt fand zu einer Zeit statt, wo ich
schon lange keinen Asphalt mehr brauchte.

Es gibt einen Hauptgrund, der mich bewog, die Schwarzmalerei aufzugeben … die Begegnung mit Diaz.

Diese Begegnung fand eines Tags unter merkwürdigen Umständen statt,
als ich im Wald von Fontainebleau arbeitete, wo ich im Sommer gewöhnlich mit Sisley landschafterte. In dieser Zeit hatte ich, um zu arbeiten, selbst
wenn ich draußen malte, die Bluse an, die die Porzellanmaler in der Werkstatt tragen. Dieses Mal hatte ich Krach mit Passanten, die mich wegen
meiner Bluse verspotteten … Ich blieb ihnen die Antwort nicht schuldig,
und die Sache nahm eine üble Wendung. In diesem Augenblick kam mir
jemand zu Hilfe, dem es trotz seines Holzbeins gelang, meine Angreifer in
die Flucht zu schlagen, dank einem Stock, den er mit großer Geschicklich-
keit handhabte. Als ich ihm dankte, sagte er: ‚Ich bin auch Maler; ich heiße
Diaz'. Ich drückte ihm meine Bewunderung für seine Malerei aus, und
schüchtern zeigte ich ihm die Leinewand, die ich in Arbeit hatte. ‚Das ist
nicht übel gezeichnet', sagte mir Diaz. (Das war vielleicht das einzige Mal,
dass ich meine Zeichnung loben hörte.) „Teufel aber, warum malen Sie
so schwarz? Sogleich begann ich eine Landschaft, indem ich den Bäumen
und den Schatten auf dem Terrain die Helligkeit verlieh, die ich an ihnen

sah. „Du bist verrückt! rief Sisley aus, als er meine Landschaft sah, welche Idee, .die Bäume blau und die Schatten lila zu machen?"

*Ich.* „In welchem Jahr haben Sie zum ersten Mal im Salon ausgestellt?"

*Renoir.* „1863. Ich hatte eine große Maschine hingeschickt. Kurioserweise nahm Cabanel Partei für mich. Nicht darum, weil er meine Malerei geliebt hätte. Im Gegenteil. Gleich in den ersten Worten brachte er zum Ausdruck, wie sehr er sie verabscheue. ‚Aber, beeilte er sich hinzuzufügen, es liegt ein Streben darin, das man trotz allem anerkennen muss'! Meine Leinwand stellte eine *Esmeralda* dar, die mit ihrer Ziege um ein Feuer tanzte, dessen Lichtschein eine ganze Schar von Landstreichern erleuchtete. Ich erinnere mich noch an den Widerschein der Flammen und die großen Schatten, die sie auf die Kathedrale warfen. Da ich nach Schluss des Salons nicht wusste, was ich mit einem so unbequemen Objekt anfangen sollte, und freilich auch ein wenig infolge meines Hasses gegen den Asphalt, von dem sich meine Palette noch nicht gänzlich befreit hatte, zerstörte ich mein Werk. Stellen Sie sich meine Chance vor: am selben Tag erhielt ich den Besuch eines Engländers, der gerade dieses Bild haben wollte. Und ich kann sagen, dass diese *Esmeralda* wirklich das letzte Bild war, das ich mit Asphalt malte.

Meine Kameraden des Gleyre-Ateliers hatten es zur selben Zeit wie ich mit dem Salon versucht; aber sie waren weniger glücklich wie ich. Andere Maler, die noch viel bekannter waren als ich, waren auch in diesem Jahr zurückgewiesen worden, mit Manet angefangen. Ihr Missgeschick hatte sogar in der Presse zu solchen Protesten geführt, dass Kaiser Napoleon III. in einem Lokal des Louvre die Veranstaltung eines Salons der *Zurückgewiesenen* zuließ. Nur die Organisation war einem Akademiker übertragen. Natürlich gab man den Ausstellern die schlechtesten Säle im Louvre. Zugegeben; aber würde man es heute erleben, dass ein Minister der Schönen Künste eine derartige Ausstellung im Louvre autorisiert, dass ein Bonnat Ihre Organisation übernimmt! Das kam daher, dass man im zweiten Kaiserreich sehr liberal war. Man muss auch hinzufügen, dass es damals weniger Maler wie jetzt gab, obgleich man damals schon ihre Zahl als lästig empfand. Die Entgegnung Balzacs auf die Aufforderung, eine Kritik über den Salon zu schreiben, ist typisch. Das geschah unter Louis Philippe.

„Sie wissen also nicht, dass ich beinahe vierhundert Bilder betrachten müsste!"

Die Ausstellung der Zurückgewiesenen war begreiflicherweise ein großer Lacherfolg. Manet hatte sein *Frühstück im Freien* geschickt. Diese Leinwand war gerade vom Salon abgelehnt worden, einmal, weil man die Malerei schlecht fand, dann wegen des Gegenstandes, der für unanständig befunden wurde. Die Jurymitglieder wussten offenbar nicht, dass Manet nicht nur ein Sujet der großen venezianischen Schule wiederholt hatte; er hatte auch in seinem weiblichen Akt eine Raffaelische Figur nachgeahmt.

In diesem Jahr (1863) lernte ich Cézanne kennen. Ich hatte damals im Batignollesviertel, rue de La Condamine, ein kleines Atelier mit Bazille zusammen. Eines Tags kam er in Begleitung zweier junger Leute an: ‚Ich bringe dir da zwei famose Rekruten‘! Es waren Cézanne und Pissarro.

Ich sollte sie in der Folge, alle beide, sehr intim kennen lernen; doch habe ich von Cézanne die lebendigere Erinnerung behalten. Ich glaube nicht, dass man in der ganzen Geschichte der Malerei einen Cézanne ähnlichen Fall findet. Bis zu siebzig Jahren zu leben, und vom ersten Tag an, wo er einen Pinsel hielt, vereinsamt zu sein wie auf einer verlassenen Insel! Und dann neben dieser leidenschaftlichen Liebe für seine Kunst eine solche Gleichgültigkeit gegen das einmal getane Werk, selbst wenn er das Glück gehabt hat, es zu „realisieren“! Können Sie sich einen Cézanne ohne Renten vorstellen, der genötigt ist, um zu leben, den Kunden zu erwarten? Können Sie sich ihn zu einem gefälligen Lächeln zwingen sehen, bei einem „Amateur“, der sich erlaubt, Delacroix abzulehnen? Und dazu so wenig „praktisch im Leben“, wie er selbst von sich zu sagen liebte!

Eines Tags begegne ich ihm, wie er unterm Arm ein Bild trug, das bis zur Erde reichte. – ‚Kein Geld mehr zu Hause! Ich will versuchen, diese Leinwand zu verkaufen! Nicht wahr, eine Studie, ziemlich ‚realisiert‘? ‘ (Es waren die berühmten *Badenden* der Sammlung Caillebotte, ein Diamant!) Einige Tage später begegnete ich wieder Cézanne. ‚Mein guter Renoir‘, sagte er gerührt, ‚ich bin ganz glücklich! Mein Bild hat den lebhaftesten Erfolg gehabt; es ist bei jemandem, der es gern hat‘!

Ich sage zu mir: ‚Welches Glück! Er hat einen Amateur gefunden‘. Dieser Amateur war Cabaner[4], ein armer Teufel von Musiker, der mit Mühe vier oder fünf Franken täglich verdiente. Cézanne hatte ihn unterwegs gekreuzt, und da der andere vor der Leinwand in Entzücken geriet, hatte sie ihm der Maler zum Geschenk gemacht.

---

4    Über Cabaner siehe *Paul Cézanne* von Ambroise Vollard.

Ich erinnere mich immer an die guten Stunden, die ‚ich in der Nähe von Aix, im Hause von Cézannes Vater, im Jas de Bouffan, diesem so schönen Bau aus dem XVIII. Jahrhundert, verbracht habe. Man verstand in dieser Epoche, bewohnbare Häuser zu bauen mit Kaminen, die wirklich heizten. Und in der Tat, dieser große Salon, der mit seiner so hohen Decke eisig hätte sein können, nun, welche angenehme Wärme strömte er aus, dieser Kamin, an dem man saß, mit einem Wandschirm hinter sich! Und diese guten Fenchelsuppen, die die Mutter Cézannes zuzubereiten verstand! Ich höre sie noch ihr Rezept geben, es scheint mir, es sei erst gestern: ‚Man nimmt einen Fenchel und einen kleinen Löffel Olivenöl …‘ Die brave Frau, die das war!“

Renoir nahm den Faden wieder auf: „Ich habe Ihnen vom Salon von 1863 gesprochen; im nächsten Jahr war ich nicht so glücklich. Da ich keine Gnade vor der Jury fand, musste ich im Salon der *Zurückgewiesenen* ausstellen; aber dieses Mal war der Erfolg der *Zurückgewiesenen* weniger groß. Es sollte die letzte Ausstellung dieser Art sein. Was mich anbetrifft, so hatte ich 1865 wieder das Glück, im Salon Cabanels angenommen zu werden, und zwar mit dem Bild *Ein junger Mann, der in Begleitung seiner Hunde im Wald von Fontainebleau* spaziert: Dieser junge Mann war einer meiner Freunde, der Maler Lecœur. Das Bild ist ausnahmsweise mit dem Spachtel gemalt, ein Verfahren, das mir nicht liegt. Ich erinnere mich indessen, im selben Jahr eine lebensgroße *Jägerin* ebenfalls mit dem Spachtel gemalt zu haben. Ich habe ganz einfach eine Aktstudie machen wollen. Doch da man mein Bild anstößig fand, so tat ich einen Bogen in ihre Hände und ein Reh zu ihren Füßen. Ich fügte eine Tierhaut hinzu, um ihre Nacktheit zu verbergen, und meine Aktstudie wurde zur *Jagenden Nymphe*. Deshalb gelang es mir trotzdem nicht, mich ihrer zu entledigen. Wohl trat eines Tags ein Liebhaber an mich heran, aber die Sache wurde nicht abgeschlossen, denn er wollte das Reh allein kaufen, und ich wollte nicht mein Leinwand ‚detaillieren.‘“

Dieses Gespräch hatte während eines Spaziergangs im Walde von Louveciennes stattgefunden. Plötzlich blieb Renoir stehen und wies mich auf eine Anhöhe in der Nähe: „Diese Bäume, dieser Himmel … Ich kenne nur drei Maler, die dies wiedergeben konnten: Claude Lorrain, Corot und Cézanne.“

* * *

Der Zufall führte mich mit dem Maler Laporte zusammen, diesem Jugend-
freund Renoirs, ohne den Renoir wohl noch geraume Zeit nicht daran
gedacht hätte, Bilder zu malen.

Madame Ellen Andrée, von der Renoir einige seiner besten Studien
gemalt hat, sagte mir eines Tags: „Kommen Sie doch einmal zum Frühstück zu mir nach Ville-d'Avray. Man wird draußen zwischen den Rosen-
stöcken decken und wir werden über Renoir sprechen." Ich nahm an; mit
welchem Vergnügen!

Als ich zu Ellen Andrée komme, in diesen entzückenden Garten, wo
alles wächst wie es Lust hat, – mein „Paradou", liebt sie zu sagen, werde
ich einem wohlkonservierten alten Mann vorgestellt. Sein ganzes Gehaben
wie bei Künstlern üblich: weicher Hut mit breitem Rand, romantischer
Umhangmantel. Er war von einer jungen Nichte begleitet.

Bei Tisch pries einer der Geladenen, Henri Dumont, der delikate Maler
der Winden und Rosen, die Gemälde Renoirs.

„Ist das Renoir, der Impressionist?", fragte der alte Herr. „Ich habe ihn
in meiner Jugend gut gekannt: wir waren intim miteinander. Wenn Sie ihn
wiedertreffen, sprechen Sie mit ihm von seinem Freund Laporte. Er wird
sich sicher an mich erinnern! In jener Zeit malte er Rouleaux, und ich war
gezwungen, mein Brot mit der Bemalung von Kirchenfenstern zu verdienen, – ein bitteres Brot, wenn man bedenkt, dass ich schon damals über-
zeugter Freidenker war!"

*Ich.* „Haben Sie Bilder von Renoir?"

*Laporte.* „Ja, ich habe eine *Rose*, die er mir ehemals geschenkt hat, und
ich habe ihm dafür ein *Schaf* gegeben, das mit Asphalt gemalt war, eine
Studie nach der Natur, mit der ich ganz zufrieden war. Ich muss Ihnen
sagen, dass ich Renoir ziemlich früh aus dem Gesicht verlor. Das Leben,
die Frauen haben uns auseinandergebracht!"

*Ich.* „Ich glaubte, dass Renoir in der Frau nur einen Vorwand für seine
Bilder sah?"

*Laporte* (lebhaft). „Aber ich, ich sah sie nicht nur als Malmotive an! Darum
habe ich, als ich anfing zu lieben, ein wenig meine Freunde vernachlässigt."

Und fortfahrend:

„Wenn Renoir so zeichnet, denn das ist doch – nicht wahr – seine schwa-
che Seite, nun! – ich habe es an Ermahnungen nicht fehlen lassen! Ich war
damals, ich bin immer noch auf David versessen. Das ist einer, der nicht mit
der Linie spaßt! Wenn Renoir mir gefolgt und verstanden hätte, die Zeich-

nung der Farbe gleichzustellen, wer weiß, ob er nicht ein anderer David geworden wäre, wie mein bedeutender Freund Lecomte de Nouy! Doch wenn ich zu Renoir sagte: ‚Man muss sich zum Zeichnen zwingen'! wissen Sie, was er antwortete?

‚Ich bin wie ein kleiner Pfropfen, der ins Wasser gefallen ist, und den die Strömung mit sich fortträgt! Ich gebe mich dem Malen hin, wie es mir gerade kommt'!"

*Ich.* „Jedenfalls ist doch etwas aus Renoir geworden!"

Mein Gegenpart glaubte, dass ich von den Preisen sprach, die die Renoir erreichen.

„Ja, wenn man für bare Münze alle die Preise nimmt, die man bei der Versteigerung erzielt! Doch ich, der weiß, was hinter den Kulissen vorgeht, mir ist zu gut bekannt, wie es mit diesen Dingen steht! Und wissen Sie, was ich noch neuerdings erfahre? Nun, es scheint, um die Künstler noch besser in der Hand zu behalten, gehen die Händler so weit, dass sie sie zwingen, Schulden zu machen. Jawohl, mein Herr!"

* * *

Ich sollte noch einen anderen Zeugen für die Jugend Renoirs finden. Meine Zugeherin hatte mir gesagt: „Monsieur Renoir, der hierherkommt, ich habe in einer Zeitung gelesen, dass sich seine Bilder teuer verkaufen. Nun, es gibt einen Herrn, dem ich manchmal an die Hand gehe, der Monsieur Renoir gekannt hat. Er hat es auch zu einer schönen Stellung gebracht: er ist Portier auf den großen Boulevards …"

Ich ging zu der bezeichneten Adresse. Bei meinen ersten Worten:

„Renoir! Ich habe sein Porträt neulich in einer Zeitung gesehen, ich habe ihn gleich wiedererkannt. Es ist jetzt fünfzig Jahre her; ich nahm meine Mahlzeiten in einer ‚Crèmerie' ein, wo er auch speiste. Wir waren mehrere an einem Tisch, zwei andere Maler … Renoir sprach in einem fort von der Malerei. Er nahm mich zwei, drei Mal mit in den Louvre. Zu dieser Zeit war ich Geselle bei einem Tapezierer und Dekorateur in einem Haus, das seitdem …"

„Aber erinnern Sie sich an Dinge, die Renoir sagte?"

„Als ob es gestern wäre, mein Herr! So war an unserem Tisch eine Reihenfolge eingeführt, wann einer den Markknochen bekam. Nun, Renoir sagte immer, er sei an der Reihe."

Das Gespräch stockte. Die Erinnerungen des ehemaligen Kameraden über Renoir gingen nicht weiter.

# IV

## DAS WIRTSHAUS DER MUTTER ANTHONY

### *1865*

*Renoir.* „An eines meiner Bilder, die Schenke der Mutter Anthony, behalte ich die angenehmste Erinnerung. Nicht darum, weil ich diese Leinwand für besonders aufregend hielte, aber sie stellt mir so deutlich die ausgezeichnete Mutter Anthony und ihr Wirtshaus in Marlotte vor Augen, eine waschechte Dorfschenke. Als Vorwurf zu meinem Bild nahm ich die gemeinsame Stube, die auch als Speisezimmer diente. Die alte Frau mit dem Kopftuch ist die Mutter Anthony in Person; das prächtige Mädchen, die zu trinken reicht, ist die Kellnerin Nana. Der weiße Pudel ist Toto; der hatte ein Holzbein. Um den Tisch herum ließ ich einige meiner Freunde Modell sitzen, darunter Sisley und Lecœur. Was die Motive im Hintergrund meines Bildes anlangt, so hatte ich sie den Schildereien entlehnt, die auf die nackte Wand gemalt waren. Das waren die anspruchslosen, aber oft sehr gelungenen Werke der Stammgäste. Ich selbst hatte die Silhouette Murgers darauf gezeichnet, der oben links auf meiner Leinwand figuriert. Einige dieser Dekorationen gefielen mir außerordentlich, und es war meine unablässige Sorge, dass sie nicht abgekratzt würden. Ich glaubte sie sogar in absoluter Sicherheit, als ich die Mutter Anthony darauf hinwies, dass sie eines Tags beim Abbruch dieses Hauses ein gutes Stück Geld aus den Fresken herausschlagen könne.

Im folgenden Jahr hatte ich mich in der Nähe von Marlotte, in Chailly einquartiert, wo ich die *Lise* malte (1866). Während ich eines Tags „nach dem Motiv", wie Cézanne gesagt hätte, malte, höre ich da nicht aus einer Gruppe junger Leute neben mir meinen Namen nennen?

‚Was sich dieser Renoir herausnimmt! Diese amüsanten Malereien abkratzen zu lassen, um seine Schmiererei dafür aufzuhängen'! Ich eile zum Wirtshaus. Folgendes hatte sich ereignet: Henri Regnault, der damals schon berühmt war, hatte sich bei der Mutter Anthony aufgehalten. Ihm war eine so ungeschlachte Dekorierung widerlich: war doch einer der

„Rapins“ auf den Einfall gekommen, den nackten Hintern einer alten Dame in ein dräuendes Gesicht mit Schnurrbart zu verwandeln!

‚Wischen Sie mir gleich diese Abscheulichkeiten fort‘, hatte Regnault ausgerufen. ‚Ich werde Ihnen statt dem etwas Künstlerisches malen‘.

Die Mutter Anthony hatte vertrauensvoll einen Anstreicher kommen lassen, und Regnault war richtig, ohne sein Versprechen zu halten, davongegangen. Zur Maskierung der geweißten Wand hatte man meine Leinwand hervorgeholt, die man nach meinem Weggang auf den Speicher gestellt hatte.“

*Ich.* „Wurde die *Lise*, von der Sie sprachen, nicht im Salon angenommen?“

*Renoir.* „Im Salon von 1867, im Jahr der Weltausstellung. Im selben Jahr malte ich im Freilicht eine Ansicht der Weltausstellung, die ich erst 1868 zu Ende brachte. Dieses Bild, das im Grund so zahm war, wurde wegen seiner Kühnheit für unannehmbar gehalten. Es blieb während langer Jahre in einer Ecke bei meiner Familie in Louveciennes stehen.

Aber die Weltausstellung ist nicht das einzige sensationelle Ereignis von 1867 gewesen. In diesem Jahr fanden auch die Sonderausstellungen von Courbet und Manet statt.“

*Ich.* „Sie haben Courbet gekannt!“

*Renoir.* „Ich habe Courbet sehr gut gekannt. Es war einer der erstaunlichsten Typen, die man jemals gesehen hat. Ich erinnere mich insbesondere an eine Einzelheit seiner Ausstellung von 1867. Er hatte eine Art Hängeboden bauen lassen, auf dem er sich aufhielt, um seine Ausstellung zu überwachen. Als die ersten Besucher anlangten, war er gerade dabei, sich anzukleiden. Um nichts von der Begeisterung des Publikums zu verlieren, stieg er in einem Flanelljäckchen herunter, ohne sich die Zeit zu nehmen, sein Hemd überzuziehen, das er in der Hand behalten hatte. Bei der Betrachtung seiner Bilder brach er selbst in die Worte aus: ‚Wie das schön ist! Wie das wundervoll ist! … Das ist zum Verrücktwerden schön‘!

Und er wiederholte immer: ‚Zum Verrücktwerden‘!

Er war es, der einmal auf einer Ausstellung, wo man ihn neben eine Tür gehängt hatte, sagte:

‚Wie dumm, da kann keiner mehr durch‘!

Diese Bewunderung zollte er natürlich nur seiner eigenen Malerei. Er wollte eines Tags Monet, mit dem er sehr gut stand, bekomplimentieren.

‚Was du in den Salon schickst, ist sehr schlecht‘!, sagte er zu ihm. ‚Aber wie du sie ärgern wirst‘!“

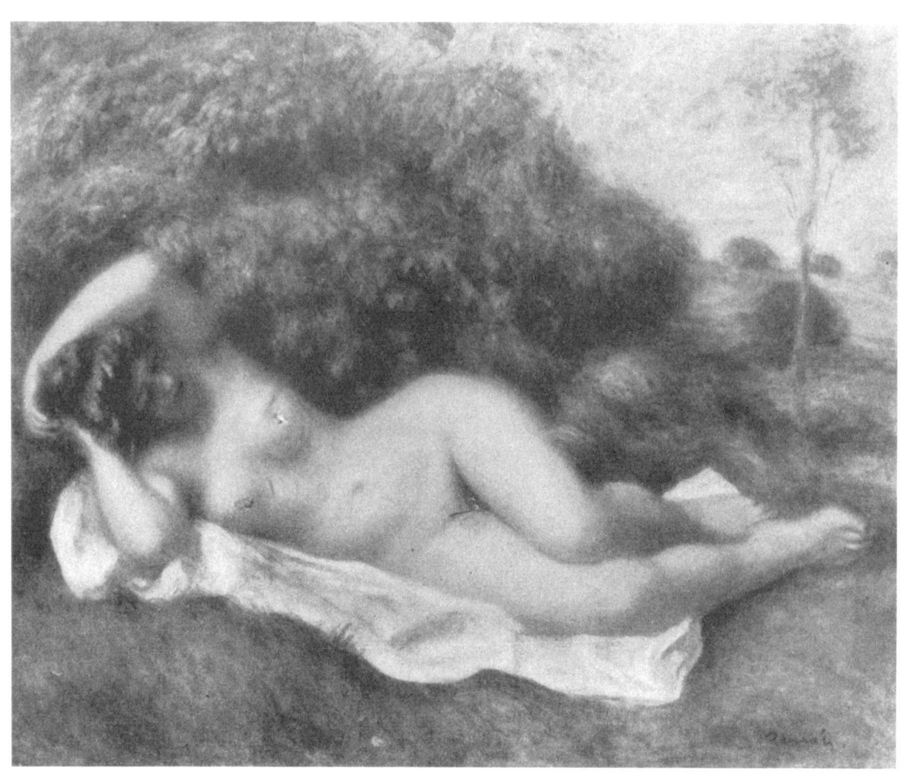

Frauenakt in einer Landschaft

*Ich.* „Lieben Sie die Malerei Courbets?"

*Renoir.* „Bei Sachen, die er in seinen Anfängen gemalt hat, sage ich nicht nein … aber vom Augenblick an, wo er Monsieur Courbet geworden ist! …"

*Ich.* „Und das viel gerühmte Bild: *Guten Tag, Monsieur Courbet?* … "

*Renoir.* „Der Eindruck, den man davon behält? – Dass der Maler Monate vor einem Spiegel verbracht hat, um seine Bartspitze zu drechseln … Und dieser arme kleine Monsieur Bruyas, der da krumm sitzt, als ob es ihm auf den Rücken regnete … Reden Sie mir von den *Demoiselles de la Seine*! Das ist ein prachtvolles Bild! Und derselbe Mann, der solches machte, hat derlei gemalt wie das Porträt Prud'hons und, na, diese Geistlichen auf den Eseln …"

*Ich.* „Dieses Gemälde, so habe ich Bewunderer Courbets reden hören, stehe darum den anderen nach, weil Courbet nicht echte Geistliche als Modelle nahm, sondern in Priester verkleidete Modelle, kurz, weil ihm die Hauptsache fehle, die Natur … „

*Renoir.* „Das ist auch so eine der Verrücktheiten Courbets, die Natur! O dieses Atelier, das er herrichtete, um darin ‚Natur zu machen‘, dieses Kalb, das auf das Podium gebunden war! …"

*Ich.* „Und wenn Courbet zu einem jungen Maler, der ihm einen Christuskopf von sich zeigte, sagte: ‚Kennen Sie denn den Christus? Warum malen Sie nicht lieber das Porträt Ihres Vaters‘? …"

*Renoir.* „Nicht übel … wenn es ein anderer gesagt hätte. Im Munde Courbets klang es weniger gut. Das erinnert mich an Manet, als er seinen *Christus mit Engeln* gemalt hatte … Welche Malerei! … Wie das saftig aufgetragen ist! … Wozu jener äußerte: ‚Hast du denn Engel gesehen um zu wissen, ob sie einen Hintern haben‘?"

*Ich.* „Ein Wort kommt mir immer auf die Lippen, wenn man von Courbet spricht: ‚Wie das stark ist‘!"

*Renoir.* „Genau so sprach Degas in einem fort von Bildern Legros‘; aber ich habe, glauben Sie mir, einen Teller lieber, der einen Sou kostet, mit drei hübschen Tönen darauf, als eine kilometerlange erz„starke" … langweilige Malerei!"

*Ich.* „Wie waren die Beziehungen zwischen Manet und Courbet?"

*Renoir.* „Manet fühlte sich zu Courbet hingezogen, der seinerseits kaum die Malerei Manets goutierte. So ist es auch in Ordnung. Courbet, das war noch die Überlieferung; Manet, das war eine neue Epoche in der Malerei.

Denken Sie freilich nicht, dass ich naiver weise an ganz neue Strömungen in der Kunst glaube. In der Kunst wie in der Natur ist das, was wir für Neuerung halten, im Grunde nur eine mehr oder weniger modifizierte Fortsetzung des Alten. Das hindert aber nicht, dass sich die Revolution von 1789 in der Beseitigung aller Überlieferungen auswirkte. Die Überlieferungen verschwanden in der Malerei wie in den anderen Künsten nur unmerklich, und die Meister, die dem Anschein nach in der ersten Hälfte des neunzehnten Jahrhunderts die revolutionärsten waren, Géricault, Ingres, Delacroix, Daumier waren noch von den alten Traditionen durchdrungen. Courbet selbst mit seiner schwerfälligen Zeichnung ... Dagegen hat sich mit Manet und unserer Schule eine neue Malergeneration durchgesetzt, aber zu einer Zeit, wo der 1789 begonnene Auflösungsprozess schon beendet war. Gewiss hätten sich gern einige dieser Neuerer der Tradition angeschlossen, hätten gern dieser fortlaufenden Kette ein neues Glied hinzugefügt, da sie ihrem Gefühl nach die ungeheuren Verdienste der Überlieferung wohl schätzten, doch dazu musste man vor allem das Handwerkliche in der Malerei erlernen: wenn man auf seine eigenen Kräfte angewiesen ist, geht man notgedrungener weise vom Einfachen aus und gelangt von da aus zum Komplizierten, so wie wenn man erst das Alphabet lernen muss, um ein Buch zu lesen. Man versteht daher, dass unser ganzes Trachten danach ausging, so einfach wie möglich zu malen, aber man versteht auch, wie die Erben der ehemaligen Traditionen – angefangen bei den Männern, bei denen die unverstandene Überlieferung in Gemeinplatz und Vulgarität ausgeartet war, d.h. bei Künstlern wie Abel de Pujol, Gérôme, Cabanel usw. usw. – bis zu den Malern wie Courbet, Delacroix, Ingres ... man versteht, wie diese alle ganz aus der Fassung kamen vor Gemälden, die ihnen wie Bilderbogen von Epinal vorkommen mussten. Daumier zwar äußerte bei einem Besuch von Manets Ausstellung:

Ich bin nicht unbedingt für die Malerei Manets, aber ich finde, sie hat eine enorme Eigenschaft: das führt uns wieder zu Lancelot zurück[5].

Und derselbe Grund, der Daumier anzog, hatte Courbet von Manet abgestoßen.

‚Ich bin nicht vom Institut‘, sagte Courbet, ‚aber die Malerei, das sind keine Spielkarten‘!"

---

5    Figur im Kartenspiel.

*Ich.* „Wie konnte Manet, der Courbet liebte, zu einem Lehrer wie Couture passen?“

*Renoir.* „Es ist nicht ganz richtig, von „passen“ zu reden. Er war zu Couture gegangen, wie man dahin geht, wo es Modelle gibt … Selbst zu einem Robert Fleury …“

*Ich.* „Robert Fleury, von dem man zu Manet sagte: ‚Haben Sie ein Einsehen, Manet, seien Sie nicht so bösartig … Ein Mann, der schon einen Fuß im Grab hat‘. Worauf Manet erwiderte: ‚Ja … Aber unterdessen hat er den anderen Fuß in gebrannter Siena-Erde …‘“

*Renoir.* „Couture und Manet sollten sich nicht lange vertragen. Sie schieden voneinander, indem der Lehrer zum Schüler sagte:

‚Leben Sie wohl, junger Daumier‘!“

# V

## La Grenouillère

### *(1868)*

*Renoir.* „1868 habe ich viel an der Grenouillère gemalt. Es gab da ein so lustiges Restaurant, das Restaurant Fournaise. Das war ein immerwährendes Fest, und wir waren da alle Klassen miteinander vermischt! … Haben Sie *La Femme de Paul* von Maupassant gelesen?"

*Ich.* „Diese Geschichte eines jungen Mannes, der sich ins Wasser wirft, weil ihm seine Geliebte mit einer Frau untreu wird?"

*Renoir.* „Hier übertreibt Maupassant ein wenig. Man konnte wohl von Zeit zu Zeit an der Grenouillère zwei Frauen beobachten, die sich auf den Mund küssten, doch wie gesund sahen sie aus! Es gab noch nicht diese Sechzigjährigen, die sich wie junge Mädchen von zwölf Jahren ausstaffieren, mit einer Puppe im Arm und einem Reif in der Hand!

Zu dieser Zeit war das Lachen noch gang und gäbe. Die Mechanik bedeutete noch nicht alles im Leben; man hatte noch Zeit zum Leben und ließ sich nichts abgehen.

Die einzige Unannehmlichkeit damals: diese toten Tiere, die auf der Seine, die heute so sauber fließt, dahintrieben. Ich selbst habe noch diese Säuberung des Flusses miterlebt. Zuletzt kam nur noch hie und da ein toter Hund daher geschwommen, um den sich zu meinem großen Erstaunen die Schiffer mit Rudern schlugen, ich erfuhr dann, dass am Ufer eine kleine Wurstfabrik bestand.

Ich war die ganze Zeit über bei Fournaise. Ich fand dort eine Auswahl der prächtigsten Mädchen für meine Malerei. Es war noch nicht wie heute, wo man während einer Stunde einem kleinen Modell nachgehen und sich zuletzt noch als alten Wüstling traktieren lassen muss.

Ich hatte viele Kunden dorthin gebracht. Zum Dank dafür ließen sich Fournaise und seine Tochter, die graziöse Madame Papillon, von mir malen. Ich hatte den Vater Fournaise als Schankwirt in weißer Jacke, im Begriff, seinen Absinth zu trinken, dargestellt. Diese Leinwand galt als

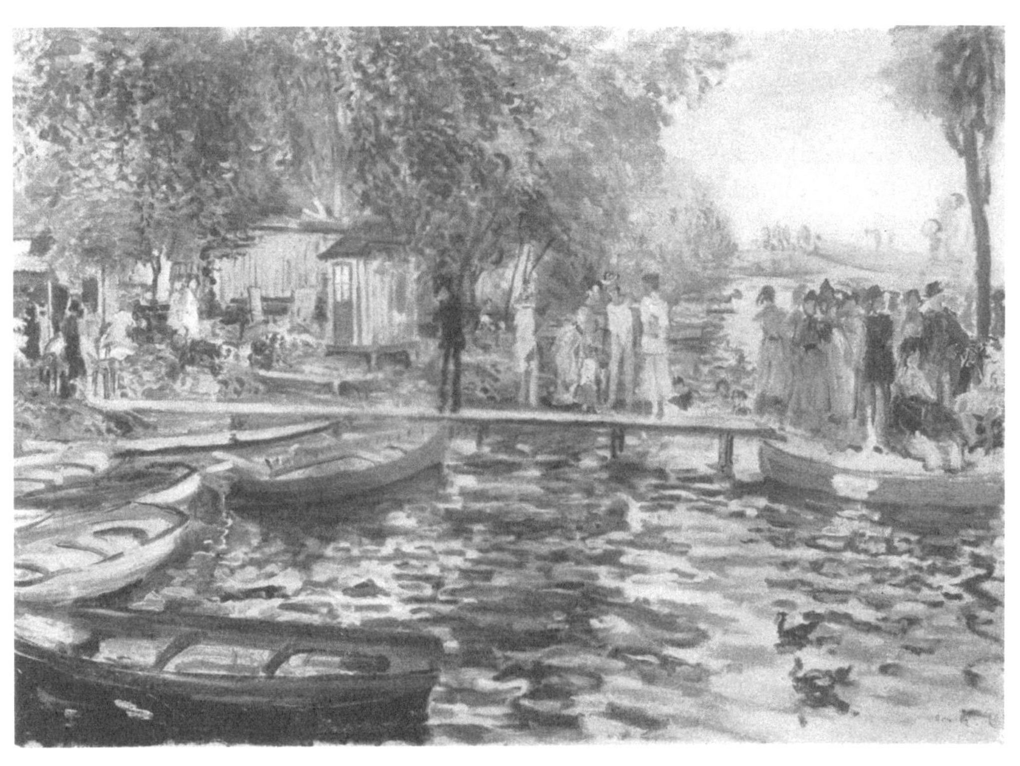

Badeanstalt „Grenouillère“

Gipfel der Vulgarität bis zu dem Augenblick, da ich große Preise im Hotel Drouot erzielte. Da wurde sie plötzlich für sehr fein erklärt. Und dieselben Leute, die heute im Brustton der Überzeugung von der raffinierten Machart dieses Porträts des *Pére Fournaise* sprechen, hätten noch nicht fünf Louis für ein Bildnis spendiert damals, wo ich fünf Louis so gut hätte brauchen können! Höchstens brachte ich in dieser Zeit meine Freunde dazu, ihre Geliebten von mir malen zu lassen, übrigens nette tüchtige Mädchen!

Und wenn ich zufällig einen bezahlten Auftrag bekam, welche Schwierigkeiten, um zu dem Geld zu gelangen! Ich erinnere mich zum Beispiel an das Porträt einer Schustersfrau, das ich für ein Paar Stiefel malte. Jedes Mal, wenn ich mich am Ende glaubte und auf meine Stiefel hinschielte, kam eine Tante, eine Tochter oder gar ein Hausmädchen herein:

‚Finden Sie nicht, dass meine Nichte, meine Mutter, unsere Herrin keine so lange Nase hat? …‘

Ich wollte in den Besitz meiner Schuhe gelangen und machte der „Bürgersfrau“ die Nase der Madame de Pompadour. Da war es wieder eine andere Geschichte: vorhin waren die Augen geraten, während jetzt allem Anschein nach … Und die ganze Familie stand um das Porträt gedrängt, um noch unbemerkte Mängel aufzuspüren! Dennoch, es war die gute alte Zeit! …

Alles dies aber reicht nicht an unseren Freund B … heran, der mich gefragt hatte, was ich von ihm für das Porträt seiner „kleinen Freundin“ nähme. Ich antwortete ihm: „Fünfzig Franken.“ Fünfunddreißig Jahre später kommt er wieder und bringt mir eine Frau, die wahrlich nicht amüsant war.

‚Ich komme wegen dem Porträt,‘ sagte er zu mir.

‚Wegen welchem Porträt‘?

‚Na, Sie wissen doch noch, Renoir, was wir, vor 1870 war es, ausgemacht haben, dass Sie mir ein Frauenporträt für fünfzig Franken malen? Hören Sie, das gnädige Fräulein ist die Tochter eines höheren Offiziers und diplomiert‘!

Ich musste mich darauf einlassen, nahm aber aus Jux der Bakkalaureatin ihren Blumenhut, ihren Muff und ihren kleinen Hund ab, kurz ich ließ meinem Modell keine der Zutaten, die für den Liebhaber vor allem den Wert eines Bildes ausmachen[6].“

*Ich.* „Wir waren bei Ihren ersten Bildern aus der Zeit der Grenouillère

---

6    Ich habe selbst Herrn B. bei einem Bilderhändler mit seiner kleinen Freundin und dem Porträt getroffen. Als er mich bemerkte: „Halten Sie es für möglich! Ein so unrentables Porträt! Auf diese arme Anna will man nicht mehr wie fünftausend Franken bieten!“ (Anmerkung des Verfassers.)

stehengeblieben, d.h. bei Werken, die Sie 1868–69 malten. Existiert nicht aus dieser Zeit auch eine große Schneelandschaft mit Figuren?"

*Renoir.* „Ja, *das Boulogner Wäldchen mit Schlittschuhläufern und Spaziergängern.* Ich habe nie die Kälte vertragen; darum habe ich auch nur diese eine Winterlandschaft gemalt … Ich erinnere mich noch an zwei bis drei kleine Studien. Und vertrüge man auch die Kälte, warum Schnee malen, diesen Aussatz der Natur?"

*Ich.* „Stammt nicht der *Harem* aus dieser Zeit?"

*Renoir.* „Der *Harem* datiert genau von 1869. Es ist ein reiner Zufall, dass diese Leinwand noch existiert. Kurze Zeit, nachdem ich sie gemalt hatte, war ich ausgezogen. Ich habe mich nie gern mit großen Maschinen belastet, ich ließ daher mein Bild zurück, als ich das Atelier aufgab. Als mich die Concierge fragte, ob ich alles gut ausgeräumt habe, antwortete ich schnell: Ja, und verschwand. Ich dachte schon lange nicht mehr daran, als eines Tags in jener Straße eine Frau hinter mir her läuft:

,Sie erkennen mich nicht wieder! Ich bin Ihre ehemalige Concierge. Ich habe das Bild sorgfältig aufgehoben, das Sie damals vergessen haben …'

,So! vielen Dank! Ich komme einmal, um es abzuholen'.

Und ich nahm mir ernstlich vor, niemals mehr da vorbeizukommen. Die Zeit vergeht: eines Tags in einem ganz entfernten Viertel finde ich mich wieder Nase an Nase mit dieser braven Frau zusammen: ,Sie wissen', rief sie, ,Ihr Bild! …'

Da gab ich mir Rechenschaft, dass mich dieses verflixte Bild mein ganzes Leben verfolgen würde, und ich musste wohl oder übel, um diese Plackerei loszuwerden, zwei Franken für einen Fiaker opfern! … Ich habe später den *Harem* in einer Partie von Leinwänden, es waren genau elf, alles zusammen für fünfhundert Franken verkauft. In diesem Haufen befanden sich die *Laube,* das *Porträt Sisleys,* die *Frau, die den Finger am Mund hat,* und das Porträt meines Käufers selbst … Ein mir so geläufiger Name. Wissen Sie nicht, wen ich meine? Ein Konditor, der Maler geworden ist … Eines Tags gehe ich, einen Kuchen bei ihm zu kaufen. Er war gerade dabei, die Läden vor sein Lokal zu hängen. „Es ist nun entschieden", sagte er mir, „ich gebe die Konditorei der Malerei zuliebe auf. Wenn in unserem verdammten Beruf eine Pastete nur acht Tage alt ist, so muss man sie schon mit Schaden verkaufen … Ihr andern, ihr Künstler aber seid gerissene Kerle mit eurer Ware, die sich unbegrenzt aufhebt und mit der Zeit sogar noch besser wird!

Dieser *Harem*, von dem ich Ihnen eben erzählte, Vollard, erinnert mich an ein anderes Bild, eine *Orientalin*, die ich im gleichen Jahr malte. Diese Leinwand wurde in meinem Pariser Atelier gemalt, mein Modell war die Frau eines Teppichhändlers. Sagen Sie, bei der fixen Idee der Sammler, immer nach meiner alten Manier zu fragen, das wäre eine Sache für Sie: probieren Sie doch, das Bild wiederzufinden.“

Jahrelang forschte ich in allen Perserteppichgeschäften nach der *Orientalin*. Eines Tages endlich lädt mich eine Antiquitätenhändlerin, Frau Y., die ihr Geschäft auf den großen Boulevards, dazu in nächster Nähe von mir hatte, ein, ihr Porträt von Benjamin Constant zu bewundern.

„Ich besitze außerdem“, sagte sie mir, „noch ein Porträt von mir, von einem weniger bekannten Maler. Ich würde es gerne loswerden!“

Ich war nicht so neugierig, mich nach dem Namen des anderen „weniger bekannten“ Malers zu erkundigen. Nach verschiedentlichen Aufforderungen war ich endlich hingegangen, um den Benjamin Constant zu betrachten. Madame Y. sagte mir:

„Vor einem Augenblick ist mein anderes Porträt fortgegangen. Für dreihundert Franken. Ein glücklicher Zufall. Es war von einem gewissen Renoir gemalt und stammte aus der Zeit, da ich noch mit Perserteppichen handelte.“

VI

## Während des 70er Kriegs und der Kommune

*Renoir.* „Als der Krieg erklärt wurde, machte mir der General Douay, der mich kannte, den Vorschlag, unter ihm zu dienen. Das Angebot war verlockend; ich habe indes nie mein Leben zu lenken versucht, ich habe mich immer von den Ereignissen treiben lassen. Auch diesmal blieb ich lieber bei meiner Art. Das war eine gute Idee. In der ersten Schlacht wurde der General Douay gefangengenommen und nach Deutschland abgeführt. Mit meiner delikaten Gesundheit hätte ich Haut und Knochen dort gelassen, während ich so den ganzen Winter in Bordeaux verbrachte, samt meinem Regiment, den zehnten berittenen Jägern.

Mein Hauptmann erkannte mir wegen meiner guten Laune und meinem Erfindungsgeist – ich konnte Kisten wie keiner nageln – militärische Begabung zu und hätte mich gern die militärische Laufbahn ergreifen sehen. Wieviel Berufe hätte ich nicht ergreifen sollen! … Ich habe Ihnen schon erzählt, dass sich in meiner Jugend Gounod, der damals Gesanglehrer an der Gemeindeschule war, bei meinen Eltern dafür verwandte, dass ich Gesang studiere. Ich habe sogar neulich einen Freund meiner Familie getroffen, der sich noch an die Zeit erinnerte, da ich Solo in der Sankt-Eustachius-Kirche sang!

Bei meiner Rückkehr von Bordeaux (1871) geriet ich in Paris mitten in die Kommune. Ich musste alsbald mein Atelier in der Rue Visconti aufgeben; wegen all der Obusse, die in dieses Viertel hineinregneten, war es ein ungesunder Aufenthalt geworden. Und da ich damals eine besondere Liebe für das linke Seineufer hatte, bezog ich ein Zimmer am Eck der Rue du Dragon.

Zur Zeit des Kriegs fing ich gerade an, bekannt zu werden; ich hatte sogar ein Porträt Bazilles gemalt, das Manet auffiel, der sonst alles andere als meine Bilder liebte; immerhin, da er vor jedem meiner Bilder wiederholte: ‚Nein, das ist nicht so wie das *Porträt Bazilles*‘, muss man annehmen, dass mir wenigstens dieses eine Mal eine Sache nicht zu schlecht gelungen war. Der Krieg brachte mich in eine schlimme Lage, und jetzt unter der

Kommune pendelte ich ohne einen Sou von Paris nach Versailles und von Versailles nach Paris, bis ich glücklicherweise eine brave Frau in Versailles fand, die mir für dreihundert Franken ihr Porträt und das ihrer Tochter bestellte. Ich füge hinzu, dass sie weder meine Malerei, noch meine Zeichnung bekrittelte. Zum ersten Mal hörte ich nicht einen Liebhaber sagen: ‚Wenn Sie doch Ihre Figur ein wenig weitertrieben‘! Meinetwegen, wenn es sich um Leute handelt, die offenkundiger Weise nichts verstehen, aber selbst Bérard sagte mir eines Tags, als ich ihm eine Studie zeigte, einen weiblichen Akt, mit dem ich ziemlich zufrieden war:

‚Wenn Sie noch zwei oder drei Sitzungen dran gäben‘!

‚Na, hören Sie‘, antwortete ich ihm, ‚ich glaube doch allein darüber Bescheid zu wissen, ob eine Sache, die ich gemacht habe, fertig ist oder nicht‘!

Und als mich Bérard erstaunt ansah:

‚Sehen Sie, wenn ich einen Popo gemalt habe und ich Lust habe, ihn zu tätscheln, so heißt das, er ist fertig‘.

Doch um auf die Kommune zurückzukommen, dieses Hin und Her zwischen Paris und Versailles ging nicht ohne Unzuträglichkeiten vonstatten; vor allem bestand die Gefahr, von einer Schar solcher Besessenen aufgegriffen und mit Gewalt in ein Regiment der Föderierten gesteckt zu werden, wobei die nette Aussicht bestand, beim Eintritt in Paris von „den Freunden der Ordnung“ den Schädel eingehauen zu kriegen. Um Ihnen einen Begriff von der Dummheit dieser Leute zu geben: als ich eines Tags auf der Terrasse des Feuillants in den Tuilerien eine Studie malte, spricht mich ein Offizier der Föderierten an:

‚Einen guten Rat: Machen Sie sich dünn, und dass man Sie hier nicht mehr sieht; denn meine Leute sind überzeugt, Ihre Malerei ist nur Schwindel, in Wirklichkeit nehmen Sie die Gegend auf, um uns den Versaillern zu verraten‘.

Ich ließ mir das nicht zweimal sagen; ich machte mich aus dem Staub und war glücklich, so billig davongekommen zu sein.

Vernünftigerweise durfte ich indessen nicht stets auf einen so guten Ausgang rechnen. Ich war in der Tat den schlimmsten Gefahren ausgesetzt, so eines Tags, als die Kommunarden einen Omnibus, auf dem ich saß, anhielten und sich aller Fahrgäste bemächtigten. Ich war auf dem Verdeck, und es gelang mir, mich durch einen Sprung zwischen die Pferde hindurch zu retten. Sie können sich vorstellen, wie sehr mir diese ganze

Sippschaft verhasst war, doch wenn ich die Versailler aus der Nähe besah, so konnte ich nicht umhin, sie ebenso dumm wie die anderen zu finden.

Wenn mir während dieser ganzen Zeit wirklich nichts Betrübliches zustieß, so hatte ich es meiner Vorsicht zu verdanken! Ich ging nur nachts aus. Als ich so eines Abends in einem Schaufenster nahe dem Odeon einen Stich mit den Führern der Kommune betrachtete, entfuhr mir der Ruf: ‚Aber diesen Kopf kenne ich ja‘!

Es war das Bild Raoul Rigaults, des damaligen Polizeipräfekten.

‚Das trifft sich gut‘, sagte mir mein Freund Maître, der zugegen war, ‚wenn Du gut mit der Polizei stehst, so hast Du Passierscheine nach Belieben‘.

Ich hatte Rigault unter ziemlich merkwürdigen Umständen kennengelernt, als ich eines Tages im Fontainebleauer Wald arbeitete. Es war dies in den letzten Jahren des Kaiserreichs. Ich hatte einen Mann beobachtet, der sich mit staubbedeckten Kleidern und unentschlossenem Ausdruck nicht weit von mir niedergesetzt hatte. Als ich mich nach beendigter Sitzung anschickte fortzugehen, näherte sich mir der Unbekannte:

‚Ich will mich Ihnen anvertrauen. Ich war Redakteur der *Marseillaise*; die Zeitung wurde verboten, einige von uns wurden festgenommen, mir selbst ist die Polizei auf den Fersen‘.

‚Sie können ruhig sein‘, sagte ich ihm. ‚Hier gibt es nur Maler; ich werde Sie als einen Kameraden vorstellen‘.

So geschah es. Raoul Rigault blieb einige Zeit im Wirtshaus der Mutter Anthony. Er ging eines Tags, und ich sah ihn nie mehr wieder.

Am Tag nach meiner Entdeckung begab ich mich auf die Polizeipräfektur. Ich verlangte nach Monsieur Rigault in der Überzeugung, dass man mir beim Anhören dieses Namens die größte Dienstwilligkeit bezeigen würde. Wie groß war mein Erstaunen, als man mir antwortete, man verstünde nicht, was ich damit sagen wolle. Als ich weiter darauf bestand, legte sich einer ins Mittel: ‚Was bedeutet dieses *Monsieur*? Wir kennen nur den Bürger Rigault! …‘

Wenn das Wort „Monsieur“ auch durch die Benennung „Bürger“ ersetzt war, so blieben doch die Gebräuche in der Verwaltung dieselben. Niemand konnte ohne ein Audienzgesuch empfangen werden. Ich schrieb auf einen Fetzen Papier diese einfachen Worte: ‚Erinnern Sie sich an Marlotte‘?

Einige Augenblicke darauf kam der „Bürger“ Rigault mit ausgestreckten Händen auf mich zu und befahl zuvörderst:

‚Man spiele die Marseillaise zu Ehren des Bürgers Renoir‘. (Ich muss hinzufügen, dass es in der ersten Zeit der Kommune sehr viel Musik gab.)

Ich setzte alsdann dem Polizeipräfekten auseinander, dass ich meine Studie von der *Feuillantsterrasse* zu vollenden und nach Belieben in Paris und in der Bannmeile zu verkehren wünsche. Ich brauche nicht zu schildern, dass ich mit einem regulären Ausweis ausgestattet wurde; ausdrücklich wurden darin die Behörden um „Schutz und Hilfe“ für den Bürger Renoir angegangen. Infolgedessen blieb ich während der ganzen Zeit, da die Kommune dauerte, unbehelligt. Ich konnte meine Eltern besuchen, die in Louveciennes wohnten, abgesehen davon, dass sich dieser Ausweis auch für Geschäftsgänge meiner Freunde in die Umgebung von Paris als nützlich erwies. Rigault ließ es nicht dabei bewenden. Bei jeder Begegnung machte er die größten Anstrengungen, um mich zu den Schönheiten des Kommunesystems zu bekehren.

‚Aber mein Freund‘, sagte ich ihm eines Tags, ‚Sie sind durchaus auf dem Holzweg. Sollten Sie nicht im Gegenteil die Niederlage der Kommune wünschen? Sehen Sie denn nicht, dass ihre Kommunarden, sobald sie sich einmal nach dem Sieg der Kommune den Wanst vollgefüllt haben, schlimmere Bürger werden als alle … Wie werden dagegen im Fall einer Niederlage der Kommune die Versailler alle zu überbieten suchen, um sich an der Regierung zu halten! Das Brot kostenlos, die Brioche statt dem Brot … Das Volk – König! …‘“

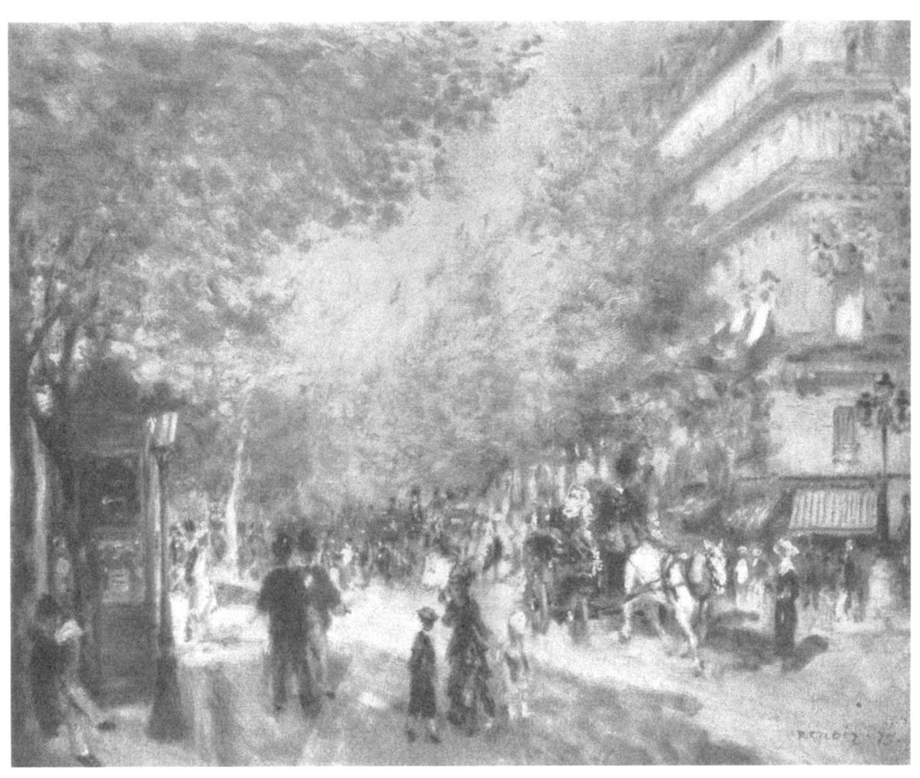

Pariser Boulevard im Frühling

# VII

## Die Ausstellung der Impressionisten

*Renoir.* „Nach Wiederherstellung der Ordnung in Paris nahm ich ein Atelier Rue Notre Dame des Champs. Um dieselbe Zeit hatte ich einige Dekorationen für das Hotel des Prinzen Bibesco zu malen, was mir erlaubte, den Sommer in Celle-St. Cloud zuzubringen. Dort malte ich die Familie Henriot (1871). Mit der ersten Kälte war ich wieder in Paris und begann dort meine Leinwand *Les Cavaliers*. Sie wurde erst zu Anfang 1872 vollendet. Ich schickte sie in den Salon desselben Jahres.

Man wies sie zurück.

‚Ich habe es wohl vorausgesagt‘, rief triumphierend der Hauptmann Darras, der mit seiner Frau für das Bild gesessen hatte. ‚Hätten Sie doch auf mich gehört‘!

Er spielte auf die Farbe meines Gemäldes an, die ihn buchstäblich außer Rand und Band gebracht hatte.

‚Sie können mir glauben‘, sagte er in einem fort während der Sitzungen: ‚blaue Pferde, das hat man noch nie gesehen‘!

Ich muss hinzusetzen, dass er sich immer trotz der geringen Meinung, die er von meiner Malerei hatte, bei jeder Gelegenheit äußerst gefällig erwies. Ihm und seiner Eigenschaft als Adjutant des Generals Du Barrail, hatte ich es zu verdanken, dass ich zur Ausführung meines Bildes den Festsaal in der Ecole Militaire erhielt. Ich erinnere mich, aus derselben Zeit datieren die *Quelle* und ein *Guidentrompeter zu Pferd*, der verschwunden ist.

1873 bedeutet ein Ereignis in meinem Leben: ich mache die Bekanntschaft von Durand-Ruel, dem ersten Bilderhändler, dem einzigen während langer Jahre, der an mich glaubte. Damals verließ ich mein Atelier in der Rue Notre Dame des Champs, um aufs rechte Ufer zu ziehen, wo ich seither immer wohnte. Viele Erinnerungen fesselten mich freilich ans linke Ufer; instinktiv aber nahm ich die Gefahr einer eigentümlichen Imprägnierung meiner Malerei in dieser Atmosphäre wahr, wie sie so gut von Degas definiert wurde:

‚Fantin – Latour … gewiss, was er macht, ist gut. Aber wie schade, dass es ein bisschen *Linkes Ufer* ist'!

1873 hatte ich also das Gefühl „arriviert" zu sein und mietete ein Atelier in der Rue St. Georges. Ich kann sagen, dort gefiel es mir wirklich. Im selben Jahr machte ich ziemlich viel Studien in Argenteuil, wo ich mit Monet zusammentraf, namentlich ein Bild *Monet, Dahlien malend*. In Argenteuil lernte ich auch Caillebotte, den ersten „Protektor" der Impressionisten kennen. Keine Spur von Spekulation bei den Käufen, die er machte; er suchte seinen Freunden nur behilflich zu sein. Das war übrigens sehr einfach; er nahm nur Sachen, die für unverkäuflich galten."

*Ich.* „Und die Ausstellung von 1874, die unter dem Namen ging: Anonyme Gesellschaft der Kunstmaler, Bildhauer und Graphiker?"

*Renoir.* „Ein solcher Titel kann nichts über die Tendenzen der Aussteller bekunden, ich selbst aber war gegen eine Bezeichnung mit präziserem Sinn. Ich fürchtete, dass, wenn man sich nur *Einige* oder *Gewisse*, selbst nur die *Neununddreißig* genannt hätte, die Kritiker gleich von einer „neuen Schule" gesprochen hätten, während wir unseren schwachen Mitteln entsprechend nur die Maler darauf hinweisen wollten, dass man wieder in Reih und Glied treten müsse, wenn die Malerei nicht endgültig zugrunde gehen sollte, – in Reih und Glied zurück, das sollte natürlich heißen, ein Handwerk wieder zu lernen, das niemand mehr kannte. Abgesehen von Malern wie Delacroix, Ingres, Courbet, Corot, die sich in herrlicher Weise nach der Revolution entwickelt hatten, war die Malerei der schlimmsten Banalität verfallen. Alle kopierten sich untereinander und scherten sich den Teufel um die Natur."

*Ich.* „Da musste doch Couture wie ein Neuerer wirken?"

*Renoir.* „Sagen Sie lieber: beinahe wie ein Revolutionär. Alle, die Ihrer Meinung nach an der Spitze marschierten, beriefen sich auf Couture, der 1847 mit seinem Bild *Die Römer der Dekadenz* wie ein Blitz eingeschlagen hatte. Man fand in Couture das Bindeglied zwischen Ingres und Delacroix, wie es die Kritiker vergeblich von Chassériau erwartet hatten.

Da abgesehen von diesen schönen Kundgebungen des Geistes alle damalige Malerei nur Konvention und Firlefanz war – man betrachtete es als eine mutige Tat, sich an Modelle von David zu halten und sie in moderne Gewänder zu kleiden –, so mussten die Jungen notgedrungener weise aus Reaktion aufs Einfache hingelenkt werden. Konnte es anders sein? Man kann es nicht oft genug wiederholen: um ein Handwerk auszuüben, muss man mit dem ABC des Handwerks beginnen."

*Ich.* „Wie aber wurde aus der Ausstellung der anonymen Gesellschaft der Kunstmaler, Bildhauer und Graphiker die Ausstellung der Impressionisten?“

*Renoir.* „Dieser Name „Impressionisten“ war spontan vor einem der ausgestellten Bilder entstanden, das in besonderer Weise die Heiterkeit oder den Zorn der Besucher erregte: eine Morgenlandschaft Claude Monets, *Impression* betitelt. Sie sehen, mit dieser Bezeichnung „Impressionisten“ dachte das Publikum nicht an neue Kunstentdeckungen, sondern es bezeichnete damit lediglich eine Malergruppe, die sich mit der Wiedergabe von „Impressionen“ begnügte.

Als ich 1877 wieder mit einem Teil derselben Gruppe ausstellte, bestand vor allem ich auf der Beibehaltung des Namens „Impressionisten“, der so viel Glück gemacht hatte. Das war so eine Art den Besuchern zu sagen – und alle schnappten darauf ein –: ‚Ihr findet hier eine Sorte Malerei, die ihr nicht liebt. Wenn ihr kommt, schlimm genug für euch, denn man zahlt euch eure fünfzig Centimes Eintrittsgeld nicht zurück‘!

Und alle diese Tastversuche junger Leute mit dem besten Willen, aber noch ohne Wissen, wären vielleicht zum Heil der Maler unbemerkt vorübergegangen, wenn sich nicht die Literaten, diese geborenen Feinde der Malerei, hineingemischt hätten. Was hat man damals alles dem Publikum und uns Malern selbst aufgetischt, alle diese Geschichten über „neue Malerei“! … Schwarz und Weiß malen, wie es Manet unter dem Einfluss der Spanier tat, oder hell in hell malen, wie er es später unter dem Einfluss Claude Monets getan hat! Nun, was heißt das alles? Dass man mit verschiedenen Malweisen mehr oder minder glückliche Wirkungen erzielt, je nach dem Temperament des Künstlers. So ist sicher Manet mit seinem Schwarz und Weiß viel eher zu Rande gekommen als mit seinen hellen Farben …“

*Ich.* „Zweifellos wird es niemanden geben, der über Manets schwarze Manier seine helle stellt, aber darum Manet als einen Vorläufer anzusehen, der mit seinen ersten Bildern noch so augenfällig vom Museum herstammt …“

*Renoir.* „Ich wollte Ihnen gerade präzisieren: selbst wenn Manet Velasquez oder Goya kopierte, so war er trotzdem ein Vorläufer und der Fahnenträger unserer Gruppe, weil er am ehesten in seinen Bildern diese einfache Formel ausdrückte, nach der wir alle in Erwartung eines Besseren strebten.“

*Ich.* „Die *Impressionisten* waren 1877 nicht glücklicher als mit ihrer ersten Ausstellung von 1874 … ?“

*Renoir.* „Es ging erheblich schlimmer aus. Die erste Ausstellung wurde noch als ein Malerscherz angesehen, dieses Mal blies man Alarm."

Wären wir schlauer gewesen, so wären vielleicht einige Kenner auf unserer Seite gewesen; wir hätten etwas Historisches malen müssen, denn das, woran vor allem die Leute in unseren Werken Anstoß nahmen, war der Mangel an jeglichem von den Museen her Gewohnten. Freilich mussten wir, um unser Malerhandwerk zu lernen, unsere Modelle in einer uns vertrauten Atmosphäre auftreten lassen, und Sie sehen schwerlich einen Nebukadnezar von mir im Tingeltangel oder die Mutter der Gracchen an der Grenouillère.

Nichts stößt so vor den Kopf wie das Einfache. Ich erinnere mich an die Entrüstung Jules Dupré's auf einer unserer Ausstellungen: „Heute malt man, wie man sieht. Man präpariert selbst nicht mehr die Leinwand ... Haben die Großen und Starken ...“

*Ich.* „Wie präparierten denn die „Großen" und die „Starken" ihre Leinwand?"

*Renoir.* „Dupré spielte auf die damals sehr beliebte Untermalung mit Minium an. Man glaubte, dass eine solche Untermalung die Malerei „leuchtkräftig" mache, was im Prinzip sicher richtig war; aber die „Großen" und „Starken" dieser Zeit produzierten mit all ihrem Minium nur „leuchtschwache" Werke, die überdies noch an allen Ecken und Enden sprangen. Bilder wie der *Angelus*[7], was wird eines Tages davon übrigbleiben? Und ein Dupré fließt heute schon in den Rahmen hinein ...

Welche außerordentliche Periode! Diese Leute, die dreiviertel ihrer Zeit mit Hinbrüten vertrieben. Es war notwendig, dass der Gegenstand im Gehirn auskristallisiert war, ehe er auf die Leinwand gebracht wurde. Man hörte Dinge reden wie diese: ‚Der Meister überanstrengt sich; drei Tage schon träumt er im Wald'!

Und wenn wenigstens diese „Literatur" ihren Mann ernährt hätte! Aber abgesehen von einigen wie Dupré, wie Daubigny und schließlich auch Millet, die „reüssierten", was soll man sagen von diesem Haufen armer Teufel, die das Märchen vom „träumenden Maler" oder vom „den-

---

7    Ich komme eines Tages zu Lewis Brown (gegen 1888); ich finde ihn in angeregtem Gespräch. „Ja", sagte er, indem er die Unterhaltung fortsetzte, „den *Angelus* von Millet, den habe ich mit lauter Sprüngen gekannt ... Ich habe ihn soeben ganz neu wiedergesehen!"

    Dagegen hat kürzlich (1920) eine Zeitung wieder einen Alarmruf ausgestoßen: Der *Angelus* „beginnt" zu springen ... (Anmerkung des Verfassers.)

kenden Maler“ ernst nahmen und sich die ganze Zeit den Kopf in den Händen hielten, statt die Leinwand mit Farben zu bedecken! Sie können hieraus auf die Verachtung all dieser Leute für uns schließen, weil wir Farben auf die Leinwand setzten und nach dem Beispiel der Alten mit freudigen Tönen zu malen suchten, wobei wir sorgfältig alle „Literatur“ von unseren Werken fernhielten!“

*Ich.* „Wirkten auf die Impressionisten nicht fremde Einflüsse ein? Die japanische Kunst, zum Beispiel? ...“

*Renoir.* „Leider ja, zu Anfang. Die japanischen Holzschnitte sind gewiss als japanische Holzschnitte sehr interessant, d.h. insofern sie in Japan bleiben: denn ein Volk soll sich nicht aneignen, was nicht von seiner Rasse stammt; sonst macht es Dummheiten. Man käme sonst schnell zu einer Art Universalkunst, ohne eigenes Gesicht. Ich bedankte mich eines Tages bei einem Kritiker, der über mich geschrieben hatte, dass ich durchaus zur französischen Schule gehöre. ‚Und ich bin glücklich‘, sagte ich ihm, ‚von der französischen Schule zu sein. Nicht weil ich damit die Überlegenheit unserer Schule über die anderen verkünden möchte, sondern weil ich als Franzose zu meinem Land gehören muss‘!“

*Ich.* „Sie sprachen mir von Ihrer Ausstellung von 1877; Sie haben mir nichts von den Bildern erzählt, die Sie 1874–1877 gemalt haben?“

*Renoir.* „Ich erinnere mich an die *Tänzerin,* den *Moulin de la Galette,* die *Loge*; letztere sicher 1874. gemalt; und dann, nun ... *Die Frau mit der Tasse Schokolade* ... Ein anderes Mal komme ich sicher noch auf mehr. Ich habe so viel Sachen in meinem Leben ausgeheckt, dass sich das ein wenig in meinem Gehirn verwirrt.“

*Ich.* „Ich erinnere mich an zwei „Liebhaber“, die ich eines Tages bei Durand-Ruel in einer Ausstellung Ihrer Bilder traf. Der eine erklärte dem anderen die Qualitäten und zweifellos auch die Mängel jeder Leinwand. Aber vor der Loge sagte er: ‚Hier muss man seinen Hut abnehmen‘.“

*Renoir.* „Ich kenne sie, diese Kunstbeschützer, die die größte Achtung vor den Bildern bekunden, nachdem sie die Künstler vor Hunger haben krepieren lassen, in der Zeit, da sie eben diese Leinwände malten. Nehmen Sie *Die Loge.* Ich hatte sie überall herumgezeigt, ohne fünfhundert Franken dafür zu finden, bis ich auf den Vater Martin stieß, einen bejahrten Händler, der auf seine alten Tage in *Impressionismus* machte, und. von dem ich vierhundertfünfundzwanzig Franken für mein Bild erhielt. Der Vater Martin fand diesen Preis übertrieben: ich aber konnte nicht einen

Centime nachlassen: diese Summe brauchte ich gerade für meine Miete, und ich hatte keine andere Einnahmequelle in Aussicht. Da der Händler einen Käufer für mein Bild an Händen hatte, musste er sich den Preis, wie ich ihn festgesetzt hatte, gefallen lassen. Sie können mir glauben, mehr als einmal hat er mir diese Nötigung vorgeworfen, weil er so viel Geld für ein einziges Bild habe ausgeben müssen.

Der Vater Martin sollte bald eine noch stärkere Enttäuschung erleben. Er war zu seinem „Schützling" Jongkind gegangen, der ihm bis dahin die Bilder zu einem Einheitspreis von hundert Franken pro Stück verkauft hatte. Aber dieses Mal sagte der Maler:

,He, mein guter Martin, jetzt kostet es nicht mehr einen kleinen Hunderter, sondern einen kleinen Tausender'!

Der Vater Martin ging wutberstend fort und vergaß sogar bei Jongkind seinen famosen Sack, der ihn nie auf seinen Streifzügen verließ, mochte er altes Eisen kaufen oder andere „Gelegenheiten", die sich ihm auf dem Weg darboten. Und wie groß war überdies seine Entrüstung beim Anblick der Gerichte, die an diesem Tag auf dem Tisch Jongkinds, der gerade speiste, standen. Lange noch nach diesem Abenteuer sagte der Vater Martin, wenn man auf Jongkind zu sprechen kam:

,Der Kerl, er isst Spargel mitten im Winter'! …"

*Ich.* „Haben Sie Jongkind persönlich gekannt?"

*Renoir.* „Das ist eine meiner angenehmsten Jugenderinnerungen. Ich habe niemals einen lustigeren Charakter gefunden. Wir sitzen eines Tags auf der Terrasse eines Cafés. Plötzlich schnellt Jongkind in die Höhe und pflanzt sich vor einen ganz verdutzten Passanten auf:

,Sie kennen mich nicht? Ich bin der große Jongkind'! (Er war von beträchtlicher Länge.)

Ein anderes Mal war Jongkind bei Provinzspießern zum Mittagessen geladen und mit ihm eine Dame, mit der er lebte. Am Ende des Mahls steht Jongkind auf und spricht, das Glas in der Hand, mit belegter Stimme:

,Ich will Ihnen ein Geständnis machen'. Und in seinem unbeschreiblichen holländisch-französischen Jargon sagte er: „Madame X. ist nicht „mon fâme", sondern sie ist ein Engel'!

Außer dem Vater Martin hauste im Montmartre noch ein anderer Händler, der sehr schöne Bilder verkaufte. Aber Sie haben doch gewiss Portier gekannt, Vollard? Auf welch gelungene Weise strich er seine Ware heraus:

,Kaufen Sie nicht dieses Bild! Es ist viel zu teuer'!

In der Regel kaufte der Liebhaber. Man muss dazu sagen, was man damals unter teuer verstand: 1895 zahlte man für einen erstklassigen Manet zweitausend Franken. Portier besaß einen Zwischenstock Rue Lepic, der Vater Martin eine ebenerdige Wohnung in der Rue des Martyrs; es sah elend dort aus, aber welche herrlichen Bilder sah man bei ihnen! Die ganze „Impressionisten"-Schule, ohne von den Corot, den Delacroix, den Daumier und wem sonst noch zu reden. Beim Vater Martin kaufte Rouart den größten Teil seiner Sammlung, darunter die berühmte *„Frau in Blau"* von Corot, die er mit dreitausend Franken bezahlte, ein Preis, der damals skandalös hoch erschien; und das ist das gleiche Bild, welches die „Amis du Louvre" auf der Versteigerung Rouart so hoch hinauftrieben.

Doch um wieder auf die Rue St. Georges zu kommen und auf die Bilder, welche ich in diesem Atelier malte, so erinnere ich mich auch an einen *Zirkus*, wo kleine Mädchen mit Orangen spielten; an das lebensgroße Porträt des Dichters *Felix Bouchor*; an das Pastell der *Madame Cordey*, und endlich an *Die Frau und die Kinder Monets* im Garten Monets in Argenteuil. Ich kam gerade im Augenblick zu Claude Monet, als Manet sich anschickte, denselben Gegenstand zu malen. Sie können sich vorstellen, dass ich mir nicht eine solche Gelegenheit, wo Modelle bereit standen, entgehen ließ! Als ich fortgegangen war, wandte sich Manet an Claude Monet:

‚Als Freund Renoirs sollten Sie ihm raten, auf die Malerei zu verzichten! Sie sehen doch selbst, wie wenig das seine Sache ist'!"

# VIII

## Die ernsthaften Käufer

*Renoir.* „Unter meinen Freunden habe ich meine ersten ernsthaften Käufer gefunden wie S … , den Sie ja gut gekannt haben. Das war ein Musterfreund, denn er kaufte nur Bilder von mir, um sich mir gefällig zu erweisen. Um die Malerei selbst kümmerte er sich wenig, dazu riskierte er die Vorwürfe seiner Frau, wenn er drei- oder vierhundert Franken für eine unnütze, hässliche Sache ausgab. So war während langer Zeit die Ihnen wohlbekannte Leinwand, *Die Frau, die sich in den kleinen Finger beißt*, die ihn vielleicht zweihundertfünfzig Franken gekostet hatte, von Frau S … in einem dunklen Korridor aufgehängt worden: sie fand dieses Bild ein wenig teuer, ein wenig vulgär, und es stellte überdies das Modell in einer wenig schicklichen Pose dar. Jedes Mal, wenn ich Frau S … sah, rief sie aus: ‚Dieses Bild‘! … Endlich konnte ich ihr die erfreuliche Antwort geben:

‚Gnädige Frau, Sie sollen davon erlöst werden; denn mein Freund Caillebotte lässt Herrn S … den dreifachen Ankaufspreis bieten, und da ich glaube, dass auch Ihr Mann nicht sehr daran hängt …‘

– ‚Aber ich, ich habe nie gesagt, dass ich dieses Bild nicht liebe‘! beteuerte Madame S … ‚Abgesehen von einigen unwichtigen Kleinigkeiten‘ …“

Ich hätte gern gewusst, was das für unwichtige Kleinigkeiten seien, aber ohne sich auf weitere Erklärungen einzulassen, ruft Madame S … ihren Diener und lässt sich Hammer und Nägel bringen; meine Leinwand wurde im Salon ins beste Licht gehängt.

Madame S … gehörte nämlich nicht zu denen, die bei der Aussicht auf Gewinn widerstandslos erliegen. Sie glich nicht, sehen Sie, ihrer Freundin, Madame N …, die für fünf Louis einen *Kinderkopf* bei mir bestellt hatte. Einige Jahre später sagte ihr jemand:

‚Aber Sie haben ja da einen Renoir‘!

– ‚Jawohl‘, sagte Madame N …, ‚das heißt dort „schlafen“ fünf Louis‘!

– ‚Fünf Louis‘!, rief der andere. ‚Sie können eine Null daranhängen‘!

Frau N … erstickte beim Gedanken, dass so viel Geld unproduktiv blieb. Und als der Gatte zurückkam, hatte sie nichts Eiligeres zu tun, als das schon abgehängte Bild ihm unter den Arm zu schieben:

‚Lauf schnell damit zu Durand-Ruel‘!“

Diese gute Madame N … ich erinnere mich, dass ich sie eines Tags in Tränen aufgelöst finde.

„Möchten Sie es glauben, Herr Vollard, dass mich mein Mann betrügt, nach dreißigjähriger Treue!“

Dreißigjährige Treue, ich meinte, das sei ein wenig übertrieben … „Dreißig Jahre Treue“, unterbrach ich sie, „ist immerhin etwas Wundervolles.“

„Und das ist nicht alles. Soeben erhalte ich den Beweis, dass diese liederliche Person, auch wenn wir auf dem Lande sind, ihre fünf hundert Franken erhält – für nichts und wieder nichts!“

*Renoir:* „Durch S … habe ich einige meiner anderen „Kunstliebhaber“ kennengelernt: Deudon, Ephrussi, Bérard … Letzterer begleitete eines Tags den Bankier Pillet-Will, der auf der Suche nach einem Porträtisten war, auf mein Atelier, aber ich war nicht der Richtige für ihn.

‚Sie müssen verstehen‘, sagte er mir, ‚ich bin kein Kenner, aber selbst wenn ich Kenner wäre, so kann ich wegen der Stellung, die ich habe, nur Bilder von Künstlern kaufen, die hohe Preise haben. Deshalb muss ich mich an Bouguereau wenden, es sei denn, dass ich einen noch höher bewerteten Maler finde‘.

Glücklicherweise gab es auch andere Liebhaber, so M. de Bellio, die auch „billige“ Malerei in ihrem Haus zuließen. Aber diese Liebhaber bildeten eine solche Ausnahme, dass es immer dieselben waren, die Geld für uns ausgaben. Immer wenn einer von uns zweihundert Franken dringend nötig hatte, lief er um die Mittagszeit ins Café Riche, wo ihm ganz gewiss M. de Bellio das Bild, das er brachte, abkaufte, ohne es auch nur anzusehen. Bei einem solchen Verhalten war es kein Wunder, dass seine Wohnung bald zu klein wurde und er gezwungen war, ein Lokal zu mieten, wo er seine Bilder aufstapeln konnte. Und wenn bei seinem Tod M. de Bellio ein enormes Vermögen an Bildern hinterließ, die ihn beinahe nichts gekostet hatten, so steht dies wenigstens fest, dass er nicht absichtlich dazu kam. Ebenso wie Caillebotte ließ er sich die Ladenhüter von den Malern reservieren.

Aber nun fallen mir noch andere Bilder aus der Rue St. Georges ein: das *Déjeuner*, jetzt im Museum zu Frankfurt, *Die Frau mit der Tasse Scho-*

*kolade,* einen Frauentyp, den ich sehr gern malte: Margerite. Ich hatte zu gleicher Zeit noch ein anderes Modell, auch ein schönes Mädchen von einer entzückenden Anstelligkeit, Nini; aber Margerite war mir noch lieber. Ich fand in Nini zu viel belgischen Einschlag."

*Ich.* „Welche Kleider lieben Sie am meisten zu malen? …"

*Renoir.* „Am liebsten ist mir ganz gewiss die nackte Frau; doch wenn ich sie angezogen malen muss, so steht ihnen das Prinzesskleid am besten, weil es sich den Körperlinien so hübsch anschmiegt.

Ich werde gewahr, dass ich Ihnen noch nicht vom *Moulin de la Galette* gesprochen habe. Diese Leinwand stammt auch aus der Rue St. Georges (1875). Franc-Lamy hatte eines Tags beim Kramen in meinem Atelier eine Studie vom Moulin de la Galette umgedreht, die ich aus dem Kopf gemalt hatte.

,Sie sollten unbedingt dieses Bild ausführen', sagte er mir.

Das war ziemlich verwickelt, ich musste Modelle dazu finden, einen Garten … Ein Auftrag mit königlicher Bezahlung fiel mir damals in den Schoß: zwölfhundert Franken für das Porträt einer Dame mit ihren beiden Töchterchen. Daraufhin mietete ich mir im Montmartre ein Haus inmitten eines großen Gartens für hundert Franken im Monat. Dort malte ich den *Moulin de la Galette, Die Schaukel, La Sortie du Conservatoire, Le Torse d'Anna* … Wie oft hat man mir die violetten Schatten auf dem Körper bei diesem letzten Bild vorgeworfen!

,Ihr Modell hat die Pocken gehabt', sagte mir ein Kunstkritiker.

Und man fühlte, dass er dies nur gesagt habe, um nicht die Grenzen des Wohlanstands zu überschreiten.

In diesem Garten habe ich auch die verschiedenen Bildnisse der *Mademoiselle Samary* gemalt. Welch entzückendes Mädchen! Und welche Haut! Sie machte in Wahrheit alles hell um sich.

Ich fand im Moulin de la Galette Mädchen genug, die zu mir zum Sitzen kommen wollten, wie die beiden im Vordergrund des Bildes. Die eine von ihnen schrieb mir, um sich zur Sitzung anzumelden, auf goldgerändertem Papier. Und ich begegnete ihr dabei oft, wie sie Milch im Montmartre austrug. Ich erfuhr eines Tags, dass ihr ein Abonnent der Oper eine kleine Garçonnière eingerichtet habe; nur hatte die Mutter die Bedingung daran geknüpft, dass sie ihren Beruf darum nicht aufgebe.

Ich hatte anfänglich Angst, dass die Liebhaber dieser Mädchen, die ich im Moulin de la Galette anwarb, ihre „Frauen" am Besuch in meinem

Atelier verhinderten. Aber auch sie waren gute Kerle; einige sogar unter ihnen saßen mir. Man darf nicht glauben, dass diese Mädchen für den ersten besten zu haben waren. Man fand zuweilen überraschende Tugend bei ihnen, obwohl sie von der Gasse kamen.

Mir fällt eine Kleine ein, ganz mein Typus, wie sie einmal mit begeisterten Augen vor einem Schaufenster mit Juwelen in der Rue de la Paix stillstand. Ich war mit Deudon und einem seiner Freunde, dem Baron von Rothschild zusammen. Dieser sagte uns:

‚Ich will die Wünsche dieses Kindes erfüllen‘!

Er nähert sich:

‚Mein Fräulein, wollen Sie diesen Ring‘?

Diese aber bricht bei diesen Worten in ein solches Geschrei aus, dass ein Schutzmann herbei kam, der alle aufs Revier brachte. Nachdem sie ihren Fall auseinandergesetzt hatte, wusch ihr der Polizeikommissar unter vielen Entschuldigungen an uns wegen der Ungeschicklichkeit seines Polizisten ordentlich den Kopf. Noch im Weggehen schallten uns Worte nach wie:

‚Was für eine dumme Gans! … Wie, wenn der Herr Baron‘! …“

*Ich*. „Ich habe letzthin auf einer Ausstellung Ihr Bild *Die Stickerinnen* gesehen. Solche Prinzessinnen haben Sie nicht im Moulin de la Galette finden können? Und von wann ist es?“

*Renoir*. „Dieses Bild ist nicht sehr alt (etwa 1900 bis 1905). Was die Prinzessinnen anlangt, so sind es ganz einfach meine Dienstmädchen … Aus der Zeit des *Moulin de la Galette* erinnere ich mich noch an eine Leinwand, die ein *Kleines Mädchen mit blauer Schürze* darstellt. Es war auch im Montmartre im Freien gemalt.“*Ich*. „Und die Panneele, die den Tanz darstellen, bei Durand-Ruel ?“

*Renoir*. „Sie sind nach dem *Moulin de la Galette* entstanden. Meine Frau stellt eine der Tänzerinnen dar; die andere Tänzerin war ein Modell, Suzanne Valadon, die späterhin Malerin werden sollte. Mein Freund Lauth posierte für die zwei Tänzer. Er figuriert auch auf den *Canotiers* mit Lestringuès und Ephrussi.“

*Ich*. „Fand nicht damals die Versteigerung statt, die Sie im Hotel Drouot mit Claude Monet, Sisley und Berthe Morizot zusammen veranstalteten?“

*Renoir*. „Als ich diesen Auftrag von zwölfhundert Franken erhalten hatte, auf den hin ich den Garten in der Rue Cortot mieten konnte, sagte ich zu mir: ‚Vielleicht existieren noch anderswo brave Leute, die uns für ein Bild

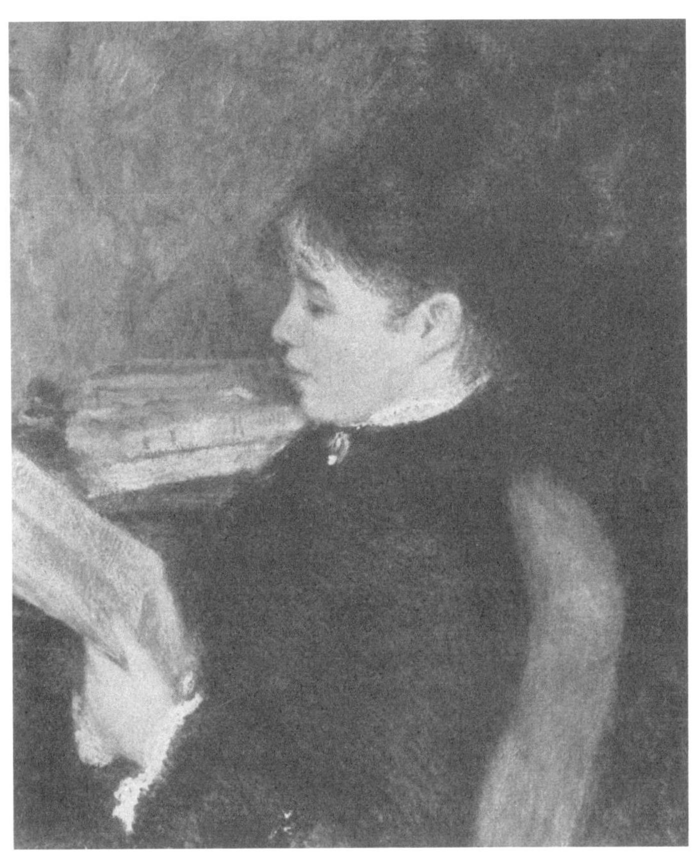

Die Lesende

zwölfhundert Franken bezahlen würden, wenn sie nur von uns wüssten! Machen wir einen Hauptstreich und versteigern Bilder im Hotel Drouot'!

Meine Freunde gingen voll Begeisterung auf diese Idee ein. Wir brachten zwanzig auserlesene Werke zusammen, wenigstens hielten wir sie dafür. Die Versteigerung aber brachte nur zweitausendhundertfünfzig Franken, die nicht einmal für die Begleichung der Spesen langten, so dass wir dem Auktionator noch Geld schuldig blieben. Ein Monsieur Hazard hatte zwar den Mut, eins meiner Bilder, den *Pont Neuf* bis auf dreihundert Franken[8] zu treiben. Aber niemand folgte' diesem Beispiel.

Immerhin hatte diese Versteigerung ein glückliches Ergebnis; ich machte die Bekanntschaft des Monsieur Chocquet. Es war ein Ministerialbeamter, der es mit bescheidenen Mitteln zu einer hervorragenden Sammlung gebracht hat. Freilich waren damals und noch lange nachher große Mittel nicht nötig, um sich eine Sammlung anzulegen. Man brauchte nur ein wenig Geschmack.

Monsieur Chocquet war zufällig zu der Ausstellung unserer Bilder im Hotel Drouot gekommen. In meinen Bildern wollte er eine Ähnlichkeit mit den Werken Delacroix' finden, der sein Gott war. Am Abend dieser m Versteigerung schrieb er mir, neben allerhand Lobsprüchen auf meine Malerei bat er mich, das Porträt der Madame Chocquet zu machen. Ich nahm sein Angebot sogleich an. Überhaupt lehne ich selten Porträtaufträge ab. Wenn das Modell gar zu arg ist, so fasse ich das Malen als eine Art Kasteiung auf, es ist gut, wenn der Maler von Zeit zu Zeit eine widerwärtige Aufgabe löst ... Als ich z.B. die Madame L ... malen sollte, antwortete ich, dass ich keine wilden Tiere zu malen verstünde! Das war nicht der Fall bei Madame Chocquet. Wenn Sie das Porträt gesehen haben, Vollard, so haben Sie vielleicht oben auf dem Bild die Kopie eines Delacroix bemerkt? Dieser Delacroix gehörte zu der Sammlung Chocquet, und er selbst hatte mich gebeten, den Delacroix auf mein Bild zu bringen:

,Ich will sie zusammen haben, Sie und Delacroix'.

Soll ich Ihnen erzählen, dass ich gleich, nachdem ich die Bekanntschaft Chocquet's gemacht hatte, ihm zum Kauf eines Cézanne riet! Ich führte ihn zum Vater Tanguy und er kaufte dort eine kleine Studie von mehreren Akten. Er war über seine Erwerbung entzückt und auf dem Heimweg sagte er:

---

8    Auf der Versteigerun Hazard 1919 brachte dies gleiche Bild *Le Pont Neuf* beinahe 100 000 Franken. (Anmerkung des Verfassers.)

‚Wie das gut wirken wird zwischen einem Delacroix und einem Courbet‘!

Im Augenblick aber, da er anläutete, hielt er inne:

‚Was wird Marie sagen? Hören Sie Renoir, leisten Sie mir einen Dienst! Sie sagen meiner Frau, dass der Cézanne Ihnen gehört, und wenn Sie weggehen, vergessen Sie ihn mitzunehmen, so gewinne ich Zeit, und, wenn sich Marie daran gewöhnt hat, kann ich ihr gestehen, dass er mein Eigentum ist‘.

Diese kleine List hatte allen Erfolg und Madame Chocquet ließ sehr schnell die Malerei Cézannes, um ihrem Gatten Vergnügen zu machen, gelten.

Was Chocquet anbetrifft, so wurde seine Bewunderung für Cézanne, dessen persönliche Bekanntschaft ich bald vermittelte, so groß, dass man nicht mehr von einem anderen Maler sprechen konnte, ohne dass er ausrief:

‚Und Cézanne‘?

Sie hätten Chocquet erzählen hören, auf welche Weise er sich während seiner Aufenthalte in Lille, seiner Geburtsstadt, bei seinen Mitbürgern über den jungen Pariser Ruhm eines andern Liller Kindes, Carolus Duran’s, äußerte. – ‚Carolüsse Düran ‘?, fragte Monsieur Chocquet, wenn man ihm vom Maler der *Dame mit dem Handschuh* sprach. ‚Carolüsse Düran? Meiner Treu, nein, den Namen habe ich nie in Paris gehört. Sind Sie sicher, dass Sie sich nicht irren? Cézanne, Renoir, Monet, von diesen Namen spricht ganz Paris. Aber Euer Carolüsse – gewiss – da liegt ein Irrtum vor‘!

Was nun meine anderen Kunstliebhaber anlangt, Vollard, haben Sie die Sammlung des Monsieur de Bellio gesehen, von der ich Ihnen vorhin erzählte? Dort existiert ein kleines Selbstporträt von mir. Alle Welt rühmt heute diese anspruchslose Skizze. Ich hatte sie seiner Zeit in den Kehrichtkasten geworfen; Monsieur Chocquet bat mich, sie ihm zu überlassen. Mir war leid, dass es nichts Besseres war. Ein paar Tage später brachte er mir tausend Franken. Monsieur de Bellio war so über dieses Stückchen Leinwand begeistert, dass er ihm diese enorme Summe dafür gegeben hatte. So waren die Kunstliebhaber dieser Zeit!

Freilich waren das die Ausnahmen, muss ich gestehen, denn auf einen Chocquet, einen de Bellio, einen Caillebotte, einen Bérard kamen so viel andere … Und die Gemütsrohheit des „bourgeois“!

Ich komme eines Tags zu S … Ich finde ihn in Tränen.

,Es handelt sich um Joseph' (seinen Sohn), sagte er. ,Ich dachte, dass eine Frauengeschichte dahinterstecke: Aber wenn man zwanzig Jahre alt ist und einen Vater mit fünfhunderttausend Franken Renten hat'!

,Sie sind auf dem Holzweg', sagte S … , ,vor Glück weine ich. Ich bin so eben dahintergekommen, dass Joseph geizig ist …'"

*Ich.* „Ich hätte Ihnen beinahe vom Porträt der *Madame Daudet* zu sprechen vergessen. Stammt es nicht aus der Zeit des *Moulin de la Galette*?"

*Renoir.* „Genau: von 1876. Ich hatte einen Monat bei Daudet in Champrosay verbracht. Ich malte zur selben Zeit das Porträt des *jungen Daudet im Garten*, und ein *Seineufer*, da wo der Fluss Champrosay entlang fließt.

Franc-Lamy zeigte mir eines Tags einen Brief, in dem ich ihm geschrieben hatte: ,Ich schicke dir eine Rose, die ich auf dem Grab Delacroix' in Champrosay gepflückt habe'. Wie das alles fern ist! …"

IX

## Das Café Guerbois, das neue Athen,
## das Café Tortoni

*Renoir.* „Vor 1870 kamen die „Impressionisten" und die Schriftsteller, die sich für „die helle Malerei" einsetzten, im Café Guerbois, das am Anfang der Avenue Clichy lag, zusammen. Fantin-Latour hat in *Ein Atelier in Batignolles* um Manet herum, der vor seiner Staffelei steht, einige der Stammgäste des Guerbois dargestellt: Maître, Zola, Astruc, Bazille, Claude Monet, Scholderer, den deutschen Maler, der mit Fantin befreundet war, und mich selbst.

Nach 1870 wurde das Café Guerbois gemieden.

Man ging am liebsten bis gegen 1878 in die Taverne „Das Neue Athen". Sie hatte einen Konkurrenten: das Café Tortoni. Tortoni, das war der Boulevard, sozusagen die Berühmtheit. Dort thronten von fünf bis sieben Uhr Aurélien Scholl, Albert Wolff und andere Pariser Koryphäen, wie Pertuiset, der Löwenjäger. Sie kennen doch den *Pertuiset* von Manet? … Ich habe dem Maler vorwerfen hören, dass dieser Löwe wie eine Bettvorlage aussehe, und auch über das Lefaucheux Gewehr, mit dem das Modell bewaffnet war, machte man Witze. Man verstand nicht, dass sich Manet über diesen Löwenjäger mit dieser ausgestopften Haut und diesem Gewehr zum Spatzenschießen lustig machen wollte …"

*Ich.* „Sie haben Albert Wolff gekannt?"

*Renoir.* „Ein wenig. Ich erinnere mich an eine große Diskussion eines Tags im Tortoni zwischen Wolff und einem anderen … ich glaube, es war Robert-Fleury … Sie fragten, was mehr tauge: nach dem Rezept von Blaise Desgoffe sogleich seine Malerei zu lasieren oder der Zeit das Lasieren zu überlassen, wie Vollon es tat."

*Ich.* „Ich höre Cézanne inmitten solcher Diskussionen: ‚Kastratenbande'!"

*Renoir.* „Cézanne stieg kaum je bis zum Boulevard herunter. Ich bin ihm höchstens drei- oder vier Mal im Guerbois oder im Neuen Athen begegnet. Und dies nur, wenn ihn sein Freund Cabaner hinschleifte."

*Ich.* „Sie haben mir nicht erzählt, in welchen Beziehungen Degas und Manet miteinander standen?"

*Renoir.* „Sie waren eng befreundet. Sie bewundertern sich .als Künstler und gefielen sich gut als Kameraden. Degas schätzte an Manet trotz seiner Boulevardmanieren den gut erzogenen Menschen und den „Bürger mit Prinzipien", der er selbst war. Aber wie bei allen großen Freundschaften ging es auch bei ihnen nicht ohne ewige Entzweiung ab, der sofort die Aussöhnung folgte. Nach einem Streit schrieb Degas an Manet:

‚Mein Herr ich sende Ihnen Ihre *„Zwetschen"* zurück … , und Manet gab seinerseits Degas das Porträt zurück, das er von Manet und Madame Manet gemacht hatte. Hieraus entstand übrigens die ernsteste Fehde. Das Bild stellte Manet halb ausgestreckt auf einem Sofa und. daneben Madame Manet am Klavier dar. Manet glaubte, dass er allein besser wirken würde und hatte Madame Manet ruhig bis auf einen Rockzipfel ausgemerzt. Sie wissen, wie Degas es liebt, wenn man an seine Werke rührt, und welchen Spektakel er macht, wenn man nur einen goldenen Rahmen nimmt statt einen der „cadre de jardin", die er nach einem Ausspruch Whistlers um seine Bilder tut …

Das Bild Degas' sollte indessen Manet zu einem Meisterwerk anregen: *Madame Manet am Klavier.* Jeder weiß, wie sehr Manet beeinflussbar war. ‚Ein genialer Plagiator' hat einer gesagt. Doch wenn er ganz nach seinem Gefühl schuf … Ich habe in einem Schaufenster der rue Laffitte zwei *Frauenbeine* gesehen, eine von den rasch hingeworfenen Skizzen, die Manet auf der Straße machte: Etwas Einzigartiges! …

Ich habe Ihnen vorhin gesagt, dass Degas in Manet den Pariser Bürger, der er selbst war, wiederfand. Aber Manets Charakter hatte noch einen andern nicht minder merkwürdigen Zug, einen Hang zur Schelmerei; er liebte die Menschen zu mystifizieren."

*Ich.* „Dujardin-Beaumetz erzählte im Atelier Guillemets, was Manet einem Mitglied des Instituts aufband, der ihm sagte, dass er eine Studie über die modernen Meister vorbereite: ‚Sie, der Sie dem großen Couture nahe gewesen sind? …'

Darauf Manet: ‚Besonders wurde ich durch einen Gebrauch frappiert, der im Atelier des Meisters im Schwange war. Es gab dort eine kleine Flöte, und die Schüler hatten die Gewohnheit, sie sich in den Hintern zu stecken. Und wenn ein Besucher von Rang ins Atelier kam, wurde ihm bedeutet, dass er auf dieser Flöte zu blasen habe. So heische es der Brauch bei all denen, die bei Couture zugelassen würden'!"

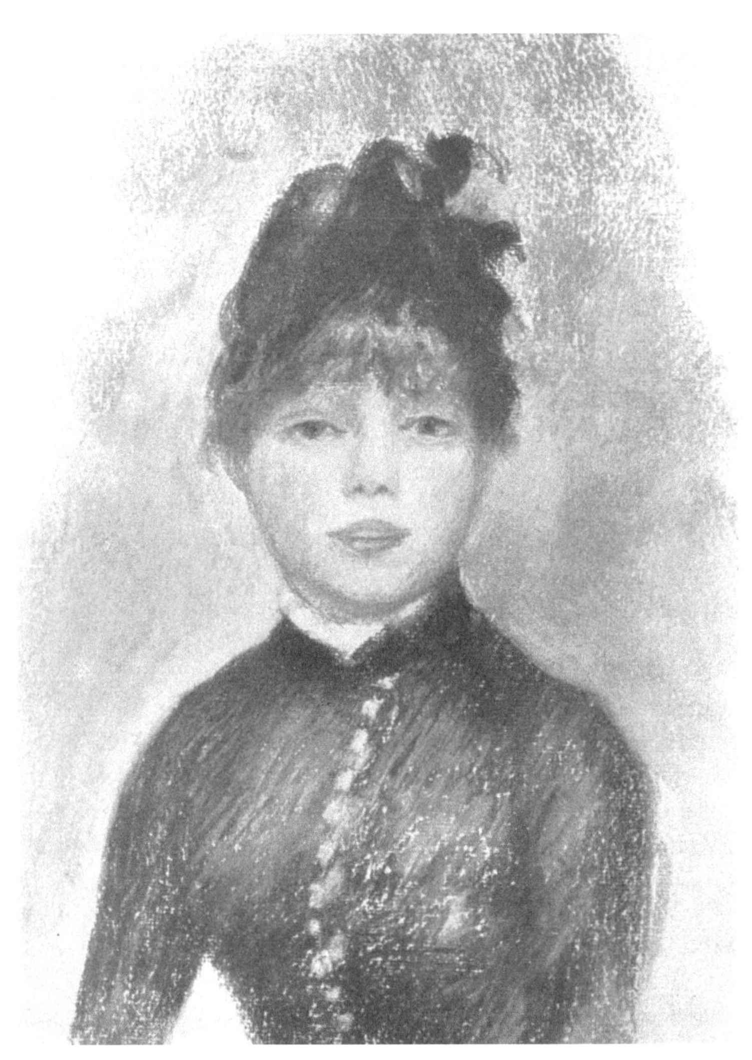

Junges Mädchen / Pastell

*Renoir.* „Degas hatte diese Sucht zu mystifizieren mit Manet gemeinsam. Ich habe ihn wie einen Schulbub sich amüsieren gesehen, wenn es ihm gelang, diesem oder jenem Künstler eine Legende anzuhängen, die natürlich nicht lange an ihm haften blieb.

Ich selbst fiel darauf herein. Eines Tags fuhr ich auf dem Verdeck eines Omnibus, als Degas, der über die Straße ging, mir durch seine Hände trompetete:

‚Gehen Sie sich die Ausstellung des Grafen Lepic ansehen‘.

Ich laufe hin. Und sehr gewissenhaft suche ich nach der interessanten Sache. Ich sagte schließlich zu Degas:

‚Ihr Lepic? …‘

‚Nicht wahr‘, antwortete Degas, ‚sehr viel Talent. Wie schade nur, dass es sich so hohl gibt‘!“

*Ich.* „Ich habe oft Lautrec gegen Degas ausspielen hören? …“

*Renoir.* „Ein Scherz! Lautrec hat ganz hübsche Plakate gezeichnet, aber von da bis … Nehmen Sie die Bordelldirnen, die beide gemacht haben; sie sind durch eine Welt getrennt. Lautrec hat eine Bordelldirne gemalt; bei Degas ist es das Wesen der Bordelldirne, es sind alle Bordelldirnen zusammen in einer einzigen dargestellt. Ferner sind sie bei Lautrec lasterhaft, bei Degas niemals. Sie kennen *La Féte de la Patronne*? Und so viel andere Szenen der gleichen Art.

Wenn man ein Bordell malt, so kommt meistens etwas Pornographisches, immer aber etwas verzweifelt Trauriges heraus. Degas war der einzige, der einem solchen Gegenstand eine gewisse Erfreulichkeit abgewann und dabei das Bild wirken lassen konnte wie ein ägyptisches Basrelief. Diese gleichsam religiöse und keusche Seite seiner Kunst verleiht seinem Werk eine solche Höhe und macht ihn noch größer, wenn er an eine Dirne rührt.“

*Ich.* „Ich sah eines Tags in einem Schaufenster der Avenue de l’Opéra eine *Frau im Tub* von Degas und davor aufgepflanzt einen Passanten, der wohl ein Maler war, da er mit seinem Daumen Linien in der Luft zeichnete. Ich vernahm die Worte: ‚Der Bauch von einer Frau wie der, das ist gerade so wichtig wie die Bergpredigt‘.“

*Renoir.* „Ihr Mann war gewiss ein Literat. Ein Maler drückt sich nicht so aus.“

*Ich.* „Zur selben Zeit ging ein Maurer vorüber. Er auch hält inne vor dem Akt: ‚Teufel, mit diesem Frauenzimmer möchte ich nicht schlafen‘.“

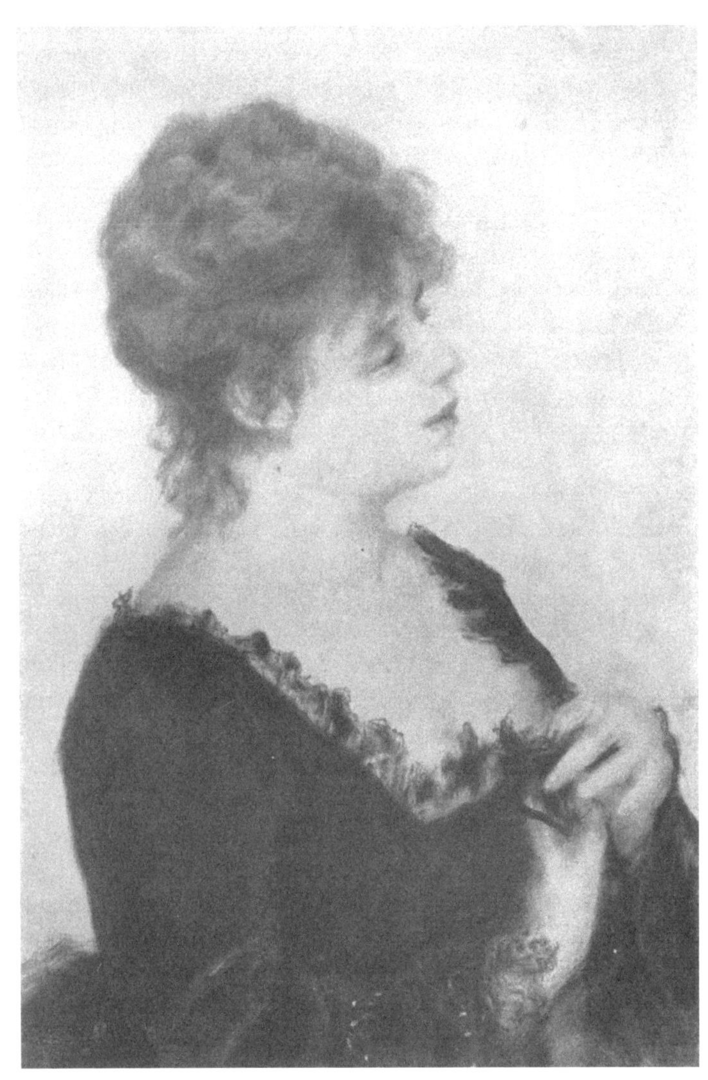

DAMENBILDNIS

*Renoir.* „Der Maurer hatte Recht. Die Kunst, das ist keine ‚rigolade‘“.

*Ich.* „Hatten Sie Gelegenheit, Degas beim Radieren zu beobachten?“

*Renoir.* „Ich ging zuweilen mit ihm zu Cadard, gewöhnlich nach dem Abendessen. Degas nahm eine Platte und warf auf sie seine wundervollen Impressionen. Ich wage nicht zu sagen „radierte“, man würde mir über den Mund fahren. Die Leute vom Fach nämlich sagen, wer diese flüchtigen Arbeiten gemacht habe, der kenne nicht einmal die Anfangsregeln der Radierkunst, aber wie sind sie schön!“

*Ich.* „Sie haben doch selbst immer gesagt, man müsse sein Handwerk gründlich verstehen.“

*Renoir.* „Ja, aber ich rede nicht von den Tüpflern unter den modernen Graphikern. Manche unter den schönsten Radierungen Rembrandts sehen aus, als ob sie mit einem Stückchen Holz oder einer Nagelspitze gemacht seien. Wagen Sie zu behaupten, dass Rembrandt nicht sein Handwerk verstanden habe? Ganz im Gegenteil. Weil er es gründlich inne hatte und weil er den Wert der manuellen Arbeit kannte, findet man nicht bei ihm alle die Werkzeuge, die sich heute zwischen Künstler und Ausführung schieben, sodass das Atelier eines modernen Graphikers dem Arbeitsraum eines Zahnarztes gleicht.“

*Ich.* „Und der Maler Degas?“

*Renoir.*“ Ich habe kürzlich in einem Schaufenster eine Zeichnung von Degas gesehen, einen einfachen Kohlenstrich in einem Goldrahmen, der alles rings totschlug. Nein, wie das saß! Ich kann mir keine schönere Malerzeichnung vorstellen!“

*Ich.* „Ich meine, wenn Degas sich der Farbe bedient?“

*Renoir.* „Wenn man seine Pastelle sieht! … Man bedenke, dass er mit einer so unangenehm zu handhabenden Materie den Freskenton wiedergefunden hat! Als er 1885 bei Durand-Ruel seine außerordentliche Ausstellung veranstaltete, steckte ich mitten in Versuchen, wie man Fresko mit Öl malen könne. Sie können sich vorstellen, wie „platt“ ich war, als ich das sah.“

*Ich.* „Gerade vom Ölmaler Degas …“

Aber Renoir: „Schauen Sie doch, Vollard!“ Wir waren auf dem Opernplatz angelangt. Indem er auf Carpeaux’ Tanz hinwies:

„Aber das ist doch ausgezeichnet erhalten! Wer hat mir neulich gesagt, dass dieses Werk in Trümmer falle? Seien Sie gewiss, ich habe nichts gegen Carpeaux, aber ich liebe alles am Platz, an den es hingehört. Man lasse diesem Werk die Fürsorge angedeihen, nach der alle Welt verlangt, das ist ganz in der Ordnung, aber unter der Bedingung, dass man diese betrunkenen Frauen anderswo aufstellt … Der Tanz, der in der Oper gelehrt wird, hat eine Tradition, ist etwas Edles, ist nicht ein Cancan … Und die Gunst des Schicksals hat uns heute einen Bildhauer beschert, der mit den Alten wetteifern kann! Aber keine Gefahr …"

*Ich.* „Rodin hat gerade den Auftrag zu einem „Denker" erhalten. Und der *Victor Hugo* und das *Höllentor* …"

*Renoir.* „Wer redet Ihnen denn von Rodin? Ich sagte: Der erste Bildhauer. Nun, das ist doch Degas! Ich habe ein Basrelief von ihm gesehen, das er in Staub zerfallen ließ, das war schön wie die Antike. Und jene Tänzerin in Wachs … An ihr gab es einen Mund, eine einfache Andeutung, aber welche Zeichnung! Wenn man leider immer wiederholt: ‚Aber Sie haben den Mund vergessen zu machen'! …

Es war dieser Schafskopf … Wahrhaftig, heute kann ich keinen Namen finden … Dieser Freund Degas', der nackte Frauen macht, die aussehen, als ob sie nach der Natur abgegossen sind, und bei denen das sicher der Fall ist … Kurz, Degas wurde wegen dieses Mundes so drangsaliert, dass er ihn schließlich gemacht hat: Aber es war nicht mehr das! Haben Sie die außerordentliche Büste von Zandomeneghi gesehen? Degas behauptete immer, sie sei noch nicht fertig, um einen Vorwand zu haben, sie zu verstecken …"

*Ich.* „Ich glaubte, sie standen nicht gut zusammen, Degas und Zandomeneghi."

*Renoir.* „Es waren intime Freunde. Nur eines Tags, als Degas den anderen um eine Sitzung bat, verletzte er ihn tödlich. Degas sagte: ‚Zandomeneghi, da Sie doch nichts zu tun haben …' Zandomeneghi fand erstens, dass er zu tun hatte. Und er setzte hinzu: ‚Man spricht nicht so zu einem Venetianer'."

*Ich.* „Sie waren der Nachbar Zandomeneghis in der rue Tourlaque?"

*Renoir.* „Ein sehr braver Mann! Aber immer im Schmollwinkel. Es half nichts, wenn ich ihm sagte: ‚Na, Zandomeneghi, es ist doch nicht meine Schuld, wenn Italien noch nicht Frankreich erobert hat und Sie nicht in Dogentracht und auf einem Paradepferd in Paris einziehen können'!"

# X

## Der Salon der Madame Charpentier

*Renoir.* „Im Salon der Madame Charpentier versammelte sich alles, was Paris an Berühmtheiten in der Politik, in den Künsten, in der Literatur aufzuzählen hatte. Die ständigen Gäste hießen: Daudet, Zola, Spuller, die beiden Coquelin, Flaubert, Edmond de Goncourt … Das Porträt des letzteren von Bracquemond ist frappant ähnlich … Sehr kalt, prätentiös, verbittert.“

*Ich.* „Guillemet hat mir den Zwist zwischen Goncourt und Zola erzählt. Goncourt, der plötzlich aufhört, Zola guten Tag zu sagen und ihn sogar hinterhältiger weise angreifen lässt; Zola trostlos und unfähig herauszubringen, womit er wohl den „patron“ verletzt habe … Charpentier, dem es sehr arg war, seine beiden Autoren nicht mehr gleichzeitig einladen zu können, der vermitteln will und bei den Ausflüchten Goncourts sagte:

‚Wenn nun aber Zola käme, Ihnen die Hand zu reichen, Sie würden sie nicht ausschlagen‘?

Kurz, großes Versöhnungsessen. Goncourt die ganze Zeit sehr abweisend, sodass Zola am Ende des Mahls um jeden Preis nach einer Erklärung trachtet und den andern in einen kleinen Salon nötigt. Guillemet sieht ihn mit einem solch verdutzten Gesicht herauskommen …

‚Nun, was ist’s‘?

Zola:

‚Ich fragte ihn, was ich ihm getan habe! Sie fragen, was Sie mir getan haben, nachdem Sie uns, meinen Bruder und mich so geschädigt haben! Und dieser Titel *Das Werk*, den Sie für Ihr Buch gewählt haben, nachdem wir *Das Werk François Bouchers* veröffentlicht haben‘!“

*Renoir.* „Ich wollte Ihnen noch sagen, dass ich auch Cézanne bei den Charpentiers traf, er kam mit Zola, aber dieser mondäne Ort gefiel ihm nicht. So ließ ich, wenn die Rede auf die Malerei kam, wie Monsieur Chocquet immer mein ‚Und Cézanne‘! vernehmen.

Zola glaubte, dass ich ihm zulieb das Talent seines Landsmanns herausstreiche.

,Es ist nett von Ihnen, so gut über meinen alten Kameraden zu reden, aber unter uns: wozu sich noch für diese verfehlte Existenz verwenden'?

Und als ich protestierte.

,Na', schloss Zola, ,Sie wissen ja, die Malerei ist nicht meine Sache'!

Bei Madame Charpentier lernte ich Juliette Adam, Maupassant und auch diese charmante Madame Clapisson kennen, die ich – mit welchem Vergnügen! – zweimal gemalt habe. Maupassant stand damals auf dem Gipfel seines Ruhms und Goncourt und selbst Zola waren nicht wenig beunruhigt über diese immer wachsende Produktion. Das Gespräch zwischen ihnen begann immer so:

,Ach, Maupassant! Welches Talent! Doch so viel zu produzieren! Wer wird ihn auf die Gefahr einer Überproduktion aufmerksam machen'?

Ich erinnere mich, Turgenieff bei den Charpentiers getroffen zu haben und noch viele andere, deren Namen mir entfallen sind. Da war insbesondere einer, der, um die Aufmerksamkeit auf sich zu lenken, einen roten Gürtel unter seinem schwarzen Frack trug; auch fiel er durch die Heftigkeit auf, mit der er für die Museen und ihre Bedeutung für die Volkserziehung eintrat.

Das Volk in den Museen, lächerlich! Ich saß eines Tags auf einer Bank im Louvre; ich höre Leute, die an mir vorübergehen, sagen:

,O dieses Gesicht! …'

Ich sage mir: Was habe ich denn heute an mir? Beim Weggehen kreuzen mich noch andere Besucher, und ich beobachte sie automatisch. Sie bleiben just an dem Platz stehen, den ich eben verlassen hatte. Einer von ihnen ruft aus:

,Teufel! Gucken Sie diese Fratze an! …'

Es war die *kleine Infantin* von Velasquez."

*Ich.* „Der Mann mit dem roten Gürtel, den Sie bei den Charpentiers getroffen haben, erinnert mich an Barbey d'Aurevilly …"

*Renoir.* „Ich habe ihn ein- oder zweimal gesehen. Obgleich er sich so lächerlich kleidete, sapperlot, welche Haltung! Ich erinnere mich sogar, dass ich auf diese Begegnung hin nach einem seiner Bücher griff, aber meine Augen fielen zuerst auf die Illustrationen, die dieser belgische Cabanel dazu gemacht hatte, Sie wissen doch, wen ich meine: Rops. Da habe ich denn wahrhaftig den Mut verloren, den Text zu lesen.

Um auf Madame Charpentier zurückzukommen, sie begnügte sich nicht damit, die Künstler zu ihren Soireen einzuladen. Sie veranlasste ihren Mann, eine Zeitung herauszugeben, die für die impressionistische Kunst eintreten sollte. *La Vie Moderne,* an der wir mitarbeiteten. Wir sollten bezahlt werden, sobald ein Gewinn heraussprang. Das heißt, wir bekamen nie einen Sou. Das Schrecklichste aber war das Papier, das man uns zu unseren Zeichnungen aufnötigte … Man brauchte ein Radiermesser, um das Weiß herauszubekommen, ich habe mich nie daran gewöhnen können. Der Chefredakteur der *Vie Moderne* war Bergerat. Als später Charpentier seine Zeitung aufgab, erhielt mein junger Bruder Edmond die Leitung. Aber die Tage der Zeitung waren gezählt, ihr Ende ließ nicht lange auf sich warten."

*Ich.* „Sie haben vorhin von Zola gesprochen. Was halten Sie von seinen Büchern?"

*Renoir.* „Ich habe immer seine Schriften verabscheut. Wenn man ein Milieu schildern will, so muss man, denke ich, sich zuerst in dessen Personen versetzen. Zola begnügt sich, ein kleines Fenster zu öffnen, einen Blick hinauszuwerfen; und dann bildet er sich ein, das Volk zu schildern, wenn er sagt, dass es übel riecht. Und gar den Bürger! Aber welch schönes Buch hätte er schreiben können, es wäre nicht nur die historische Zusammenfassung einer sehr originellen Kunstbewegung, sondern ein „document humain" gewesen, da er unter diesem Namen seine Ware verkaufte, wenn er nur ehrlich in seinem *Werk* berichtet hätte, was er in unseren Versammlungen und im Atelier gesehen und gehört hatte: denn es traf sich, dass er genau wie wir das Leben seiner Modelle gelebt hat! Doch im Grund war es Zola wenig darum zu tun, seine Freunde so darzustellen wie sie waren, d.h. zu ihrem Vorteil …"

*Ich.* „Ich traf eines Tags Demont-Breton bei Guillemet. „Über ‚Deinen‘ Zola", sagte er zu Guillemet, „muss man lachen: dieser Sämann, der mit ‚weiter‘ Geste sein Korn schleudert … Du kennst das Land und hast bemerkt, mit welch gemessenen kurzen Handbewegungen … Zola muss einen Bauer beim Düngen gesehen haben; was er für Korn gehalten hat, war Dünger!

Monsieur Renoir, ein berühmter Schriftsteller, den Sie bei den Charpentiers haben treffen müssen: Flaubert?"

*Renoir.* „Ich erinnere mich sehr gut an ihn; er sah aus wie ein Hauptmann a. D., der Weinreisender geworden ist."

*Ich.* „Und seine Werke?"

*Renoir.* „Ich habe *Madame Bovary* flüchtig gelesen. Es ist die Geschichte eines Idioten, dessen Frau hoch hinaus will, und nach Lektüre dieser dreihundert Seiten hat man vor allem den Eindruck: Diese Leute gehen mich einen Dreck an!"

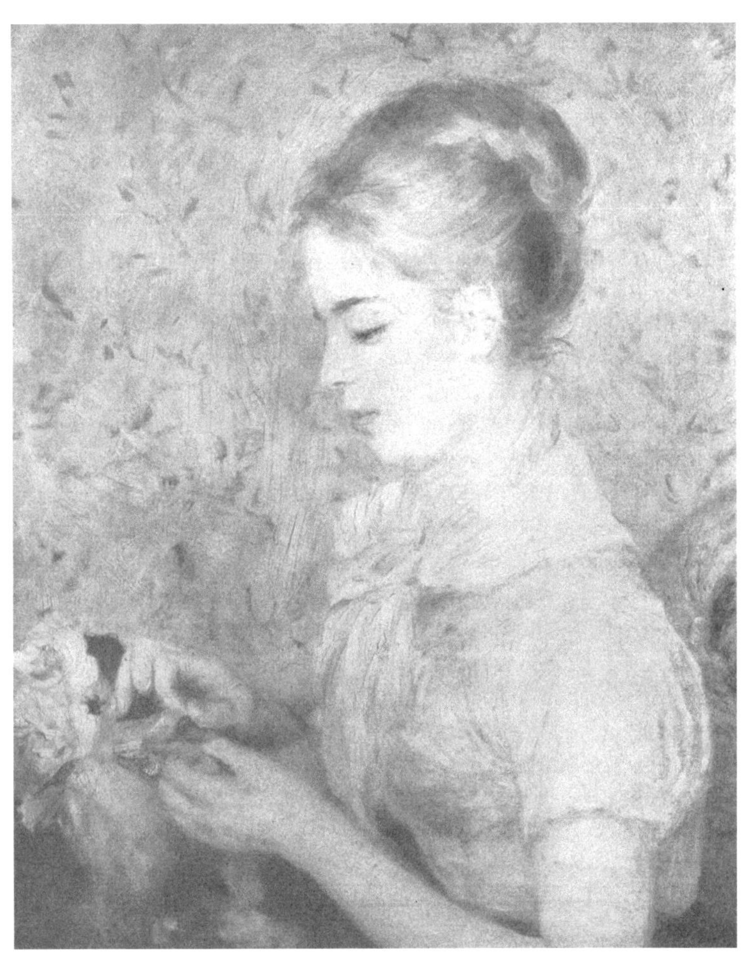

PUTZMACHERIN

*Ich.* „Die Persönlichkeit des Homais?"

*Renoir* „…"

*Ich.* „Guillemet berichtete mir von der Schadenfreude gewisser Freunde Flauberts, wenn sich der berühmte Verfasser der *Salammbô* in seinen letzten Lebensjahren gerade mit den philosophischen und politischen Argumenten jenes Apothekers über den Klerikalismus und den Einfluss der Jesuiten entrüstete."

*Renoir.* „Ein Buch, das ich sehr schön fand, *Salammbô*, immerhin nicht so schön wie *Le Roman de la Momie*, meiner Meinung nach der in seiner Art vollkommenste Roman. Ich weiß wohl, dass die „Kenner" Gautier die spielende Leichtigkeit vorwerfen, mit der er seine Bücher verfasste, als ob er nur eine Geschichte erzähle, um sein Vergnügen dabei zu haben. Ach, diesen selben Vorwurf, wie oft hat man ihn mir selbst gemacht! Muss man denn langweilig sein, um zu gefallen? Ich sagte Ihnen doch, dass Frankreich protestantisch geworden ist! Ich glaube auch, dass das Publikum immer Angst hat, nicht genug für sein Geld zu bekommen. Es muss die Überzeugung haben, dass wir uns mit einer Sache abgemüht haben, um uns seines Interesses zu würdigen … Und diese Bilder Cézannes, die er zweihundert Mal wieder vorgenommen hat, und die aussehen, als ob er sie auf einen Sitz gemacht habe!"

*Ich.* „Sie haben mir noch nicht von Huysmans gesprochen. Ging er nicht zu Madame Charpentier?"

*Renoir.* „Nur im „Neuen Athen" wurde ich Huysmans' gewahr, und das nicht oft. Er war ein höchst würdiger Mann, aber meiner Meinung nach tat er unrecht daran, das Werk eines Malers nicht um des Werkes, sondern um des Gegenstands willen zu würdigen. So hat er in die gleiche Bewunderung Degas, Raps und Gustave Moreau einschließen können. O dieser Gustave Moreau; dass man derlei ernst genommen hat, einen Maler, der nie einen Fuß hat zeichnen können! Die Verachtung der Welt, die er zur Schau trug, und die man so sehr bewundert hat, *ich* nenne das Trägheit. Aber es war ein verdammt schlauer Mann, na, um auf den Einfall zu kommen, mit Goldfarben zu malen und damit die Juden zu kapern … inklusive Ephrussi, dem ich immerhin Verständnis zugetraut hatte. Ich komme eines Tags zu ihm: ich stoße auf. einen Gustave Moreau!"

*Ich.* „Haben Sie nicht eine Dekoration für den Salon der Madame Charpentier gemalt?"

*Renoir.* „Wanddekorationen zu malen, war immer ein Hauptvergnügen für mich, schon in meiner Jugend, als ich in den Kaffeehäusern auf die blanke Wand malte. Leider war der Platz bei Madame Charpentier sehr beschränkt. Die Empfangssäle waren nach der damaligen Mode ganz in japanischem Geschmack dekoriert. Vielleicht stammt von diesem Anblick so vieler japanischer Gegenstände mein Abscheu vor der japanischen Kunst.

Während der Ausstellung von 1889 hatte mich mein Freund Burty vor japanische Holzschnitte geführt. Es gab da sehr schöne Sachen, das will ich nicht bestreiten; beim Verlassen des Saals aber sah ich einen mit einer kleinen Tapisserie überzogenen Louis XIV-Sessel; man konnte sich nichts Einfacheres vorstellen. Ich hätte den Sessel küssen können!

In Ermangelung von Wänden hatte mir Madame Charpentier die Fläche zweier Füllungen im Treppenhaus, schmal aber hoch, überlassen. Ich löste die Aufgabe, indem ich zwei Pendants, einen Mann und eine Frau, malte. Als das Werk vollendet war, wollte man es durch einen alten Freund des Hauses, den Maler Henner begutachten lassen. Er ergriff voll Rührung, die den Elsässer so leicht ankommt, meine Hände und sagte mir mit seiner gelungenen elsässischen Aussprache: ‚Es ist sehr gut, es ist sehr gut, aber es hat einen Fehler! Der Mann muss immer brauner sein wie die Frau[9]‘!

Eine kleine Einzelheit: Madame Charpentier hatte eine gewisse Ähnlichkeit mit Marie Antoinette. So gab es keinen Kostümball, auf dem sie nicht als Marie Antoinette erschienen wäre. Ihre besten Freundinnen platzten vor Eifersucht, und da sie eher klein war, prägte eine von ihnen das Wort: ‚Es ist eine von unten her verkürzte Marie Antoinette‘!“

*Ich.* „Sie haben Gambetta bei den Charpentiers gekannt? Wenn man von ihm spricht, so ist es nur, um ihn in die Wolken zu heben oder um ihm alles Verdienst abzusprechen, welche Erinnerung haben Sie an ihn behalten?“

*Renoir.* „Die allerbeste. Welche Einfachheit und welche Ritterlichkeit! An einem Tag, da er mir sein besonderes Wohlwollen bezeigt hatte, erkühne ich mich, ihn um seine Protektion für meine Ernennung zum Direktor irgendeines Provinzialmuseums mit einem Gehalt von zweihundert Franken im Monat, zu bitten. Spuller war zugegen. Ich erschien ihm von einem maßlosen Ehrgeiz besessen. Was Gambetta anbelangte, so war er weniger über meine Unbescheidenheit als über die Seltsamkeit meines Gesuches erstaunt.

---

9    „C'est drès pien, c'est drès pien, mais il y a une vaute! L'homme toit doujours aidre blus prun gue la vamme!“

‚Aber wie kommen Sie dazu? Mein lieber Renoir, verlangen Sie eine Stelle als Lehrer des Chinesischen oder als Inspizient der öffentlichen Denkmäler, kurz irgendetwas, was nichts mit Ihrem Beruf zu tun hat; dazu kann ich Ihnen verhelfen: aber einen Maler zum Museumsdirektor ernennen! … Man würde zu sehr über uns lachen‘!

Doch wenn Gambetta jemand einen Dienst erweisen konnte, mit welchem Zartgefühl tat er es! Während einer unserer Ausstellungen war ich auf die Redaktion der *République Française* gegangen, ob nicht ein paar Zeilen über uns erscheinen könnten. Ich stoße auf Challemel-Lacour, der mir alsbald sagt:

‚Wir können nichts für Sie tun. Sie sind Revolutionäre‘!

Auf der Treppe kreuze ich Gambetta, der mich fragt, was ich auf der Zeitung gewollt habe. Ich trug ihm mein Anliegen vor. Er fängt an zu lachen:

‚Ach, das ist ausgezeichnet! Challemel-Lacour, der nicht will, dass man Revolutionär sei‘!

Und Gambetta ließ den Artikel schreiben. Er war der Einfachste der ganzen Gesellschaft.“

*Ich.* „Und wie hätte ihm seine Stellung den Kopf verdrehen können?“

*Renoir.* „Wenn er in einen Salon eintrat, man muss diese Aufregung gesehen haben! Aber Aufmerksamkeiten verursachten dem Minister Unbehagen. Sobald er die Schwelle überschritten hatte, durchschnitt er die Menge, die ihn umdrängte, und flüchtete ins Rauchzimmer, in das aber alsbald die zartesten Frauen strömten. die an diesem Abend angeblich nichts lieber hatten als Zigarren- und Pfeifenrauch. Wie groß war nicht eines Abends bei den Charpentiers mein Erstaunen, Gambetta ganz allein im Rauchzimmer zu finden! Nicht eine Zitze! … Ich erfuhr dann, dass der Ministerpräsident am gleichen Tag die Kammer so „angehaucht“ hatte, dass er eine Niederlage erlitt, auf die hin es kein Emporkommen mehr gab.

Dort bei den Charpentiers habe ich auch nach mehreren Jahren der Trennung meinen Freund, den Musiker Chabrier, wiedergefunden. Er war der Besitzer der *Sortie du Conservatoire*, die ich im Garten der rue Cortot gemalt hatte. Wir waren lange intime Freunde gewesen. Und was für ein Musiker! Mir fällt ein Abend bei mir ein, im Montmartre. Chabrier kam gerade von Spanien zurück und brachte die charakteristischen Themen seiner *Espana* mit. Nach dem Essen setzte er sich ans Klavier, und den ganzen Abend hat er die *Espana* zu formen gesucht. Welch unvergleichlicher Klavierspieler! Er spielte mit seinem ganzen Körper; die Füße, die Hände gingen gleichzeitig; dazu noch die anfeuernden Ausrufe!"

*Ich.* „Aus welcher Zeit stammt das Porträt der *Madame Charpentier*?"

*Renoir.* „Von 1878, und der Persönlichkeit des Modells zulieb wurde dieses „revolutionäre" Werk im Salon von 1879 angenommen.

Zur selben Zeit wie *Madame Charpentier und ihre Kinder* hatte ich das Porträt in ganzer Figur der Mademoiselle Samary eingeschickt. Ein wahres Wunder, dass diese Leinwand noch erhalten ist. Am Vorabend der Eröffnung sagt mir ein Freund: ‚Ich komme aus dem Salon; es ist sonderbar, Ihre Samary scheint zu zerfließen'!

Ich stürze hin. Mein Bild war nicht erkennbar. Folgendes war vorgefallen: Der Bursche, der meine Leinwand in den Salon zu bringen hatte, sollte ein anderes Bild firnissen, das er gleichzeitig mit meinem Bild hingetragen hatte. Ich war so vorsichtig gewesen, meine Leinwand, die ganz frisch war, nicht zu firnissen. Der Träger glaubte, das sei aus Sparsamkeit geschehen, und da ihm noch ein wenig Firnis übrigblieb, so wollte er mich davon profitieren lassen. In einem Nachmittag musste ich mein Bild neu malen. Sie können sich vorstellen, dass mir dabei warm wurde!"

*Ich.* „Was wurde Ihnen für das Porträt der *Madame Charpentier* bezahlt?"

*Renoir.* „Ich glaube wohl bei tausend Franken."

*Ich.* „Tausend Franken! Eine große Leinwand mit drei Figuren?"

*Renoir.* „Was ein außergewöhnlicher Preis für die damalige Zeit war. Haben Sie einen gewissen Poupin gekannt, einen ehemaligen Angestellten von Durand-Ruel, der einen Laden mit Gegenständen aus Jerusalem übernommen hatte, ohne dass er darum seine Bildergeschäfte aufgab. Nun, ich erinnere mich: einmal sah ich gegen seinen Laden, auf dem Bürgersteig, eine meiner Leinwanden, den *Pagen*, eine große Frauenfigur, lehnen, die mit achtzig Franken ausgezeichnet war!"

*Ich.* „Haben Sie nie Mademoiselle Samary in einer ihrer Rollen gemalt?"

*Renoir.* „Nein. Ich habe sie kaum auf der Bühne gesehen. Mir gefällt es nicht, wie auf dem Théâtre Français gespielt wird. Eines Tags sah ich Ellen André in den Folies-Bergère eine kleine Rolle in einer Pantomime spielen. Aber wie war das gespielt! Ich habe am nächsten Tag Bérard nicht wenig in Erstaunen gesetzt, als ich ihm sagte, dass der Staat ein Theater wie die Folies-Bergère subventionieren müsse."

*Ich.* „Da will ich lieber nicht fragen, was Sie über die Stücke von Hervieu denken."

Renoir machte eine vage Gebärde.

*Ich.* „Ich soll ein Stück von Hervieu ansehen, dem man viel Gutes nachsagt: *La Course du Flambeau*." 

– „Sie sprechen von diesem „teuren" Hervieu", sagte Franc-Lamy, der bei den letzten Worten ins Atelier trat.

*Ich.* „Sie kennen ihn?"

*Franc-Lamy.* „Ich habe ihn auf dem Schloss der Herzogin X … auf einem Tangotee getroffen.

Die Damen ließen den Meister nicht aus, begeisterten sich über das Lebensechte seiner Personen, die Aufrichtigkeit seiner Kunst u.s.w. …

,Wie stellen Sie es an, Meister, um das menschliche Herz so von Grund auf zu kennen'?

Und jener: ,Wie ich es anstelle? Ich will Ihnen mein Geheimnis sagen. Ich stütze mich auf die Natur …' Man war im Rosengarten des Schlosses; wenn du das, Renoir, gesehen hättest, diese Tausende von Rosen in Blüte.

,Das ist meine Leidenschaft, die Rosen', sagte die Herzogin zu Hervieu und bei Ihrer Liebe für die Natur …'!

Einige Tage darauf erhielt die Herzogin mit den hunderttausend Rosen per Eisenbahn eine Sendung von diesem Liebenden der Natur: in goldenes Papier gehüllt, einen Strauß von Rosen, wie sie in den Laboratorien der Blumenhändler künstlich groß getrieben und von eisernen Drähten gehalten werden …"

*Ich* (zu Renoir). „Ich habe Sie nie von Sarah Bernhardt sprechen hören!"

*Renoir.* „Was ich an der Frau liebe, ist der weibliche[10] „Charme", und der ist selten! … Eine, die ihn vor allem besaß! Jeanne Granier. Wer sie nicht im *Blaubart* gesehen hat …

Das war eine, die ich gern gemalt hätte!"

---

10    Renoir hatte Sarah Bernhardt in der *Kameliendame* gesehen, und da er dies Stück verabscheute, so hatte ihm die Künstlerin für immer missfallen.

# XI

## Die ersten Reisen

*Renoir.* „Nach dem Salon von 1879 machte ich mit meinem Freund Lestringuès eine sechswöchige Reise nach Algerien, von wo ich die *Bananenbäume*, eine *Ansicht vom Garten von Essai*, ein Bild von *Broussailles*, einen *Araber auf einem Kamel*, die *Araber auf Eseln* mitbrachte. *Der Araber auf einem Kamel* hat mir am meisten Mühe gemacht, so viel Leute standen um mich herum. Aber der Araber ist noch nichts gegen den französischen Bürger und vor allem gegen den Pariser.

Einmal malte ich in einem Feld bei Beaulieu, da kam mir eine ganze Familie über den Hals, die gerade aus dem Pariser Zug ausgestiegen war. Diese Unwissenheit der Stadtmenschen, was die Dinge auf dem Land angeht! … Während die Frau und die Kinder nicht aufhörten, mir Ratschläge zu geben, rief der Vater, der ein wenig weiter gegangen war, um ein natürliches Bedürfnis zu befriedigen, beim Anblick von Artischocken, die doch recht eigentlich Gemüsegartenpflanzen sind:

‚Ha! Allesamt, kommt einmal hierher; ich habe ein Feld *wilder* Artischocken entdeckt‘!

Und was die Neugierde betrifft, mit der die Passanten der Arbeit des Malers zuschauen, so haben sie die Tiere sogar.

Eines Tags arbeitete ich im Wald von Fontainebleau, als ich hinter mir atmen hörte: es waren Rehe, die mir mit vorgestrecktem Hals beim Malen zusehen.“

* * *

Nach meiner Rückkehr von Algerien nahm ich ein Atelier in der rue Norvins (1880); von da zog ich nach der rue Houdon. Im folgenden Sommer ging ich nach Guernesey, wo ich einige Strandbilder malte. Welch angenehmes Land! Welche patriarchalischen Sitten! Wenigstens zurzeit, da ich dort war. All diese englischen Protestanten hielten es während ihres Landaufenthalts nicht für nötig, so schamhaft zu tun wie in ihrer Heimat. So war beim Baden die Badehose unbekannt. Keine dieser kleinen, so

73

niedlichen „Misses" genierte es, neben einem ganz nackten Knaben zu baden. So konnte ich meine Studie zu Weg bringen: *Nackte Jungen und Mädchen im Bad.*

Ich bewohnte ein Erdgeschoss mit meiner Frau, und mein Freund Lauth den zweiten Stock eines Hauses, in dem der erste und dritte an einen protestantischen Pfarrer aus London vermietet waren. Ich konnte, wenn ich am ersten Stock, dessen Türen immer weit geöffnet waren, vorbeiging, die ganze Familie des Pastors, das Mädchen, eine gewisse Mary, mitinbegriffen, beobachten, wie sie splitternackt, so wie sie aus dem Bad gekommen waren, eins hinter dem andern stehend, sich auf die Hinterbacken schlugen, um sich zu erwärmen, und dabei sangen: ‚Es läuft, es läuft das Wiesel …' Und es genierte sie auch nicht, ganz nackt über die Treppe zu spazieren, wenn sie vom ersten Stock in den dritten wollten.

Eins Tages sieht Lauth, der kurzsichtig wie ein Maulwurf ist, auf der Treppe vor sich ein Paar Hinterbacken. Er gibt einen Klaps darauf und ruft:

‚He! Mary'!

Es war der Pastor selbst. Was wir gelacht haben!

Einige Zeit nach meiner Rückkehr nach Paris unternahm ich eine Reise nach Italien. Ich begab mich zuerst nach Venedig, wo ich einige *nackte Figuren,* eine Skizze des *großen Kanals,* eine *Gondel,* den *Dogenpalast* und den *Markusplatz* malte.

Meine große Überraschung in Venedig war die Entdeckung Carpaccios, der ein Maler mit frischen, frohen Farben ist. Er hat es fast zuerst gewagt, Spaziergänger auf der Straße zu malen. Mir ist besonders ein Bild in Erinnerung, worauf ein Drachen war, der wie ein an der Leine gehaltener Karnevalsdrachen aussah, der auf Verlangen die Pfote gibt. Und dieser heilige Georg, der die Edelleute tauft, inmitten von Musikanten, die die große Trommel schlagen und Posaunen blasen! Carpaccio hatte gewiss seine Modelle vom Jahrmarkt her! Ich hätte beinahe eine Landschaft dieses Malers zu erwähnen vergessen, die mich außerordentlich interessierte, es muss eine Ansicht der Provence gewesen sein.

Doch wenn sein Gemälde *Die zwei Kurtisanen,* eine sehr schöne Sache, wirklich ein getreues Spiegelbild der damaligen Sitten ist, so hatten sie es gerade nicht sehr lustig, die Kurtisanen dieser Zeit.

Es gefiel mir wirklich gut in Venedig. Welches Wunder, dieser Dogenpalast! Dieser weiße und rosa Marmor muss am Anfang ein wenig kalt gewesen sein. Aber wie wirkte er jetzt bezaubernd auf mich, nachdem ihn die Sonne im Laufe der Jahrhundert vergoldet hat!

Und die Basilika von Sankt Markus! Das ist etwas anderes als die kalten italienischen Renaissancekirchen, und besonders als diese Kathedrale in Mailand, auf welche die Italiener so stolz sind wegen ihrem Dach aus Marmorspitzen – Dummheiten! Nicht? In Sankt Markus fühlt man schon beim Eintritt, dass man in einem echten Tempel ist; diese weich abgetönte Luft und diese prachtvollen Mosaiken, dieser große byzantinische Christus mit einem grauen Ring darum! Unmöglich zu ahnen, ehe man Sankt Markus betreten hat, wie schön das ist, diese schweren Pfeiler, diese ungerieften Säulen! …

Als mich endlich die Kälte von Venedig vertrieb, wanderte ich nach Florenz. Ich kenne wenig Orte, wo ich mich so sehr gelangweilt habe. Ich fand diese Stadt von einer solchen Traurigkeit … vor all diesen schwarz und weißen Gebäuden hatte ich den Eindruck, vor einem Damenbrett[11] zu sein! Ich begnügte mich also in Florenz mit dem Besuch der Museen, desgleichen in Rom. Ich habe im Vatikan das Bild von Raffael *Die Vertreibung Heliodors aus dem Tempel* sehr geliebt. Es gibt darauf kleine unschuldige Flammen, die nichts verbrennen, und wie das doch genügt! Soll ich Ihnen gestehen, dass ich in Rom und Florenz bei dieser erstaunlicher Mannigfaltigkeit von Meisterwerken immer wieder auf Raffael stieß … In Florenz vornehmlich, wie Ihnen die Ergriffenheit schildern, die ich vor seiner Madonna della Sedia empfand! Ich war des Spaßes halber hingegangen, und auf einmal befinde ich mich vor der freiesten, solidesten, einfachsten, lebendigsten Malerei, die man sich vorstellen kann, von Armen, Beinen aus echtem Fleisch, und dazu welch rührender Ausdruck von mütterlicher Zärtlichkeit! Und als ich bei meiner Rückkehr nach Paris Huysmans von der Madonna della Sedia erzähle, ruft er aus:

‚Na, noch einer, der sich vom Bromür Raffaels hat fangen lassen‘!

Und jener andere, war es nicht Gervex? der einmal anlässlich meiner Bewunderung für Raffael sagte:

‚Wie, Sie halten es jetzt in der Kunst mit den *pompiers*‘?

Die Fresken der Farnesina begeisterten mich auch. Sie wissen, wie ich immer der Freskomalerei nachgegangen bin, ich hatte irgendwo gelesen, dass dort der erste Versuch, Fresken mit Ölfarbe zu malen, gemacht wor-

---

11    Es gibt in Florenz eine Kathedrale von schwarz und weißem Marmor. Von diesem Eindruck offenbar hat Renoir die Erinnerung an eine Stadt, die einem Damenbrett gleicht, behalten.

den sei. Mögen sie nun gemalt sein wie sie wollen, es gibt wirklich nichts Entzückenderes als diese Fresken."

*Ich.* „Hat Sie nicht Michelangelo niedergeschmettert?"

*Renoir.* „Ich ziehe ihm Donatello vor. Seine Figuren sind mannigfacher wie die Michelangelos, der sich trotz seines Genius immer in seinen Figuren wiederholt. Auch seine Muskeln sind sich immer zu sehr gleich. Er hatte zu viel Anatomie studiert, und aus Angst, irgendwo einen Muskel zu vergessen, malt er oft so, dass sie seinen Personen unbequem sein müssen.

Von Rom aus ging ich nach Neapel. Sie können sich nicht die Beruhigung vorstellen, die diese mit der Kunst Pompejis und der Ägypter angefüllte Stadt für mich bedeutete. Ich war dieser italienischen Kunst schon ein wenig müde geworden: immer dieselben Draperien, dieselben Jungfrauen. Das, was mir an Corot so gut gefällt, ist, dass er einen schon mit einem Stückchen Baum ergreift. Und gerade Corot fand ich im Museum von Neapel wieder, mit derselben Einfachheit in seiner Arbeit wie die pompejanische und ägyptische Kunst.

Diese Priesterinnen in ihrer silbergrauen Tunika sahen ganz aus wie Nymphen von Corot. Eine Leinwand, die mich schließlich sehr in Neapel frappierte: das *Porträt des Papstes Julius III.* von Tizian. Man muss den Kopf des Papstes, diesen weißen Bart, diesen furchtbaren Mund gesehen haben!

Während meines Aufenthalts in Neapel malte ich eine große Leinwand: eine *Frau mit einem Kind auf ihren Knien,* einige Ansichten, darunter einen *Stadtquai, mit dem Vesuv im Hintergrund,* einen *Frauentorso,* den ich Vever verkaufte; es existiert davon eine Kopie, die ich für Gallimard anfertigte."

*Ich.* „Wie kamen Sie dazu, das Porträt Wagners zu machen?"

*Renoir.* „Ich befand mich in Neapel, als ich Briefe von Wagnerianern aus Paris erhielt, darunter von Lascoux, dem Untersuchungsrichter, einem meiner besten Freunde. Sie baten mich, doch alles dranzusetzen, dass ich wenigstens eine Skizze von Wagner mitbrächte. Ich entschloss mich nach Palermo zu reisen, seinem damaligen Aufenthaltsort; und als ich mich in sein Hotel begab, hatte ich das Glück, einen höchst liebenswürdigen jungen Maler namens Jonkofsky zu treffen. Dieser folgte Wagner auf allen Reisen, in der Hoffnung, sein Porträt malen zu können. Unterdessen malte er ihm die Entwürfe zu seinen Dekorationen. Dieser Jonkofsky erzählte mir, dass im Augenblick Wagner für niemand sichtbar sei, denn er sei ganz durch die Vollendung der Orchestration seines *Parsifal* in Anspruch genommen. Mein Kollege versprach mir wenigstens, mich zu benachrichtigen, so wie Wagner seine Arbeit beendet habe. Als ich den ersehnten Brief von Jonkofsky erhielt, dass er mich Wagner vorstellen könne, bemerkte ich, dass ich die Empfehlungsbriefe, die mir meine Freunde aus Paris geschickt hatten, verlegt hatte … Ich wagte, mich mit leeren Händen vorzustellen, nur meinen Farbenkasten hatte ich mitgenommen. Die ersten Worte, die Wagner sprach, waren:

‚Ich habe nur eine halbe Stunde für Sie‘.

Er glaubte sich dadurch meiner entledigen zu können, aber ich nahm ihn beim Wort. Während meiner Arbeit bemühte ich mich, ihn, so viel ich konnte, zu interessieren, indem ich von Paris erzählte. Er war sehr böse auf die Franzosen, und machte kein Hehl aus seinen Gefühlen. Ich sagte ihm, dass die geistige Aristokratie für ihn sei. Das schmeichelte ihm sehr:

‚Ich möchte sehr gern den Franzosen gefallen, aber ich glaubte bisher, dass man, um ihnen zu gefallen, ihnen eine deutsch-jüdische Musik machen müsse‘ (Meyerbeer).

Nach einer Sitzung von fünfundzwanzig Minuten erhob sich Wagner brüsk:

‚Es ist genug. Ich bin müde‘.

Die Zeit hatte zur Vollendung meiner Studie gelangt, die ich später Robert de Bonnières verkaufte. Ich habe eine Kopie davon gemacht, die auf der Versteigerung Chéramy figurierte. Das Porträt aus Palermo stammte aus dem Jahr 1881, ein Jahr vor dem Tod des Komponisten.“

*Ich.* „Und Sie haben Wagner nur dies eine Mal getroffen?“

*Renoir.* „Ja. Aber wenn ich Wagner kaum persönlich kannte, so war ich wenigstens sehr mit einigen der ersten „Pilger“ nach Bayreuth befreundet, wie mit Lascoux, Chabrier und Maître, von denen ich Ihnen erzählt habe.“

*Ich.* „Und Saint-Saëns?“

*Renoir.* „Ich habe ihn nicht gekannt. Es scheint, eine zeitlang hat es keinen eifrigeren Wagnerianer gegeben wie ihn.“

*Ich.* „Monsieur Maître hat in der Tat Wyzewa erzählt, dass er 1876 in einer Restauration zu Bayreuth mit Saint-Saëns zusammen war und sich erlaubte anzudeuten, dass die Tetralogie einige Längen habe … Saint-Saëns, der diese zahme Kritik vernahm, zerbrach sein Glas auf dem Tisch und verließ den Saal … „

*Renoir.* „Jedenfalls scheint Saint-Saëns im Augenblick seinen ehemaligen Meister sehr herunterzureißen. Man hat mir einen Artikel aus einer Nizzaer Zeitung vorgelesen …“

*Ich.* „Ich habe bei Wyzewa den Direktor einer Musikzeitschrift, einen Herrn Ecorcheville, wenn ich mich nicht täusche, getroffen, der von einem Freund Saint-Saëns' den Grund des Zerwürfnisses zwischen ihm und Wagner erfahren hat.

Der Schauplatz war ebenfalls Bayreuth, doch diesmal im Hause Wagners, wo Saint-Saëns wegen seines frenetischen Kultus für den deutschen Musiker zugelassen war.

Eines Tags forderte Frau Wagner den französischen Komponisten auf, etwas auf dem Piano des großen Salons in Wahnfried zu spielen. Saint-Saëns begann seinen *Trauermarsch zu Ehren Henri Regnaults.* Wozu sich Wagner in freundschaftlich-boshafter Weise – oder vielleicht ganz harmlos – äußerte:

‚Ach ja, ein Pariser Walzer'!

Und indem er eine der anwesenden Damen um die Taille fasste, begann er, um das Klavier zu tanzen! …

Aber Herr Renoir, habe ich Sie selbst nicht gefragt, ob Sie sehr für Wagner begeistert waren?"

*Renoir.* „Ich habe Wagner sehr geliebt. Dieses gewisse Fluidum von Leidenschaft, das von seiner Musik ausgeht, hatte mich ergriffen, aber eines Tags führte mich ein Freund nach Bayreuth, und soll ich es gestehen, dass ich mich königlich gelangweilt habe? Diese Walkürenrufe sind gut für den Anfang, aber wenn das sechs Stunden andauert, so ist es zum Verrücktwerden, und ich werde mich immer an den Skandal erinnern, den ich verursachte, als ich, bevor ich noch den Saal verlassen hatte, vor lauter Nervosität ein Streichholz anrieb.

Ich habe entschieden die italienische Musik lieber; sie ist weniger „pedantisch" als die deutsche Musik; Beethoven selbst hat manchmal ein professorales Gehabe, das mich abstößt. Ja, nichts wird aufgewogen durch eine kleine Weise von Couperin oder von Grétry oder von sonst etwas aus der altenfranzösischen Musik. Das ist gut „gezeichnet"!

Ich hielt es daher nicht lange in Bayreuth aus. Nach drei Tagen war es mir über, und ich fühlte das Bedürfnis, mich durch etwas Feines zu entschädigen. Ich nahm eines Morgens den Zug nach Dresden, wo ich schon lange das große Bild Vermeers de Delft sehen wollte, *Die Kurtisane.* Trotz dieser Bezeichnung sieht die Frau wie die anständigste aller Kreaturen aus. Sie ist in Gesellschaft von jungen Leuten, und der eine legt ihr die Hand auf die Brust, damit man sieht, dass es eine Kurtisane ist, eine Hand voll von Jugend und Farbe, die sich von einem zitronengelben Mieder abhebt, das prachtvoll ist.

Noch ein anderer Vermeer hat einen außergewöhnlichen Ruf: *Der Maler in seinem Atelier* in Wien. Das hätte ich so gern gesehen! ... Wie Athen! ... Mein ganzes Leben träumte ich davon, dorthin zu reisen. Aber um auf Dresden zurückzukommen, sie haben im Museum auch einen Watteau mit einer erstaunlichen Landschaft ... An Monumenten ist Dresden sehr arm, abgesehen von der katholischen Kirche und dem Museum. Zwei Gebäude von entzückendem Rokoko."

*Ich.* „Wenn Sie so wenig Geduld für lange Musikstücke haben, so sind Sie wohl kein eifriger Besucher der Oper?"

*Renoir.* „Tatsache ist, dass ich schwer als ständiger Besucher dieses Hauses gelten könnte. Ich bin nur zwei- oder dreimal in meinem Leben dort gewesen, und nur, wenn Freunde mich hinbrachten. So hat man mich neulich zum Russischen Ballett mitgenommen. Nicht übel, aber die Oper sollte wohl ihr Personal erneuern; man findet noch die gleichen Frauen wie vor dreißig Jahren."

*Ich.* „Herr Renoir, Sie sind im Aufzählen Ihrer Reisen bei dem Aufenthalt in Italien stehengeblieben, als Sie das Porträt Wagners malten ..."

*Renoir.* „Auf der Rückkehr von Italien reiste ich nach der Provence. Ich schlug Cézanne, den ich dort traf, vor, mit mir an der Estaque zu malen.

‚O gehen Sie nicht hin', rief Cézanne, der gerade von dort kam. ‚Die Estaque existiert nicht mehr. Man hat Schanzen angelegt. Das kann ich nicht sehen'.

Ich ging trotzdem hin, wenn auch traurig beim Gedanken an den angerichteten Schaden. Aber ich hatte die Freude, meine alte Estaque zu finden, und wenn ich nicht von Cézanne darauf aufmerksam gemacht worden wäre, so hätte ich nichts bemerkt, denn die bewussten Schanzen waren nur einige übereinander geschichtete Steine.

Von dieser Reise an die Estaque habe ich ein wundervolles Aquarell von Cézanne mitgebracht *Die Badenden*, das Sie dort an der Wand sehen! ... Ich war an diesem Tag mit meinem Freund Lauth zusammen, als er plötzlich von einer schrecklichen Kolik ergriffen wurde. Er sagte mir:

‚Du siehst keine anderen Zweige als von Pinien'?

‚He, Papier'!, rufe ich. Es war das herrlichste Aquarell, das Cézanne in den Felsen zurückgelassen hatte, nachdem er zwanzig Sitzungen daran gegeben hatte.

Da indessen nichts verräterischer ist als das Klima des Südens, erwischte ich an der Estaque eine Lungenentzündung, was mich bewog, eine zweite Reise nach Algerien zu machen. Ich machte dort das lebensgroße Porträt eines jungen Mädchens, der *Mademoiselle Fleury.* Sie ist in algerischer Tracht, in einem arabischen Haus, und hält einen Vogel in der Hand, *Frauen von Algier,* einen kleinen *arabischen Träger von Biskra, Moscheen* und eine *Fantasia.* Als ich letzteres Bild an Durand-Ruel ablieferte, sah es aus wie ein Haufen abgebröckelter Gipsstücke. Durand-Ruel beruhigte sich, und nach einigen Jahren, nachdem die Farbe zusammengewachsen war, trat das Bild so hervor, wie ich es konzipiert hatte.

Das sind die hauptsächlichsten Reisen, die ich zu einer Zeit machte, da ich meine Beine noch richtig gebrauchen, ich als noch die Fähigkeit hatte, in anspruchslosen Herbergen zu logieren, und tagelang über Land spazieren konnte …

Später habe ich noch andere Länder bereist: unter anderen Spanien, Holland, Deutschland. Noch kürzlich bin ich nach München gefahren, aber dieses Mal musste ich mich in die Museen tragen lassen.

Ach, wenn ich den Doktor Gautiez[12] getroffen hätte, bevor es mich ganz gepackt hatte. Sie haben jene Dame gesehen, die keinen Schritt mehr gehen konnte, ohne sich den Knöchel zu verrenken, und die er völlig geheilt hat, indem er ihr zeigte, wie man seinen Fuß aufsetzen muss. Und, als ich mit einem großen Arzt vom Doktor Gautiez sprach:

‚Ja – aber er heilt, ohne zu operieren. Das ist nur Empirismus‘!"

---

12    Der Doktor Henri Gautiez. Die Bernheim-Jeune hatten ihn eines Tags ins Atelier mitgebracht. Renoir hatte schon seit mehreren Jahren nicht mehr seinen Fauteil verlassen. Infolge der Behandlung des Doktor Gautiez gelang es Renoir, einige Schritte ohne Hilfe zu machen. Und als der Arzt ihm zusprach, dass bei täglichen Übungen und bei aller Willenskonzentration …
„Aber", unterbracht ihn der Maler, „und meine Malerei? …"
Und Renoir setzte sich wieder in seinen Fauteuil, den er nicht wieder verlassen sollte.

# XII

## Die „Impressionistischen" Theorien

Ich wünschte die Meinung Renoirs über die „impressionistischen"
Theorien zu erfahren, doch da ich sicher war, dass er mir, wenn ich ihn
gefragt hätte, geantwortet hätte: „Sie langweilen mich!" machte ich mich
an die Lektüre moderner Kunstkritiken, die über diesen Gegenstand
handeln, und, indem ich mich mit Behauptungen identifizierte, die mich
am meisten frappiert hatten, sagte ich ihm eines Tages während eines
Besuchs:

„Welches Glück haben die modernen Maler – alle die Farben, die die
Alten nicht ahnten!"

*Renoir.* „Glückliche Antike, die sich nur der Ockerfarben und der brau-
nen Farben bediente. O, das ist ein netter Fortschritt!"

*Ich.* „Wenigstens können Sie nicht den wirklichen Fortschritt leugnen,
den die impressionistische Methode durch Aufgeben „der dünn aufgetra-
genen, die Transparenz so beeinträchtigenden Töne" erzielt hat!"

*Renoir.* „Wo haben Sie gesehen, dass die dünnaufgetragenen Töne
die Leuchtkraft beeinträchtigen? Das sind Ideen des Vater Tanguy, der
glaubte, man müsse dick malen, um modern zu sein."

Ich hätte am liebsten geantwortet, dass ich das in einem Buch der
Avantgarde[13] gelesen hätte, aber ich hielt es für geratener, das Gespräch
abzubrechen und meine harmlose List fortzusetzen.

„So wäre denn die einzige technische Neuerung des Impressionismus
die Abschaffung des Schwarz, dieser Nicht-Farbe?[14]"

Renoir sprang in die Höhe.

„Das Schwarz eine Nicht-Farbe? Wie kommen Sie darauf? Schwarz, das
ist ja die Königin der Farben. Holen Sie mir doch einmal dort *Das Leben
der Maler.* Schlagen Sie Tintoretto auf … Reichen Sie mir das Buch!"

Und Renoir las: „Als man eines Tages Tintoretto fragte, welches die
schönste Farbe sei, antwortete er: *Die schönste Farbe ist Schwarz!* … "

---

13    Georges Lecomte, *L'Art Impressioniste*, Chamerot et Renouard, Paris, 1892, Seite 22.
14    Georges Lecomte, *ib.*, Seite 16.

*Ich.* „Wie, Sie treten für Schwarz ein, der Sie Elfenbeinschwarz durch Preußischblau ersetzt haben?[15]“

*Renoir.* „Wer hat Ihnen das gesagt? Ich habe immer Preußischblau verabscheut. Ich habe wohl versucht, das Schwarz durch eine Mischung von Rot und Blau zu ersetzen, aber ich verwandte dazu Kobaltblau oder Ultramarin und kam am Ende doch wieder zu Elfenbeinschwarz zurück.“

Ich hatte offenbar kein Glück mit meinen Zitaten. Ich dachte, vielleicht verstehen meine Gewährsleute, da sie keine Maler sind, nichts von technischen Fragen, aber auf Grund ihres Berufs als Kunstkritiker müssten sie doch wenigstens in anderen Dingen kompetent sein, z. B. in der Feststellung der Beeinflussung des einen Künstlers durch einen anderen. Ich lockte Renoir nun mit meinen Zitaten auf dieses Gebiet. Unmerklich lenkte ich das Gespräch auf Monet, und im Ton vollster Überzeugung fragte ich Renoir, ob Watteau in seiner *Einschiffung nach Cythera* nicht die Manier Monets vorausgeahnt habe, d.h. seine Teilung der Töne durch nebeneinandergesetzte Farbflecke, die auf die Entfernung für das Auge des Beschauers die wahre Färbung der Dinge ergeben[16].

*Renoir.* „Ich bitte Sie, hören Sie auf! Ich erinnere mich, schon Ähnliches gehört zu haben … Haben Sie denn niemals *Die Einschiffung nach Cythera* betrachtet? Man kann eine Lupe nehmen, Sie finden nur gemischte Töne.“

*Ich.* „Also wäre Turner der einzige, der in seiner Helligkeitsperiode vor Monet die prismatischen Farben angewandt hat?“

*Renoir.* „Turner? – Sie nennen das Helligkeit? Diese Farben, die denen gleichen, welche die Zuckerbäcker zur Färbung ihrer Nougats und ihrer Bonbons verwenden? Ich bitte Sie, das ist dasselbe, als wenn er mit Schokolade malte!“

*Ich* (weiter meine Erinnerungen auskramend). „Aber gaben sich Claude Monet und Pissarro nicht als „Proselyten“ Turners?“

*Renoir.* „Pissarro ist ein Mann, der sich in allem versucht hat, sogar in der Malerei mit den kleinen Tüpfchen, die er übrigens bald wie alles andere aufgegeben hat, und was Monet angeht … Wer hat mir nur erzählt, was er bei der Rückkehr von einer seiner Londoner Reisen gesagt haben soll: ‚Dieser Turner fängt an mich anzuöden‘. Der einzige Einfluss übrigens, der sich bei Monet geltend machte: Jongkind, der hat ihm als Aus-

15   Camille Mauclair, L'*Impressionisme,* Librairie de l'Art Ancien et Moderne, Paris 1904, Seite 117.

16   Camille Mauclair, L'*Impressionisme,* Seite 16. Siehe auch Georges Lecomte, L'*Art Impressioniste,* Seite 23.

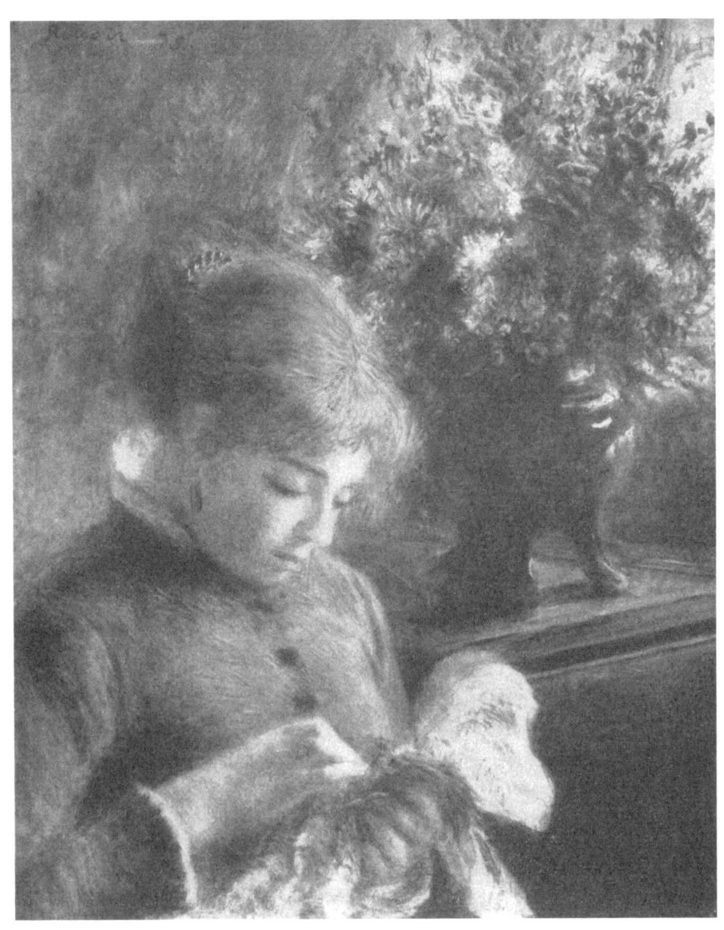

NÄHERIN

gangspunkt gedient. Was übrigens Beeinflussung der Maler anlangt, so will ich Ihnen ein eigenes Erlebnis erzählen. In meinen Anfängen trug ich Grün und Gelb recht dick auf, um mehr „Tonwerte" zu haben. Eines Tages bemerke ich im Louvre, dass Rubens durch ein einfaches Hinschummern der Farbe mehr erreicht hat als ich mit all meinen Pasten.

Ein anderes Mal bemerke ich, dass Rubens mit Schwarz Silbertöne herausbrachte. Selbstverständlich machte ich mir diese beiden Lektionen zunutze, aber heißt das, dass ich unter Rubens' Einfluss stehe?"

Ich fing an, mich zu fragen, ob all diese Dinge, die mir so imponiert hatten, nicht einfach „Literatur" seien. Ich machte eine letzte Probe.

„Auf jeden Fall, wenn man auf die Malerei zu sprechen kommt, in der der Zufall des erlebten Eindrucks und die hellsichtige Kraft des Instinkts[17] zusammenwirken, wer hat besser als die Impressionisten ..."

*Renoir* (mich unterbrechend). „Zufall des Eindrucks, Kraft des Instinkts, wie bei den Tieren, wie? Na, da muss ich auch an diejenigen denken, die uns zu der ausdrucksvollen Pose unserer Modelle beglückwünschten[18]; sie wussten nicht, diese biederen Leute, dass Cézanne seine Kompositionen „Museumserinnerungen" nannte, meine Sorge war immer, menschliche Wesen wie Früchte zu malen, und der größte der modernen Maler, Corot – – sehen Sie zu, ob seine Frauen „Denkerinnen" sind? Gehen Sie doch einmal hin und sagen Sie dieser Sippschaft, dass die wichtigste Sache

---

17 Georges Lecomte, *„L'Art Impressioniste"*, Seite 22.

18 Er (Renoir) gab die schmeichlerische Geschmeidigkeit der Frau wieder, den beunruhigenden Reiz ihrer schrägen Blicke, ihr schelmisches Lächeln, ihr Mienenspiel, ihre Katzenhaftigkeit, ihr Sichzieren, ihre Grazie. O diese lange, so schalkhaften Samtblicke, diese geistvollen spitzbübischen Näschen, diese vor Lachen sich öffnenden Lippen ... Bei solchen Eigenschaften mussten Renoir Bildnisse von beredtem Ausdruck und erschöpfender Geistigkeit gelingen ..." (G. Lecomte, *L'Art Impressioniste,* Seite 142, 143),

 Camille Mauclair gelangt vor dem Werk Renoirs zu einem anderen Ergebnis: „Sein Frauentypus, der ohne jede Geistigkeit ist, lässt nie den Blick des Beschauers einen Gedanken im Gesicht aufspüren: das glückliche tierhafte Wesen hat wohl den Kopf, der zu ihm passt, die unbewussten Augen, die Zeichen tierischer Sanftmut ..."( *L'Impressionisme,* Seite 124).

 Mauclair findet eine Entschuldigung für diesen Mangel an „Intellektualität": „Der Impressionismus hat zur Hälfte seine Kraft verbraucht, um seine Gegner ihres Irrtums zu überführen, zur Hälfte, um eine neue Technik zu entdecken. Es ist nicht erstaunlich, dass es nicht mehr zur intellektuellen Tiefe gelangt hat ..." (*L'Impressionisme,* Seite 203). Mauclair beklagt nicht minder „die Vergeudung von Symphonien prächtiger Farben an Ruderer oder an eine Wirtshausecke ..."

 – „Wir sind zu einem Grad komplizierter Begrifflichkeit gelangt, die nicht mehr Genüge an diesen rudimentären Aufgaben findet" (*L'Impressionisme,* Seite 207).

für den Maler ist, mit haltbaren Farben zu malen, so wie der Maurer[19] den besten Mörtel nehmen muss … Und diese ersten „Arbeiter" des Impressionismus schufen, ohne je an Verkauf zu denken! Das ist das einzige, was die, welche uns folgen, vergessen uns nachzumachen."

Ich sah auf dem Tisch ein noch nicht aufgeschnittenes Büchlein *Die Regeln des Impressionismus nach den Meistern der Kritik*.

*Renoir*. „Immer die Lust, uns ein unwandelbares System von Formeln und Techniken aufzudrängen. Um ihnen zu gefallen, sollten wir alle dieselbe Palette haben, den Sozialismus in der Kunst! Die Malerei in fünfundzwanzig Lektionen."

Ich begann in den *Regeln des Impressionismus* zu blättern und las mit erhobener Stimme: Manet starb, ehe er sich die ganze Leuchtkraft der Technik zunutze gemacht hat …[20]

*Renoir*. „Welches Glück für Manet, rechtzeitig gestorben zu sein!"

*Ich* (fortfahrend). „Die meisten dieser außergewöhnlich begabten Künstler (Impressionisten) hätten sicher auch glorreiche Werke hinterlassen, wenn sie sich an die traditionellen Methoden gehalten hätten …[21]"

*Renoir* (mir mit der Hand Schweigen gebietend). „Nein, gerade dann, als ich mich vom Impressionismus befreit hatte und mich wieder von den Museen belehren ließ …"

*Ich*. „Also sind diese „impressionistischen Theorien" in Wahrheit Literatur, die sich anmaßt, der Malerei Gesetze zu diktieren, aber Sie können nicht leugnen, dass gewisse Maler manches von den Arbeiten Chevreuls über das Sonnenspektrum profitiert haben. Und die Neoimpressionisten, die solche wissenschaftlichen Ergebnisse verwandt haben …"

*Renoir*. „Wen meinen Sie?"

*Ich*. „Sie wissen schon, diese Bilder mit den reinen, nebeneinandergesetzten Farbflecken …"

*Renoir*. „Ach so, die Malerei mit den kleinen Tüpfchen. Mirbeau nahm mich einmal in eine derartige Ausstellung mit … Das tollste war, dass man gleich beim Eintritt darauf aufmerksam gemacht wurde, dass man sich, um zu verstehen, was das Bild darstelle, in einen Abstand von zwei Meter fünfzig von ihr begeben müsse. Und ich, der ich es liebe, um ein Bild her-

---

19 Mauclair billigt nicht diese Bestrebung der Impressionisten, aus dem Maler vor allem einen Arbeiter zu machen. (*Defauts de l'Impressioniste*, S. 107)
20 Georges Lecomte, *ib.*, Seite 27
21 Georges Lecomte, *ib.*, Seite 24.

umzugehen, es anzufassen! Und dann, was noch viel bedenklicher ist, wie alles nachgedunkelt ist! Sie erinnern sich an das große Gemälde Seurats *Modelle in einem Atelier*, das wir zusammen gesehen haben, ein Bild, das mit kleinen Pünktchen gemalt ist, das Non plus ultra der Wissenschaft, nicht! Dieser jämmerliche Ton! ... Und der, der neben uns sagte:

,Was liegt daran, was daraus geworden ist, wenn wir nur das Bild im Augenblick, da es gemalt wurde, genossen haben'!

Nein, aber sehen Sie das „Abendmahl" Veroneses pointillistisch ausgeführt?

Und hätte Seurat die Farbe nur so behandelt, wie alle anderen? Wie gut haben sich all die Bilder, die ohne Voreingenommenheit, ohne „die reinen Töne" gemalt sind, gehalten!

Die Wahrheit ist, dass es in der Malerei so wenig wie in den anderen Künsten möglich ist, ein Verfahren, so klein es auch sein mag, auf eine Formel zu bringen. Sehen Sie! Ich wollte ein für alle Mal das Quantum Öl feststellen, das ich in meine Farben mischen müsste. Nun, es ist mir nicht gelungen. Ich muss jedes Mal dem Gefühl nach mein Öl zusetzen! Man glaubt Gott weiß wie viel zu wissen, wenn man von den „Zünftigen" erfahren hat, dass der Kontrast von Gelb und Blau violette Schatten im Gefolge hat, aber wenn Sie das wissen, so wissen Sie noch gar nichts. Es kommt in der Malerei noch etwas dazu, was sich nicht erklären lässt, und was die Hauptsache ist. Sie treten vor die Natur mit Theorien, die Natur wirft alles über den Haufen ..."

Man hatte an der Tür geschellt: „Ist Herr Renoir zu Hause?".

Ich war aufgestanden.

*Renoir.* „Sie können bleiben, ich erkenne die Stimme Z's.

Sie wissen, es ist der einzige in der Akademie, der liebt, was wir schaffen, abgesehen natürlich von Roger Marx."

Ich verfehlte nicht, Monsieur Z. zu seinem mutigen Eintreten für die moderne Kunst zu beglückwünschen, wobei er jedes Mal seine schöne Stellung als erster Unterinspizient im Ministerium der schönen Künste aufs Spiel setzte.

Darauf Z. ...: „Wie Sie mich sehen, habe ich meinen heutigen Tag nicht verloren. Über die Instanzen meines Ministeriums hinaus ist mir vom „Handel" formell zugesagt worden, dass Ernst Laurent die „Rosette" erhält, und der hat doch am besten mit seinem Innenraumfreilicht die impressionistische Kunst popularisiert."

Als Monsieur Z. das Atelier verlassen hatte …

*Ich.* „Innenraumfreilicht …"

*Renoir.* „Und die Kunst popularisieren! Man möchte den ganzen Krempel in Grund und Boden verwünschen! Glücklicherweise kann kein Blödsinn der Welt einem Maler das Malen verleiden."

# XIII

## Die „strenge" Manier Renoirs

*Renoir.* „Ich wollte Ihnen das letztmal, als Z … da – war, sagen, dass es gegen 1883 eine Art Bruch in meinem Werk gibt. Ich war bis zum äußersten Impressionismus gefolgt, und ich musste feststellen, dass ich nicht malen und nicht zeichnen konnte. Kurzum, ich war in einer Sackgasse."

*Ich.* „Aber all diese Lichtwirkungen, die Sie so gut wiedergegeben haben?"

*Renoir.* „Ja, bis zum Augenblick wo ich bemerkte, dass dabei eine zu komplizierte Malerei herauskommt, bei der man fortwährend schwindeln muss.

Draußen hat man ein viel abwechslungsreicheres Licht als im Atelier, wo es immer gleich ist, aber gerade draußen ist man vom Licht benommen. Man hat keine Zeit, sich um die Komposition zu kümmern, und dann sieht man draußen nicht, was man macht. Ich erinnere mich eines Tags an den Reflex einer weißen Wand auf meiner Leinwand; ich forcierte den Ton, alles was ich hinstrich, war zu hell, aber dann im Atelier, war es ganz schwarz.

Einmal malte ich im Herbst in der Bretagne unter einem Dom von Kastanienbäumen. Alles, was ich auf meine Leinwand setzte, schwarz oder blau, war herrlich. Aber die goldene Durchsichtigkeit der Bäume erzeugte diese Bildwirkung; dagegen in meinem Atelier, bei normaler Beleuchtung, wurde es ein richtiger Kitsch!

Außerdem sagte ich Ihnen schon, wenn der Maler direkt vor der Natur malt, kommt es ihm nur noch auf den Effekt an, er komponiert nicht mehr und verfällt schnell der Einförmigkeit. Ich sagte eines Tags einem meiner Freunde, der eine Serie von *Dorfstraßen*bildern ausstellte:

‚Aber warum haben Sie nur ausgestorbene Straßen gemalt'?

‚Weil', antwortete er, ‚niemand zu den Stunden, da ich arbeitete, über die Straße ging'!"

*Ich.* „Hat denn Corot nicht sein ganzes Leben im Freien gemalt?"

*Renoir.* „Seine Studien wohl, aber seine Kompositionen waren im Atelier gemacht. Und dann konnte Corot machen was er wollte, er war noch

aus der alten Zeit; er verbesserte die Natur … Alle stimmten darin über-
ein, dass Corot Unrecht hatte, seine Studien im Atelier fertig zu machen.
Ich hatte das Glück, eines Tags mit Corot zusammenzutreffen. Ich spre-
che mit ihm darüber, wie schwer es für mich sei, im Freien zu malen.
‚Das kommt daher‘, antwortete er, ‚man ist draußen nie seiner Arbeit
sicher. Man muss immer auf das „Atelier“ zurückkommen‘. Und das hat
Corot nicht gehindert, die Natur mit einer von keinem Impressionisten
je erreichten Treue wiederzugeben! Wie habe ich mich abgemüht, diese
Töne der Steine der Kathedrale von Chartres, diese roten Ziegel der Häuser von La Rochelle, wiederzugeben, so wie er es konnte.“

*Ich.* „Haben sich nicht schon die Alten um derartige Lichteffekte
bemüht? Ich habe, glaube ich, im Duranty gelesen, dass sich schon insbesondere bei den Venetianern Andeutungen davon finden.“

*Renoir.* „ ‚Andeutungen‘ ist großartig. Sehen Sie sich doch einmal den
Tizian im Madrider Museum an! Und Sie brauchen nicht bis zu Tizian
zu gehen, nehmen Sie einen als Schwarzmaler verschrienen Künstler,
Ribera, na, erinnern Sie sich an das *Jesuskind* im Louvre, dieses rosa Kind
und dazu das Gelb des Strohs: kennen Sie etwas Lichtvolleres?“

*Ich.* „Wenn Sie mir ein letztes Wort gestatten wollen: Ich habe irgendwo
gelesen, dass, wenn man die Bilder im Museum betrachtet, man selbst
bei denen, deren Terrain am besten gegliedert ist, deren Perspektive,
Wolkenzüge, Zeichnung der Gegenstände, Spiel des Lichtes am besten
verstanden ist – eine konventionelle Ausführung bemerkt, oder eher ein
Nicht-Wissen, das die Natur im Bild dunkel erscheinen lässt. Hat nicht
bei Ruysdael, bei Hobbema das ausgezackte, metallisch glänzende Laub
Tintenfarbe? Ist die Sonne nicht erloschen?“

*Renoir.* „Richtig, aber bei anderen ist das Laub nicht tintenfarbig, die
Sonne nicht erloschen, und das lange schon vor Ruysdael. Ihr Autor wählt
schlechte Beispiele. In Italien, in diesem warmen Land hat die Natur
nichts von Zimmerluft. In der *Hochzeit von Kana* …, in den *Akten* von
Tizian ist das Licht so wundervoll wie auf keinem modernen Bild …“

*Ich.* „Aber wenn es sich um Landschaften im Freilicht handelt?“

*Renoir.* „Sehen Sie sich doch die *Villa d'Este* von Velasquez an, oder das
*Ländliche Konzert* von Giorgione, um nur von diesen beiden Bildern zu
sprechen … Und selbst wenn Sie diese Sonnenländer verlassen und in das
traurige Holland zurückkehren, fiele es Ihnen vor einem Rembrandt ein
zu fragen, ob er draußen oder im Atelier gemalt ist?

Um ein für alle Mal mit den „Entdeckungen" der Impressionisten aufzuräumen, die Alten mussten sie kennen, und wenn sie sie außer Acht ließen, so kommt es daher, weil kein großer Künstler nach Effekt hascht. Und indem sie die Natur vereinfachten, erschien sie umso größer. In der Natur ist man von dem Schauspiel eines Sonnenunterganges hingerissen, aber wenn dieser Effekt ewig wäre, so würde er langweilig werden, während es da, wo es keinen Effekt gibt, keine Langeweile gibt. Darum haben auch die alten Bildhauer möglichst wenig Bewegung dargestellt. Aber wenn ihre Statuen keine Bewegungen machen, so hat man den Eindruck, dass sie sie machen könnten. Wenn man den *David* von Mercié sieht, der seinen Säbel in die Scheide steckt, so hat man Lust, ihm dabei zu helfen: bei den Alten dagegen steckt der Säbel in der Scheide, aber man fühlt, er kann herausgezogen werden."

* * *

Ich betrachtete einen angefangenen Akt auf der Staffelei.

„Wenn man Sie anhört, Monsieur Renoir, so zählt nur das Elfenbeinschwarz, wie aber soll man glauben, dass Sie mit „Schmutz" solches Fleisch gemalt haben! …"

*Renoir.* „Ohne mich mit Delacroix zu vergleichen … dieses Wort, das man ihm zuschreibt: „Geben Sie mir Schmutz, ich mache Frauenfleisch damit!"

*Ich.* „Aber meinte er nicht im Stillen, wie Kritiker schon ergänzten: indem man Komplementärfarben hinzufügt?"

*Renoir.* „Legen Sie Delacroix nichts in den Mund, woran er nie gedacht hat! Wenn er von Komplementärfarben spricht, so handelt es sich augenscheinlich um Versuche für ein Deckengemälde, das von weitem betrachtet werden muss. Dann, kann man vernünftigerweise von Farben sprechen, die sich im Auge des Beschauers mischen müssen. Auf jeden Fall ist mir nur die eine Erinnerung aus dem Tagebuch Delacroix' geblieben, dass er die ganze Zeit von Rotbraun spricht … Delacroix, ein Neuerer! Allein schon bei diesem Gedanken … Na, während er am Deckengemälde in der Deputiertenkammer malte, sagte ihm ein Angestellter der Bibliothek, um ihm ein Kompliment zu machen:

‚Meister, Sie sind der Victor Hugo der Malerei'.

Worauf ihm Delacroix im trockenen Ton erwiderte:

‚Sie verstehen nichts von der Malerei, mein Freund! Ich bin ein reiner Klassiker'."

*Ich.* „Wussten Sie, dass dieses Misstrauen Delacroix' gegen die Kunst-„Neuerungen“ sich bis auf die Musik erstreckte? Guillemet erzählte mir, dass er eines Tags Corot fragte:

,Papa Corot, was denken Sie über Delacroix'?

Und Corot:

,Delacroix – das ist ein fabelhafter Künstler! Er ist der Stärkste! Aber es gibt eine Sache, wegen derer wir uns nie haben verständigen können – die Musik. Er liebte nicht die Musik Berlioz', die Musik der Revolutionäre, wie er sagte, und das bedaure ich sehr um seinetwillen …'“

*Renoir.* „Ich habe Ihnen von meiner großen Entdeckung um 1883 erzählt, zu der der Maler allein durch das Studium der Museen kommt. Ich hatte diese Entdeckung bei der Lektüre eines kleinen Büchleins gemacht, das Franc-Lamy in einem der Kästen auf den Quais gefunden hatte, der Schrift von Cennino-Cennini mit ihren wertvollen Angaben über Malverfahren im 15. Jahrhundert.

Man wird immer gleich für verrückt gehalten, wenn man eine Manier aufgibt, an die das Publikum gewöhnt ist. Auch bedauerten mich meine Freunde um die Wette: ,Nach diesen schönen Farben diese bleiernen Farben! …'

Ich hatte ein großes Gemälde *Badende Frauen* begonnen, mit denen ich in drei Jahren nicht zu Rande kam … Aus dieser Zeit stammt auch das Bildnis des *Fräulein Manet mit ihrer Katze auf dem Arm*; man sagte von dieser Leinwand:

,Welcher Farbenwirrwarr'!

Andererseits muss ich zugeben, dass manche meiner damaligen Bilder sich nicht sehr gut gehalten haben, weil ich bei meinen Freskoversuchen auf den Einfall gekommen war, das Öl der Farbe zu entziehen. Die Farbe wurde daher zu trocken, und eine neue Farbenlage verband sich schlecht mit der früheren. Ich wusste damals noch nichts von dieser elementaren Wahrheit, dass man in der Ölmalerei mit Öl malen muss. Und natürlich hatte keiner von denen, welche die Regeln der „neuen“ Malerei aufstellten daran gedacht, uns diesen wertvollen „Tipp“ zu geben. Auch das wurde noch ein Grund für mich, die Farbe ohne Öl zu gebrauchen: ich hoffte dadurch das Schwarzwerden der Farbe zu verhindern, aber ich musste leider später entdecken, dass gerade das Öl das Schwarzwerden verhindert; freilich muss man das Öl gebrauchen können.

Ich malte damals auch auf Zement, aber selbst dabei konnte ich den Alten nicht das Geheimnis ihrer unnachahmlichen Fresken entreißen. Ich erinnere mich noch an gewisse Leinwände, worauf die geringsten Einzelheiten mit der Feder vorgezeichnet waren, bevor ich sie malte; es kamen so Sachen von einer außergewöhnlichen Trockenheit heraus, so groß war mein Bestreben nach Genauigkeit, immer aus dem Hass gegen den Impressionismus heraus.

Als die *Badenden Frauen*, die ich als mein Meisterwerk ansah, nach drei Jahren Tastens und Neuanfangens vollendet waren, schickte ich sie auf eine Ausstellung zu Georges Petit (1886). Welche Anrempelungen habe ich erfahren! Diesmal war alle Welt, Huysmans an der Spitze, darüber einig, dass ich erledigt sei. Einige warfen selbst mir Trägheit vor. Und Gott weiß, wie sehr ich geschuftet hatte! ...

Immerhin muss ich anlässlich meiner Ausstellung von 1886 bei Petit auf einen Artikel von Wyzewa hinweisen, der damals die Bücherkritik in der *Revue Indépendante* hatte. Dieses Mal ließ er die Bücher um der Malerei willen beiseite und schrieb über meine Ausstellung herzstärkende Dinge. Bei dieser Gelegenheit machte ich die Bekanntschaft Wyzewas, und durch seine Vermittlung die Robert de Bonnières', dessen Frau ich später malen sollte. Nun, ich erinnere mich nicht, je ein Bild mit größerem Widerwillen gemalt zu haben! Sie wissen wie gern ich eine Haut, die das Licht nicht annimmt, male! Dazu verlangte die damalige Mode von den Frauen, dass sie blass aussahen. Infolgedessen war Madame de Bonnières natürlich von einer wächsernen Blässe. Ich sagte mir immer: ‚Möchte sie sich doch einmal nur ein gutes Beefsteak leisten‘! Ich arbeitete vom Morgen bis zum Mittagessen; ich hatte so Gelegenheit zu sehen, was man meinem Modell auftischte: irgendeine Kleinigkeit, die auf dem Teller verschwand ... Sie können sich vorstellen, wie das dazu beitrug, das Inkarnat der Haut zu erhöhen! Und die Hände! Madame de Bonnières steckte sie vor jeder Sitzung ins Wasser, um sie noch weißer erscheinen zu lassen. Ohne Wyzewa, der immer dabei war und mir wieder Mut machte, hätte ich die Tuben, die Pinsel, meinen Farbkasten, die Leinwand, den ganzen Krempel zum Fenster hinausgeworfen! Bedenken Sie! Ich stoße auf eine der entzückendsten Frauen, die es gibt, und sie will keine Farben auf den Wangen haben! Doch wenn ich vorhin sagte, dass ich mich keines Porträts erinnere, das mich in größere Wut versetzt hätte, so habe ich doch das der Madame C ... vergessen; sie war ein schönes Geschöpf, ihr Mann hatte eine Gastwirtschaft in der Nähe von Paris.“

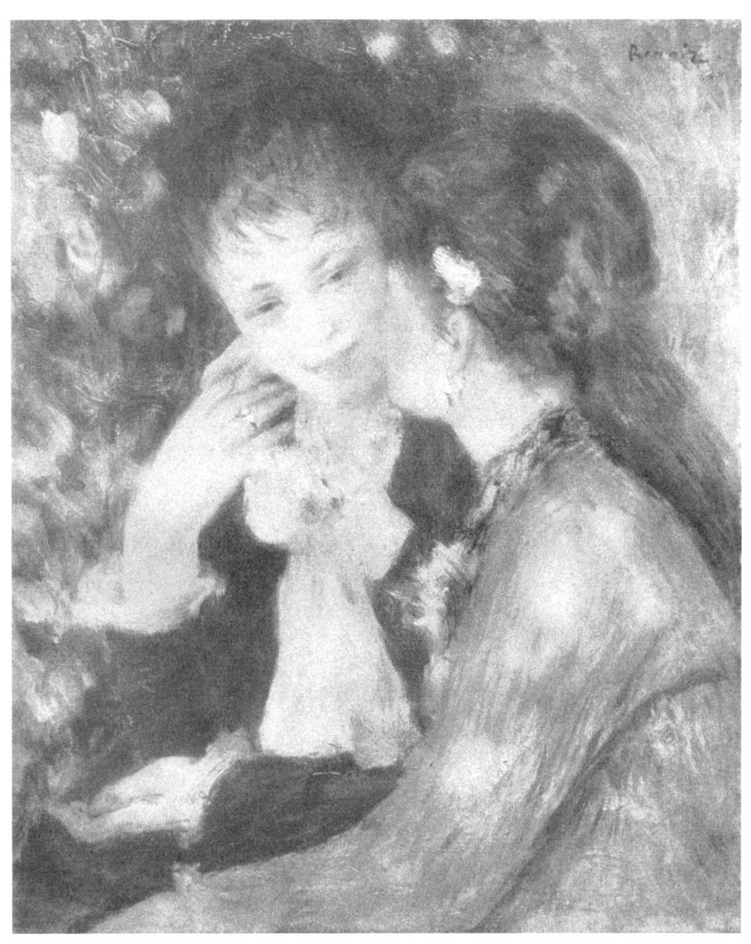

UNTERHALTUNG

*Ich.* „Sie hatten aber doch da ein Modell mit Händen, die nach Arbeit aussahen, wie Sie sie so gern malen?“

*Renoir.* „Ja, ohne Zweifel; aber ich fand etwas anderes nicht. Es war keine von diesen Frauen, die an nichts denken, wie man doch bei einer Gastwirtsfrau annehmen sollte. Diese sah aus, als ob sie eine Welt von Gedanken im Kopf trüge. Ungeduldig wie ich nun einmal bin, rief ich eines Tages aus:

‚Aber zum Teufel, was arbeitet hinter dieser Stirn‘?

‚Sie sind gut, mein Herr. Ich denke dran, dass vielleicht, während ich eben hier mit Nichtstun beschäftigt bin, mein Hammelragout anbrennt‘!“

XIV

## Die spanische Reise

*Renoir.* „Nach Beendigung des Porträts der Madame de Bonnières machte ich mit meinem Freund Gallimard eine Reise nach Spanien. Zu lange schon wollte ich das Museum in Madrid sehen! Doch welches Land, dieses Spanien? Einen ganzen Monat lang, den ich dort verbrachte, habe ich nicht eine hübsche Frau gesehen; und dieser gänzliche Mangel an Vegetation! Die Spanier haben dabei nicht einmal die Republik! … diese köstliche Regierungsform, die das Majoratsrecht abgeschafft hat: wo bei Erbfolge das geringste Stück Erde unter ebenso viel Kinder verteilt wird, wie von einem Elternpaar existieren, sodass es, was Frankreich angeht, über kurz oder lang keinen Baum mehr auf dem Feld, keinen Fisch im Fluss, keinen Vogel in der Luft gibt."

*Ich.* „Und die berühmten spanischen Tänze?"

*Renoir.* „Ich habe wohl welche in Sevilla gesehen, doch da sie außer Mode waren, musste ich dazu in die schmutzigsten Viertel der Vorstadt gehen. Welche missgestalteten Frauen! Und die von den Schriftstellern so verherrlichten Zigarrenarbeiterinnen, wahre Scheusale! Ich wäre am Tag meiner Ankunft wieder abgereist, wenn nicht das Museum von Madrid existierte. O diese Velasquez!"

*Ich.* „Und die Greco?"

*Renoir.* „Ich erhielt eines Tages den Besuch eines spanischen Malers, der dasselbe sagte wie Sie. Ich hatte den Namen Velasquez ausgesprochen, weil ich ihm Ehre erweisen wollte, und weil ich gern von diesem Maler rede, den ich über alles liebe. Mein Besucher erwiderte, beinahe im ausfallendem Tone:

‚Und Greco'?

Es ist eine Binsenwahrheit, dass Greco ein sehr großer Maler ist, abgesehen vielleicht von der Atelierbeleuchtung, den Händen, die immer dieselben sind, und diesen aus dem Kopf gemalten Draperien … Aus diesem Grund, und auch meiner Art nach ziehe ich Velasquez vor. Was ich bei diesem Maler so liebe: diese Aristokratie, die sich überall offenbart, in der geringsten Kleinigkeit, in einem einfachen Band … das kleine rosa Band an der Infantin Margerite, die ganze Malkunst ist darin enthalten! Und die Augen! Das Fleisch neben den Augen, wie hübsch! Nicht eine Spur von Sentiment, von Affektation.

Ich weiß wohl, dass die Kunstkritiker Velasquez vorwerfen, er male zu improvisatorisch. Welch ausgezeichneter Beweis im Gegenteil, dass Velasquez sein Handwerk gründlich innehatte! Nur die, welche ihr Handwerk verstehen, können den Eindruck erwecken, als gelänge ihnen alles auf den ersten Anhieb. Doch reden wir vernünftig: welch eindringliches Studium bei Velasquez, bei dieser ungezwungenen Malweise! Und dann, wie hat er das Schwarz verwandt! Je länger ich arbeite, desto mehr liebe ich Schwarz. Man sucht herum, ereifert sich, man setzt ein Tüpfelchen Elfenbeinschwarz auf, o wie ist es schön!"

*Ich.* „Bei diesem Elfenbeinschwarz fällt mir ein, was sich Émile Bernard in der École des Beaux Arts von seinem Lehrer Cormon[22] – es sind nun dreißig Jahre her – hat sagen lassen müssen:

‚Wie, Sie haben kein Elfenbeinschwarz auf der Palette! Sie wollen Ihr Schwarz mit Ihrem Blau und Ihrem Rot machen? Ich kann Sie nicht bei mir behalten, denn Sie würden auf Ihre Kameraden verderblich wirken'!

Geht aber da nicht kürzlich ein junger Maler, der bei Émile Bernard den ersten Unterricht genossen hatte – letzterer hatte unterdessen Cézanne erlebt und seine Meinung über das Elfenbeinschwarz geändert – in den Kursus eben jenes Cormon. Bei der Korrektur fährt Cormon den Neuankömmling an: ‚Wo wollen Sie damit hin, mit diesem Schmutz auf Ihrer Palette? Wo kommen Sie denn her, dass Sie nicht wissen, dass Elfenbeinschwarz eine negative Farbe ist, und dass man sein Schwarz aus Rot und Blau mischen muss? …'

Aber Sie waren bei Ihren Erinnerungen an das Madrider Museum, Monsieur Renoir. Welche Velasquez haben Sie am meisten geliebt?"

*Renoir.* „Es wäre mir schwer, eine Wahl zwischen so viel Wundern zu treffen. Die Ausführung dieser Malereien ist göttlich! Mit einem hingeschummerten Schwarz und Weiß zaubert uns Velasquez die dichtesten und schwersten Stickereien vor! … Und die *Spinnerinnen*! Ich kenne nichts Schöneres. Darauf ist ein Hintergrund, das ist Gold und Diamanten!

---

ü22  Cormon (Fernand), französischer Maler, geboren 1845. Er besitzt eine bemerkenswerte koloristische Begabung (Dictionnaire Larousse)

Hat nicht Charles Blanc gesagt, Velasquez sei zu alltäglich? Immer dieses Bedürfnis, nach Gedanken in der Malerei zu suchen! Mir für mein Teil genügt vor einem Meisterwerk: Genießen. Die Professoren haben die Fehler in den Meistern entdeckt. Aber diese Fehler selbst können notwendig sein. Im *Heiligen Michael* von Raffael gibt es einen Schenkel von einem Kilometer Länge! Anders wäre es vielleicht weniger gut. Und Michelangelo selbst, dieser vorzügliche Anatom! Mir war neulich angst, dass die Brüste meiner Venus zu weit auseinander waren, als ich auf eine Photographie der *Morgenröte* vom Grab des Julian von Medici stieß. Ich sah, dass Michelangelo unbekümmert noch mehr Zwischenraum zwischen den beiden Brüsten gelassen hatte. Und betrachten Sie *Die Hochzeit von Kana* … Wenn dieses Bild mit richtiger Perspektive gemalt wäre, mit ganz kleinen Figuren im Hintergrund, so erschiene das Bild leer; wenn es so voll ist, so kommt es daher, dass die Figuren im Hintergrund gerade so groß sind wie die im Vordergrund. Ebenso geht der Fußboden nicht nach den Regeln zurück: vielleicht gerade darum wirkt es so gut! …

Noch eine Sache entzückt mich bei Velasquez: diese Malerei atmet die Freude, mit der der Künstler gemalt hat!

Es genügt nicht, dass ein Künstler ein geschickter Arbeiter ist, man muss seinem Bild ansehen, dass er sie karessiert hat. Das ist bei Van Gogh nicht der Fall. Welcher Maler! höre ich sagen. Aber sein Pinsel hat nie die Leinwand geliebkost … Und dann hat er diesen exotischen Einschlag … Aber alle diese Leute mit ihrem Geschwätz über die Kunst – versuchen Sie ihnen doch einmal beizubringen, dass die Kunst nicht nur eine technische Frage ist, dass außerdem noch ein Etwas dazu kommen muss, dessen Geheimnis von keinem Professor bisher ergründet worden ist – Feinheit, Charme … und das trägt man in sich …

Betrachten Sie Velasquez, wenn er den spanischen Hof malt! Alle diese Personen waren wahrscheinlich von einer Gewöhnlichkeit! … Aber welche vollkommene Würde gibt er ihnen! Velasquez hat seine eigene Würde in sie hineingelegt. Sein Bild „*Die Übergabe von Breda*" ! Ganz abgesehen von der Qualität der Malerei, wie wundervoll ist die Geste des Siegers! Ein anderer hätte einen aufgeblasenen Sieger gemacht … Eine ganze Weile musste ich bei diesem Bild vor- und zurücktreten! Diese Pferde … zum Küssen!

Und selbst wenn man die Personen ihrer wirklichen Beschaffenheit nach darstellt, kann man dem Bild einen undefinierbaren Zauber verleihen, wenn man nur selbst ein Malertemperament hat. *Die königliche Fami-*

*lie* von Goya, die allein eine Reise nach Madrid wert ist … wenn man davor steht, fällt einem nur auf, dass der König wie ein Schweinehändler aussieht und die Königin einer Kneipe entlaufen scheint, um nicht noch mehr zu sagen! Die Diamanten, mit denen sie bedeckt ist! Niemand hat die Diamanten so wiedergegeben wie Goya! Und die kleinen Satinschuhe, die er jemand anzog!

Es gibt von ihm in Spanien, in einer kleinen Kirche, ein Deckengemälde, auf dem die Leute nach unten sehen. Ich war ganz davon hingerissen; da erzählte der Führer, dass kürzlich ein „großer Maler aus Paris" (Jules Ch. …) hier gewesen sei, zum Deckengemälde emporgesehen habe und wieder mit Achselzucken fortgegangen sei!"

*Ich.* „Sie haben mir noch nicht von den Tizian des Madrider Museums gesprochen?"

*Renoir.* „Tizian! Er hat alles für sich. Zunächst das Mysteriöse … eine Tiefe … Rubens ist neben ihm äußerlich, ist Oberfläche.

Diese Rüstung Philipps II., man hat Lust, sich darin zu spiegeln, und dabei ist es keine „Illusion", und dann malt er Fleischtöne … *Venus und der Orgelspieler*, die Durchsichtigkeit dieses Fleisches, man hätte Lust, es zu streicheln! Wie man bei diesem Gemälde die ganze Schaffensfreude Tizians fühlt! Wenn ich bei einem Maler die Leidenschaft nachfühlen kann, mit der er geschaffen hat, so genieße ich seinen eigenen Genuss mit. Ich habe wirklich ein zweites Leben gelebt, wenn ich an den Genuss denke, den mir der Anblick eines Meisterwerkes gibt!

Sie sehen, in welchem Maß ich Tizian liebe: Aber letzten Endes kam ich wieder zu Velasquez zurück. Nicht, dass ich Velasquez über Tizian setzen möchte, aber in Madrid haben Sie alle Velasquez beisammen, während es schöne Tizian auch anderswo gibt. Und um nur das Porträt Franz' im Louvre zu erwähnen, welcher Reichtum, welche Einfachheit, welche Vornehmheit! Der sieht wirklich wie ein König aus! Und es gibt Ärmel darauf mit Seidenfalten! …

Eine Sache noch ist mir besonders im Madrider Museum aufgefallen, ein Poussin, der so frisch geblieben ist wie ein Boucher, während im Louvre und sonst wo die Poussins so schmutzig sind."

*Ich.* „Welcher Ursache schreiben Sie eine solche Erhaltung zu?"

*Renoir.* „Ich sagte mir: vielleicht darum, weil Madrid auf einer Höhe liegt, wo die Luft rein ist; auch in München mit seiner guten Luft erhält sich die Malerei gut, während im Louvre, der nahe der Seine ist, die Bilder ranzig werden. Aber die eigentliche Ursache ist, glaube ich, weil sie in Spanien keine Museumskonservatoren haben! …"

Ich war sehr verwundert. Darauf Renoir:

„Sie nehmen „Konservator" im landläufigen Sinne des Wortes. Auch Roujon[23] verstand meine Bemerkung so und fühlte sich verletzt. Mit dem Wort „Konservator" meine ich nicht den Herrn, der nichts anderes tut, als durch die Säle zu spazieren; der ist nicht gefährlich. Ich nehme *Konservator* im eigentlichen Sinne des Wortes, im Sinn eines Restaurators von Gemälden. Spanien ist ein armes Land und kann schwer welche zahlen, und man lässt die einmal aufgehängten Bilder in Ruhe."

*Ich.* „In Ihrer Eigenschaft als Caillebottes Testamentsvollstrecker müssen Sie mehr als einmal Streit mit Roujon gehabt haben, wenn es sich um die Aufnahme von „Impressionisten" in den Luxembourg handelte?"

*Renoir.* „In Wahrheit habe ich mich mit Roujon nie und über nichts verstanden; nicht, dass es ihm an Verstand fehlt oder dass er nicht angenehm im Verkehr sei, aber um mich mit ihm zu verstehen, hätte nie der Name eines der Maler, die ich liebte, ausgesprochen werden dürfen.

Sie können sich unsere Diskussionen angesichts der Sammlung Caillebotte vorstellen. Roujon ließ wohl die Degas und auch die Manet gelten; nicht alle indessen, einen oder zwei verwarf er … Dagegen meine Malerei beunruhigte ihn, und er suchte nicht es zu verbergen.

Die einzige Leinwand, die er ohne Vorbehalt anerkannte, war „*Le Moulin de la Galette*", weil Gervex darauf figurierte. Er betrachtete die Anwesenheit dieses Meisters unter all meinen Modellen als eine Art moralische Bürgschaft. Andererseits gewann er Monet, Sisley und Pissarro Geschmack ab, ohne freilich ihren Wert besonders hoch anzuschlagen; es war die Zeit, da sie schon von den „Kunstliebhabern" gekauft wurden. Doch wenn er vor den Cézanne stand! Diese *Landschaften*, die wie Bilder von Poussin ausgewogen sind, diese Gemälde der *Badenden*, deren Farben von den alten Fayencen herzustammen scheinen, kurz diese ganze, im höchsten Maße weise Kunst … Ich höre noch Roujon:

‚Der, bei Gott! wenn der je weiß, was Malerei ist'!"

Beim Verlassen des Ateliers blieb ich vor einer Studie stehen, auf der ein paar Rosen angelegt waren. „Das sind", sagte Renoir, „Versuche, Fleischtöne für meinen Akt, den ich male, herauszufinden."

---

23    Roujon (Henry), der Direktor der Akademie.

# XV

## London, Holland, München

*Ich.* „Sie haben mir noch nichts über die englische Schule gesagt?"

*Renoir.* „Die englische Schule existiert nicht. Das ist eine Kopie von allem: einmal machen sie es wie Rembrandt, ein anderes Mal wie Claude Lorrain. Es gibt nur einen, der interessant ist, von dem man nicht viel spricht: Bonnington.

Merkwürdig, dass ich von den Turner zum ersten Mal nach London gelockt worden bin. Ich hatte eines Tags die Abbildung eines *Porträts des jungen Turner* gesehen; das war ganz wie ich, doch als ich vor dieser Malerei stand … Welcher Unterschied zwischen Turner und Claude Lorrain, den er so sehr nachzuahmen suchte. Turner, das ist nicht aufgebaut. Und was man seine Kühnheiten nennt: diese Gondeln unter dem Londoner Himmel! Man findet in seinem Werk nicht für einen Pfifferling Aufrichtigkeit. Wieviel lieber ist mir ein Primitiver, der ganz einfältig einen Faltenwurf kopiert! Sehen Sie, die Einbildungskraft reicht nicht weit, wenn sie sich nicht auf die Natur stützt. Glücklicherweise wurde ich für die Turner durch die Lawrence und selbst die Constable, die Claude Lorrain entschädigt, die ich in London bewundern konnte.

Ich habe irgendwo gelesen, Claude Lorrain male instinktiv, so wie der Vogel singt. Das wäre für einen Mann, der sein Handwerk so beherrscht, sehr erstaunlich. Alles übrigens, was man über Claude Lorrain liest, ist seltsam. Verstieg man sich doch bis zur Behauptung, er ließe seine Figuren von anderen malen! Zugegeben, dass manchmal seine Personen aussehen, als ob sie nicht sehr in das Bild gehörten, in den meisten Fällen jedoch ist's ihm fein gelungen! Und diese Schiffe! Aber dieser Glückspilz lebte auch in einer Zeit, da es Schiffe gab, die lustiger zu machen waren, als die heutigen! Die damaligen Kriegsschiffe, wie herrlich waren die zu malen!

Nur die Architektur ist manchmal sehr langweilig auf Lorrains Bildern, aber wie frei streicht die Luft durch die Säulengänge. Und die Maler dieser Zeit, wie sie einfach nur Maler waren! Nicht einmal um einen passenden Titel für ihre Gemälde kümmerten sie sich! Denken Sie an das

100

Bild Lorrains im Louvre *Die Belagerung von La Rochelle*! Da gibt es nur Soldaten, die sich unter schönen Bäumen miteinander unterhalten! Das erinnert mich an ein Bild, das ich Waschanstalt nannte, und es war nicht einmal der Schatten einer Waschanstalt, noch die Spur eines Wassers zu sehen! Ich hatte zuerst den Titel gegeben, den ich in der Folge zu ändern vergaß – denn ich hatte die Leinwand gemalt, mit einer Waschanstalt im Hintergrund, und ich wollte mir diesen Platz merken.

Ein Gemälde Lorrains, das ich Ihnen sehr anempfehle, wenn Sie einmal nach London kommen: *Die Einschiffung der heiligen Ursula* in der Nationalgalerie. Welch herrliche Sache!

Doch die, welche behaupten, dass Lorrain nichts konnte, hätten auch darauf hinweisen müssen, dass alle Welt mit vollen Händen aus seinen Werken schöpfte ... Nehmen Sie was immer von ihm. Sie kennen den *Ochsenhirt* im Kupferstichkabinett. Rousseau ist nur ein Nachtreter, mag er manchmal auch schöne Zeichnungen gemacht haben. Constable kannte gerade wie Turner Lorrain sehr gründlich. Und Corot erst. Aber ich verhehle Ihnen nicht, dass ich Corot noch lieber habe als Lorrain. Corot ist eine Persönlichkeit! Wenn der einen Baum malte, so war dieser ganz Corot, während die Bäume Claude Lorrains ein wenig nach Konvention aussehen. Immerhin weht eine reine Luft in den Landschaften Claude Lorrains, und diese Himmel haben eine solche Ferne! ...“

*Ich.* „Als Sie nach Holland kamen, haben Ihnen die Rembrandt auch einen solchen „Stoß“ versetzt wie die Velasquez in Madrid?“

*Renoir.* „Sie wissen, wie sehr ich Rembrandt liebe, aber ich finde ihn ein wenig „zu sachlich.“ Ich fühle mich mehr zu einer Malerei hingezogen, die einer Wand den Ausdruck von Heiterkeit gibt[24]. Und wenn ich vor der *Finette* stehe ... man kommt immer und sagt: Rembrandt ist ein anderer Kerl als Watteau. Ich weiß es wohl, bei Gott! Das Vergnügen, das ein Bild gibt, lässt sich indessen nicht abwiegen ... Und dann, wenn ich vor einem Bild bin, vergesse ich alle anderen Maler. Einer, mit dem man nie ruhig bewundern kann: Gallimard. In Madrid stand er immer hinter mir: ‚Ich habe Rembrandt lieber‘.

---

24    Renoir sagte mir eines Tages: „Ein Wort Joyants hat mich amüsiert. Jemand betrachtete mein Bild: *Die Quelle.*

      „Dieser Renoir! Niemals ernsthafte Malerei! ... Immer im oberen Stock!“ ...

      „Bei Gott“, erwiderte Joyant, „wenn der eine Frau malt, so regt ihn das noch mehr auf, als wenn er sie karessierte.“

‚Sie öden mich mit Rembrandt‘!, rief ich schließlich. ‚Wenn ich in Spanien bin, lassen Sie mich vor Velasquez in Entzücken geraten, wenn ich in Holland bin, gerate ich vor Rembrandt in Entzücken.‘“

*Ich.* „Die Nachtwache?“

*Renoir.* „Wenn ich dieses Bild besäße, so würde ich die Frau mit dem Huhn herausschneiden … und ich würde den Rest verkümmeln. Es ist nicht so wie die *Heilige Familie,* und nicht, warten Sie, wie diese *Schreinersfrau* im Louvre, die das Kind stillt. Dort ist ein Sonnenstrahl, der zwischen den Fensterstäben hindurchgleitet und den Busen vergoldet! …“

*Ich.* „Das Bild, das mich auf meiner Reise nach Holland am meisten begeistert hat: *Die Judenbraut!* …“

*Renoir.* „*Die Judenbraut,* das ist ein Rembrandt, wie ich ihn liebe! Doch muss man das Vergnügen, diese holländischen Museen zu besuchen, teuer bezahlen, und ich verstehe nicht, dass es in einem solchen Lande mit seinen vergiftenden Kanälen noch gesunde Leute gibt! Und dann, abgesehen von drei oder vier großen Malern, was für langweilige Kerle, alle diese Holländer!

So wie diese Teniers und die kleinen flämischen Meister. Er war nicht dumm, Ludwig XIV., als er sagte:

‚Nehmen Sie alle diese Laffen weg‘!

Zwar habe ich in dem düsteren Holland das Modell gefunden, das mir zu diesem Bild dort an der Wand saß: eine wahre Madonna! Und welche jungfräuliche Haut! Sie können sich nicht die schwere feste Brust dieses Mädchens vorstellen. Und die hübsche Falte darunter mit einem goldenen Schatten … Leider hatte sie wenig Zeit zum Sitzen, wegen ihrer Arbeit, die sie nicht aufgeben wollte. Aber ich war so zufrieden mit ihrer Anstelligkeit und dieser Haut, die so gut das Licht auffing, dass ich sie mit nach Paris nehmen wollte, und ich sagte mir schon: wenn man mir sie nur nicht gleich entjungfert, und wenn sie nur wenigstens eine kurze Zeit diesen Pfirsichton bewahrt. Ich bat also ihre Mutter, sie mir anzuvertrauen, und ich versprach ihr, darüber zu wachen, dass die Männer sie nicht berührten.

‚Was soll sie aber in Paris machen, wenn sie nicht ‚arbeitet‘?, fragte mich die Mutter erstaunt.

Ich verstand, welche Art Arbeit meine Jungfrau verrichtete! Unnötig Ihnen zu sagen, dass ich von meinem Vorsatz abließ.“

*Ich.* „Sie haben mir nicht von Ihrer Reise nach München gesprochen!“

*Renoir.* „Es war die letzte Reise, die ich machte. Ich bin gegen 1910 nach München gefahren. Ich habe da einige Porträts gemalt. Sie haben dort einen sehr berühmten Rembrandt die *Kreuzabnahme*, doch trotz des außerordentlichen Rufes dieses Bildes gestehe ich, dass ich es ein wenig kreidig finde … Auch finde ich, dass das Schwarz unten auf der Leinwand nicht gut wirkt. Dagegen habe ich in der Pinakothek eine Sache gesehen, die mich über die Maßen gefesselt hat: ein *Frauenkopf* von Rubens, einen dick gemalten Rubens, nicht glatt wie gewöhnlich … Übrigens was Rubens anbelangt, brauchen wir mit unserer *Helene Fourment und ihre Kinder* im Louvre niemanden zu beneiden. Darauf gibt es ein weißes Kleid, das mit all seinem schmutzigen Firnis jetzt voll von Sch … ist. Das bleibt trotzdem herrlich! Das ist Malerei! Auf prachtvolle Farben kann man setzen, was man will! … Ach, Rubens, welch großartiger Maler! Wie man fühlt, dass ihn das gar nicht geniert, hundert Figuren auf eine Leinwand zu bringen. Das ist einer, dem es auf einen Frauenhintern mehr oder weniger nicht ankommt! Dabei fällt mir meine Überraschung ein, als ich im Louvre den neueröffneten Rubenssaal sah! Es hatte geheißen, man habe zu neues Gold um die Bilder getan! Nun, dagegen ist nichts zu sagen; mit all diesen „Vergoldungen"[25] macht es sich besser wie früher. Und die Rubens haben so sehr gewonnen, seitdem sie nicht mehr überhängend sind, sondern gerade wie Fresken."

25    Renoir empfahl für seine eigenen Bilder: „Vor allem einen Streifen von glänzendem Gold".

# XVI

## Renoir in Pont-Aven

*Renoir.* „Um 1892 ging ich mit Gallimard nach Pont-Aven. Man hatte mir davon als einem der hübschesten Winkel in der Bretagne gesprochen, und überdies liegt Pont-Aven ziemlich weit vom Meer entfernt. Ich habe Ihnen schon gesagt, dass ich die Seeluft nie vertragen habe, so datiert mein schwerer Rheumatismus von einem Aufenthalt am Meere her.

Ich hoffte auch, nicht wahr, bei solcher Entfernung von Paris, auf ein paar Tage Ruhe, wo man endlich nichts über Malerei sprechen hörte. Nun, als ich in Pont-Aven ankam, fand gerade die *Internationale Gemäldeausstellung* statt! Und Tatsache ist, dass nie eine Ausstellung besser diese Bezeichnung verdient hat, denn man konnte bei Julia und bei Gloannec, den beiden Gasthauswirten des Landes, Maler aus allen Ländern der Erde sehen.

„Ich hatte bei Gloannec einen jungen Mann bemerkt, der an sehr merkwürdigen Tapisserien arbeitete, Emile Bernard. Auch Gauguin hielt sich dort auf, der sich in den Kopf gesetzt hatte die Maler, die dunkel malten, „aufzuklären“. So kam ein unglücklicher Buckliger, ein gewisser De Haan, der sich bis dahin mit Arbeiten à la Meissonnier durchs Leben geschlagen hatte, durch ihn zur „Zukunftsmalerei“; aber der Verkauf hörte von dem Tag an auf, wo er, dem gebieterischen Rat Gauguins folgend, Asphalt durch Zinnober ersetzte. Aber das erstaunlichste Wesen, das ich in Pont-Aven sah, ein gewisser … einerlei – – er gehörte zu den kleinen Spießern, die noch in der Tracht der Louis-Philippe-Zeit herumlaufen. Er hatte so viel von Malerei reden hören, dass er auch welche machen wollte, doch in Ermangelung natürlicher Anlagen musste er sich damit begnügen, seine Unterschrift unter Bilder zu setzen, die die Maler ihm überließen, weil sie missglückt waren. Natürlich figurierte auch eines seiner Werke auf dieser *Internationalen Ausstellung*: eine Landschaft, wo einer aus Jux ein Schiff auf eine Baumkrone gemalt hatte, und der gute Kerl, der doch sicher war, eine Landschaft ohne Schiff eingeschickt zu haben, konnte sich nicht erklären, wieso auf einmal ein Schiff dort aufgelaufen war.

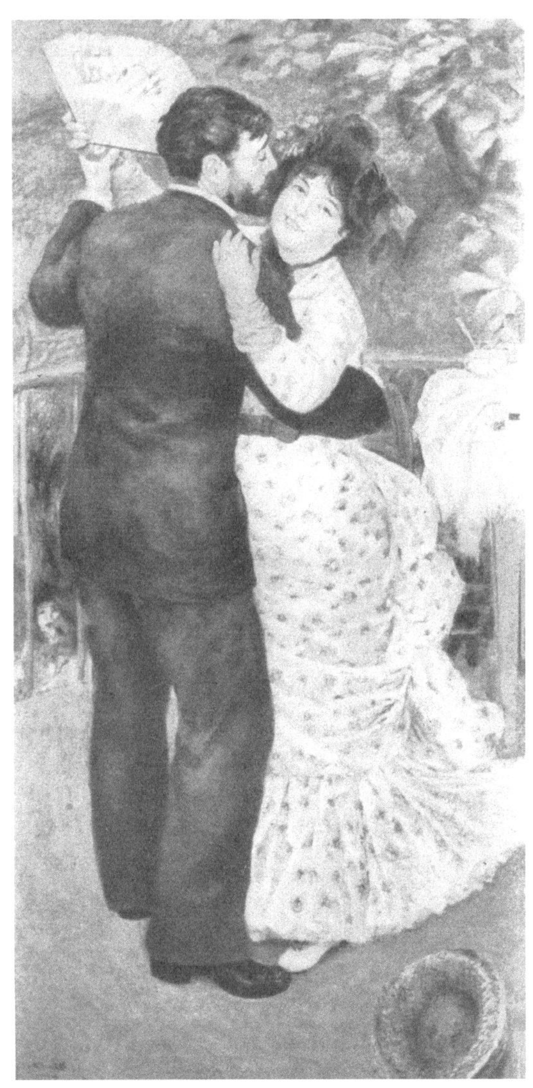

Tanz in Bougal

Während meines Aufenthaltes in Pont-Aven malte ich fast nur Landschaften; das einzige Modell im Land hatte seinen Beruf aufgegeben und war öffentliche Dirne geworden.

Ich fand bei Julia, wo ich wohnte, eine Amerikanerin wieder, die ein wenig Malerei trieb und mich bereits in Paris um Korrektur gebeten hatte. Ich konnte ihr aber von keinerlei Nutzen sein, denn sie fühlte sich mehr zu Puvis de Chavannes hingezogen, und natürlich machte sie mich für die geringen Fortschritte verantwortlich, die sie in der „Richtung" meiner Malerei machte. Ich überraschte sie immer beim Durchwühlen meines Farbenkastens:

‚Ich bin sicher, Sie verstecken etwas vor mir! …'

Eines Tages hatte ich mich mit meinem Palettenmesser verletzt. Ich konnte niemals Blut sehen, vor allem nicht meines. Mir begann übel zu werden. Meine „Schülerin" kam eilends herzu, doch im Augenblick, da sie meinen Finger umwickelte, fielen ihre Augen auf meine Palette; und indem sie den Verbandstreifen fallen ließ, rief sie voll Entrüstung aus:

‚Wie, dort sehe ich venetianisch Rot, das ich noch nicht bei Ihnen kannte'!"

# XVII

## Das Porträt der Madame Morizot

*Ich* stöberte gerade in den Fächern herum, in denen Renoir seine Bilder aufhob.

„Das Pastell, das Sie da in der Hand halten, Vollard, ist ganz in meiner ‚herben Manier‘ gemalt. Seitdem die Sammler den Teufel nach der Qualität eines Bildes fragen und nur auf die Unterschrift sehen, hätte ich es schon mehr als einmal verkaufen können; aber ich kann das wirklich nicht tun, es ist das Porträt der Madame Morizot und ihrer Tochter.“

*Ich.* „Haben Sie Madame Morizot gut gekannt?“

*Renoir.* „Ja, und ich muss sogar sagen, dass meine Freundschaft mit Madame Morizot eine der treuesten war, die mir vorgekommen sind. Ich erinnere mich noch der schönen Abende, die ich mit Mallarmé bei ihr verbrachte. Letzteren mochte ich gerne leiden, denn wenn ich auch nie viel von seinen Schriften begriff, welcher Genuss, ihn reden zu hören.

Und was Madame Morizot selbst betrifft – wie kurios ist oft das Schicksal! Eine Malerin von so ausgesprochenem Temperament kommt im spießigsten Milieu auf die Welt, das je da war, und zu einer Zeit, wo ein Kind, das die Malerei zum Beruf erwählte, beinahe als ein Schandfleck der Familie angesehen wurde! Und diese andere Anomalie: in unserem realistischen Zeitalter eine Malerin auftauchen zu sehen, die ganz von der Grazie und der Feinheit des 18. Jahrhunderts durchdrungen ist, mit einem Wort, den letzten Künstler von Eleganz und ‚weiblicher‘ Zartheit, den wir seit Fragonard gehabt haben, wobei ich noch das gewisse ‚Jungfräuliche‘ unerwähnt ließ, das die Malerei der Madame Morizot in so hohem Maße besaß.

Sie wissen, dass der erste Lehrer der Madame Morizot Corot gewesen ist. Er war sehr befreundet mit ihr, sodass er, als sie ihn einmal nach dem Preis eines seiner Bilder fragte, das heute gut zweihunderttausend Franken wert wäre, antwortete:

‚Für Sie ist der Preis tausend Franken‘!

Sie können sich das Gesicht der Eltern ausmalen, als ihnen das junge Mädchen voll Freude diesen „Vorzugs“-Preis ankündigte, den ihr Lehrer ihr bewilligt hatte …

Ein Zug, der Ihnen besser als alles anzeigt, in welchem Grad Corot die Natur respektierte. Als ihm eines Tags seine Schülerin eine Kopie brachte, die sie nach einem seiner Bilder angefertigt hatte, bemerkte er:

‚Sie müssen mir das neu machen: In meinem Bild hat die Treppe eine Stufe weniger als in ihrer Studie‘!“

* * *

„Sagen Sie, Vollard“, griff Renoir die Unterhaltung auf, „wollen Sie mir einen Dienst erweisen? Ich habe erfahren, dass die Société des Amis du Luxembourg etwas von mir zu kaufen wünscht. Freilich mögen die wenigsten unter ihnen, was ich mache. Hat nicht einer von ihnen … nun ein sehr bekannter Sammler, neulich zu mir gesagt: ‚Ich weiß nicht warum, aber ihre Malerei macht mich krank‘!

Darum ist es übrigens, finden Sie nicht, umso verdienstvoller für sie, mich ‚unter ihren Schützlingen aufzunehmen … Nun denn … ich würde ihnen wohl das *Porträt der Madame Morizot* zum Geschenk anbieten, aber es würde zu sehr den Anschein erwecken, als ob ich mich in das Museum hineindrängen wolle. Sie kennen den Präsidenten dieser Gesellschaft, einen Monsieur Chéramy. Er hat Bilder von Corot. Ich erinnere mich sogar die *Terrassen von Genua* bei ihm gesehen zu haben … einen Diamanten … wie ein Tizian gemalt … Kurz, wollen Sie das Porträt zu Monsieur Chéramy bringen und ihm mitteilen, dass ich es den „Amis du Luxembourg“ – sagen wir – für hundert Franken ablasse … Auf diese Weise fühle ich mich weniger geniert!“

Ich gehe mit dem Renoir zu Chéramy. Kaum hatte ich den Namen des Malers genannt:

*Chéramy.* „Viel Talent! Er möchte zweifellos eine Empfehlung von mir an die Kunstsammler in unserer Gesellschaft? Versichern Sie ihn meines Wohlwollens; ich kenne seine schönen Zeichnungen in der *Illustration.*“

*Ich.* „Es handelt sich um den *Maler* Renoir!“

*Chéramy.* „Auch sehr viel Talent, insofern der Kolorist in Frage kommt! Versichern Sie ihn meines Wohlwollens! Ich kenne die *Moulin de la Galette*, und ich habe sogar Ihren Renoir durch eine persönliche Erwerbung ermuntert; ich kaufte das Porträt Wagners. Ach, Wagner, welches Talent!!“

108

Ich setzte ihm den Zweck meines Besuches auseinander. Als ich die Zahl hundert Franken aussprach:

*Chéramy.* „Hundert Franken sind wahrlich keine Wichtigkeit … nur vollzieht sich ein Ankauf unserer Gesellschaft nicht so aus dem Stegreif! Monsieur Renoir möge ein Gesuch einreichen! Kennt er niemand, der Bonnat nahesteht? Ihm fällt letzten Endes die Entscheidung über unsere Ankäufe zu. Und er kritisiert sehr streng die Zeichnung …“

Während ich mich verabschiedete, brachte man ein sorgfältig eingehülltes Bild, bei dessen Aufstellung auf einer Staffelei Chéramy selbst mithalf.

Indem er sich an mich richtete:

„Sie werden das Werk eines Meisters zu Gesicht bekommen, der beides besitzt, Zeichnung und Farbe.“

Behutsam enthüllte der Präsident der Société des Amis du Luxembourg das Gemälde: es war eine *Szene mit Akten* von La Touche …

# XVIII

## Die Familie

„Du brauchst Gabriele und die Boulengère[26] nicht?", fragte Renoir seine Frau, „Ich möchte ein Bild machen *Die Badenden.*"

Und Madame Renoir „richtete sich danach ein".

„Merkwürdig", sagte mir eines Tages Caillebotte, der Bruder des Sammlers, „ich habe nie zu Hause eine Fischsuppe bekommen, wie man sie bei Renoirs isst … Und dabei habe ich eine richtige Köchin … Von der Köchin Renoirs fordert man nur, eine Haut zu haben, die das Licht gut aufnimmt …"

Ja … aber Madame Renoir …

Und weiß man auch, dass Renoir dank seiner Frau all seine schönen Blumensträuße gemalt hat? Madame Renoir kannte sein Vergnügen, Blumen zu malen, aber wenn er selbst welche hätte suchen müssen … So hatte sie immer Blumen zu Hause, in jenen Töpfen, die vierzehn Sous kosten, auf die Renoir wegen ihres hübschen Grün so versessen war. Und wie groß war nicht die Freude des Malers, wenn er eine dieser fürsorglich arrangierten Sträuße bemerkte:

„Wie hübsch sind diese Blumen, die so aufs Geratewohl zusammengebunden sind. Das muss ich malen!"

Wäre ein anderer nicht weniger wichtige Teil von Renoirs Werk, seine Kinderstudien geschaffen worden, wenn er an Stelle seiner „Modelle", denen die Muttermilch so schöne Backen gegeben hatte, zum Malen nur mit der Amme oder mit der Flasche aufgezogene Kinder gehabt hätte, so wie diese reichen Kleinen, die er zu einer Zeit malte, da er Aufträge annehmen musste!

„Es ist erstaunlich, wie Sie sich immer behelfen!" sagte ich eines Tages zu Madame Renoir, die im Begriff war, Erbsen auszuschoten, während ihr der kleine Jean auf dem Schoße saß, der nicht sehr artig war, da er gerade zahnte.

---

26    Die beiden Hausmädchen.

„Und wenn ich daran denke, dass Sie noch Zeit finden, in die Messe zu
gehen."

Denn da ich Renoir gewöhnlich Sonntagvormittags besuchte, so hörte
ich immer gegen elf Uhr diesen Satz: „Du brauchst nichts, Renoir? Ich
gehe in die Kirche ..."

Madame Renoir war hastig aufgestanden.

„Ach mein Gott, die Pinsel sind nicht gereinigt!"

Und indem sie die Erbsen stehen ließ, und auch Jean, der plötzlich
verstummte – denn mit dem Instinkt der Kinder sah er sofort, dass ihm
das Ungezogensein nichts mehr helfen und ihn seine Mutter nicht mehr
anhören würde ... eilte Madame Renoir ins Nebenzimmer. Sie kam mit
einem Paket Pinsel wieder.

„Renoir findet, dass ich die Pinsel besser reinigen kann wie Gabriele ..."

Und dann kam für Renoir die Stunde des Ruhms[27], des Wohlstandes,
ja des Reichtums. Aber zu gleicher Zeit kamen die rheumatischen Anfälle,
die ihn nach wenigen Jahren an den Lehnstuhl bannten.

Madame Renoir sprach eines Tages mit mir von ihrer italienischen
Reise.

„Wie sehr", sagte sie, „bedauere ich, dass diese Zeit vorbei ist! ..."

Ich wollte antworten:

„Aber die Renoir verkauften sich nicht? ..."

Ich hielt inne, da ich den Sinn dieses Kummers begriff: In jener Zeit
war Renoir gesund!

Schließlich fügte[28] sich Renoir in sein Schicksal. Er kannte nur seine
Kunst, die sich trotz seiner Gebrechen weiter entwickelte ... oder vielmehr – wenn es auch paradox klingt – gerade wegen seiner Gebrechen,
wie er sagte, (denn da er nicht mehr von der Stelle konnte, wurde er durch
nichts mehr abgelenkt und dachte nur noch an seine Malerei). Tagtäg-
lich krampften sich seine Hände ein wenig mehr, wurden seine Beine stei-
fer ... doch langsam verschwanden die so heftigen Schmerzen der ersten
Zeit; der Allgemeinzustand Renoirs sogar kräftigte sich, und Madame
Renoir war recht glücklich, als der Krieg ausbrach ...

---

27  Auf der Versteigerung Doria brachte *La Pensée* 22100 Franken. Renoir hatte vor weniger als
    zwanzig Jahren das Bild für 150 Franken verkauft.

28  Ich erinnere mich immer an das Erstaunen Bérards: „Wenn Sie wüssten, in welchem Zustand
    ich Renoir vorgefunden habe ... Na, und dabei sagte er mir während der Unterhaltung: Alles
    in allem bin ich ein Glückspilz!"

Die beiden ältesten Söhne, Pierre und Jean, wurden sogleich einberufen.

Ich war zu Renoir gegangen, um mich nach ihnen zu erkundigen. Renoir hatte Besuch. Alle waren optimistisch.

Ein Freund des Hauses, der Schauspieler Dorival, hatte ein Extrablatt mitgebracht, das einen „blitzartigen" Vormarsch in Lothringen meldete …

Man stand noch unter dem Eindruck dieses glücklichen Ereignisses, als ein Deputierter, Monsieur Z …, mit einer weiteren Neuigkeit kam.

„Ich verlasse gerade das Kriegsministerium", sagte Z …, „ich bin noch ein wenig außer Atem, so bin ich die Treppe hinaufgerast … soeben hat ein Ministerrat stattgefunden, die Regierung ist der Meinung, dass die russische Dampfwalze spätestens Anfang Oktober[29] über Berlin hinweggehen wird …"

Als die Leute fortgegangen waren:

„Jetzt fange ich an", sagte Renoir, „Angst zu bekommen … Man wird verrückt …"

*Ich.* „Es ist aber doch richtig, dass sie davonlaufen …"

*Renoir.* „Gerade darum … Haben Sie denn nie die Horatier und Kuriatier im Théâtre Français gesehen? … Es ist wahr, das muss so schlecht gespielt werden …"

*Ich.* „Aber die russische Dampfwalze, das ist kein Witz. Alle Zeitungen sprechen davon von Kriegsbeginn an."

*Renoir* (die Achseln zuckend). „Sehen Sie sich doch auf einer Karte die Entfernung an …"

„Gerade wie mein Freund N … Auch einer, der die ganze Zeit ein Gewehr nehmen und nach Berlin laufen möchte … Eines Tages treffe ich ihn an der Oper:

‚Es ist so schön heute zu spazieren‘, sage ich ihm, ‚wenn wir einen kleinen Bummel nach Asnières machten‘!

‚Wie, Sie wollen zu Fuß nach Asnières‘?"

Renoir hatte seine Pinsel ergriffen, aber er war so sehr um seine beiden Kinder in Sorge, dass er mit einem kleinen Stilleben, *Eine Tasse und zwei Zitronen*, nicht zu Ende kommen konnte.

„Ich gebe das Malen auf!" sagte er plötzlich, indem er die Arme fallen ließ.

---

29    Es handelte sich um Oktober 1914.

Madame Renoir, die gerade ein Soldatenhalstuch strickte, nahm ihre Brille in die Höhe, sah ihren Mann an und senkte wortlos mit einen ersticktem Seufzer den Kopf auf die Arbeit. Renoir, der seinerseits seine Sorge verbergen wollte, machte sich wieder an die Leinwand, indem er automatisch weiterarbeitete – es war das erste Mal, dass ich ihn ohne Leidenschaft malen sah – und summte, um sich abzulenken, eine seiner Lieblingsmelodien: ein Couplet aus der *Schönen Helena*. Aber der Schwung fehlte.

* * *

Indessen kamen regelmäßig Nachrichten von den Kindern, und die Briefe, mit den täglichen Neuigkeiten, bestätigten, was die Zeitungen von dem fröhlichen Leben der „poilus" erzählten. Renoir und seine Frau hatten sich gerade wieder etwas zurechtgefunden, als man plötzlich erfuhr, dass Pierre, der Älteste, in einem Lazarett zu Carcarssonne mit zerschmettertem Oberarm lag.

„In Anbetracht dessen, was hätte passieren können, muss ich noch glücklich sein", sagte Madame Renoir bei ihrer Rückkehr von Carcassonne; und wenn Jean seinerseits …"

Doch nun ließ sich Jean, der die Untätigkeit, zu der die Kavallerie verurteilt war, nicht länger aushielt, zu den Alpenjägern versetzen!

„Denke doch, Mama, ich habe die Mütze …" die Mütze, auf die „die blauen Teufel" so stolz waren, doch die nicht die Ruhe für die Eltern bedeutete.

Und so erhielt man eines Tages die Nachricht, dass Jean im Lazarett zu Gérardmer sei.

„Wenigstens ist er nicht zu schwer verletzt", sagte Frau Renoir zu ihrem Mann, dem sie den Brief vorgelesen hatte.

„Du hast recht", sagte Renoir, und gab sich Mühe ruhig zu erscheinen.

Jean verlor nicht die gute Laune trotz seines von einer Kugel durchschossenen Schenkels.

„Der Arzt", schrieb er, „verspricht mir, dass ich eine Zeit lang eine kleine Steifheit im Bein behalte. Welches Glück! Ich werde den „Schick" eines Offiziers haben!"

Am gleichen Tage reiste Madame Renoir nach Gérardmer.

„Sie werden sehen", sagte Renoir, „wenn ich ein Telegramm mit vielen Einzelheiten erhalte, so heißt das, man hat mir etwas zu verheimlichen! …"

Eine sehr kurze beruhigende Depesche kam, doch Renoir war nicht im Geringsten dadurch beruhigt.

„Ich bin sicher, sie werden ihm das Bein amputieren ... Wenn ich an Clémentel schriebe ... Sie lachen, weil ich die Unterstützung des Handelsministers in Anspruch nehmen will, um die Abnahme eines Beines zu verhindern? Sie sollten doch wissen, dass in diesem Krieg niemand an der richtigen Stelle[30] ist: dieser Theaterdirektor, der Chefarzt an einem Lazarett ist ... Und der Doktor Abel Desjardins, der vom Staatssekretär für das Gesundheitswesen einen Rüffel erhielt, weil sein Rapport bei einer bestimmten Anzahl von Betten nicht die gleiche Anzahl von amputierten Armen und Beinen aufwies wie der aus dem benachbarten Sektor ...“

Mein Schlafzimmer befand sich neben dem Renoirs; ich hörte ihn die ganze Nacht seufzen. Bei der geringsten Sorge fand er keinen Schlaf, und in wachem Zustand ließ ihn sein Gebrechen besonders heftig leiden, ohne dass seine Energie dadurch niedergedrückt wurde. In seinem achtundsiebzigsten Lebensjahr, nach einer durchstöhnten Nacht, ließ er sich in sein Atelier tragen: die Arbeit gab ihm wieder Kräfte.

Das Telefon klingelte. Es war das Postbüro in Cagnes, das eine Depesche von dem ziemlich entfernten Collettes übermittelte, dass Jean sein Bein behielt. Er war an einen Militärarzt geraten, der lieber heilte als schnitt, ein Militärarzt ohne Ehrgeiz, der sich um die schlechten Noten nicht scherte.

* * *

Nach all den Aufregungen, die Pierre und Jean verursacht hatten, zog wieder Ruhe in Collettes ein. Madame Renoir fand wieder Gefallen an der Hühner- und Kaninchenzucht.

Man befand sich in der Zeit der Orangenblütenernte. Ich erinnerte mich, dass Renoir mir beim Kauf von Collettes gesagt hatte, dass man vom Erträgnis der „Blüte“ allein sehr gut leben könne. Ich fragte Madame Renoir, wie es um den Ertrag des Grundstücks stünde.

Madame Renoir antwortete:

„Freilich, wenn Renoir noch jünger wäre und wir zu zweit im Garten arbeiteten ... Einstweilen aber, glaube ich, müssen wir hauptsächlich mit der Malerei meines Mannes rechnen!“

---

30  Renoir übertreibt: die Oberkellner und die Küchenchefs bekamen immer den richtigen Posten.

# XIX

## Essoyes, Cagnes

Eines Tages um 1919 erzählte mir Renoir von einem wundervollen Ort, zwei Schritte von Paris.

„Aber Sie dürfen es nicht erzählen … Es ist ein für einen Maler einzigartiger Ort: ein Teich mit Sand ringsum, wirklichem Sand und Seerosen auf dem Wasser! Dazu fast keine Leute im Hotel, einem vorzüglichen Hotel! Dort werde ich erstaunlich gute Bedingungen finden, um Meisterwerke zu machen.“

Dieser Ort, den er für so versteckt hielt, war kein anderer als Chaville, der Treffpunkt der Pariser am Sonntag. Und als ich hinging, um Renoir zu besuchen, der schon seine Beine nicht mehr gebrauchen konnte, fand ich ihn in einem Wirtshaus mit einer so schlechten Treppe, dass man ihn am Morgen auf den Armen heruntertragen und abends noch mühsamer wieder hinaufschleppen musste.

Offenbar fehlte ihm der Instinkt für Komfort und Gemütlichkeit. Doch dafür hatte ihn glücklicherweise seine Umgebung; und so war er seit 1898 Eigentümer eines Hauses in einem Dorf der Champagne, der Heimat der Madame Renoir.

„Ein wirklicher Gelegenheitskauf! hatte sie zu ihrem Mann gesagt. Ein gutes Bauernhaus aus Stein.“

Renoir misstraute immer den Gelegenheitskäufen, nach dem Grundsatz, dass die Sauce mehr kostet als der Braten. Dieses Mal jedoch, wegen seines alten Hasses gegen den „Bürger“, ließ er sich durch die Ankündigung eines „Bauernhauses“ verführen; aber er musste auch diesmal erfahren, was ein solcher Gelegenheitskauf kostet, denn um diese Behausung bewohnbar zu machen, musste man sie beinahe ganz umbauen.

Wie dem auch sei, einmal Hauseigentümer in Essoyes, verbrachte er daselbst ein oder zwei Monate im Jahr; und bei seiner Leichtigkeit, sich überall einzuleben, wurde er in sehr kurzer Zeit von den Einheimischen als einer der Ihren angesehen, was wohl die größte Anerkennung ist, die ein Landmann einem Städter angedeihen lassen kann.

Und wenn man auch in Essoyes einmütig fand, dass Renoir das Abkonterfeien nicht ebenso gut verstand wie der Fotograf der Nachbarstadt, so ließen die Essoyer doch gelten, dass, wenn es sich um einen guten Rat handelte, der „Künstler" ebenso viel los hatte, wie Firmin, der Schlosspächter.

Ich hätte beinahe eine Eigenschaft des Essoyer Bodens vergessen: er bringt einen Wein hervor, der mit den hervorragendsten Gewächsen der Champagne wetteifern kann. So herrschte große Freude unter den Einwohnern, als die Frage einer Abgrenzung für den Namen „Champagnerweine" auf das Tapet kam; aber als schließlich die Vertreter dieses Bezirkes im Parlament nicht genug Einfluss hatten, um durchzusetzen, dass ein in der Champagne gelesener Wein auch Champagnerwein genannt würde, kann man sich vorstellen, wie sehr der neue Mitbürger Renoir bestürmt wurde, sie zu verteidigen, denn es bestand für sie kein Zweifel, dass ein Mann, der so gut zu reden verstand, nur ein Wort in Paris zu sagen brauche, um ihrem Wein seinen wahren Namen zu verschaffen …

Und ein ander Mal gar kamen Leute eines Nachbarortes sich beim Maler beklagen, dass ihre Lehrerin abgesetzt werden sollte, weil sie sich weigerte, mit dem Bürgermeister zu „schlafen"! Dieses Mal glaubte Renoir sich nützlich machen zu können, da er ein Parlamentsmitglied kannte, das ihm bereits seine Dienste angetragen hatte.

Gleich nach seiner Rückkehr nach Paris setzte er einem Volksvertreter die Tatsachen auseinander; und dieser, indem er sich die Hände rieb:

„Wie schnell wird mein Freund Briand[31] diesen Bürgermeister „fliegen" machen! …"

Einige Tage später kam der Deputierte wieder zu Renoir, und ganz selbstverständlich:

„Nichts zu machen für Ihre Lehrerin! der Bürgermeister gehört zur Partei! …"

* * *

Bis zum Tag, da die Ärzte Renoir verordneten, den Winter im Süden zu verbringen, ging er im Sommer nach Essoyes, als er aber auf Geheiß der Fakultät genötigt war, von Oktober bis Juni in den sonnigen Ländern zu bleiben, teilte er seinen Sommer zwischen der Champagne und Paris.

---

31    Damals Ministerpräsident.

116

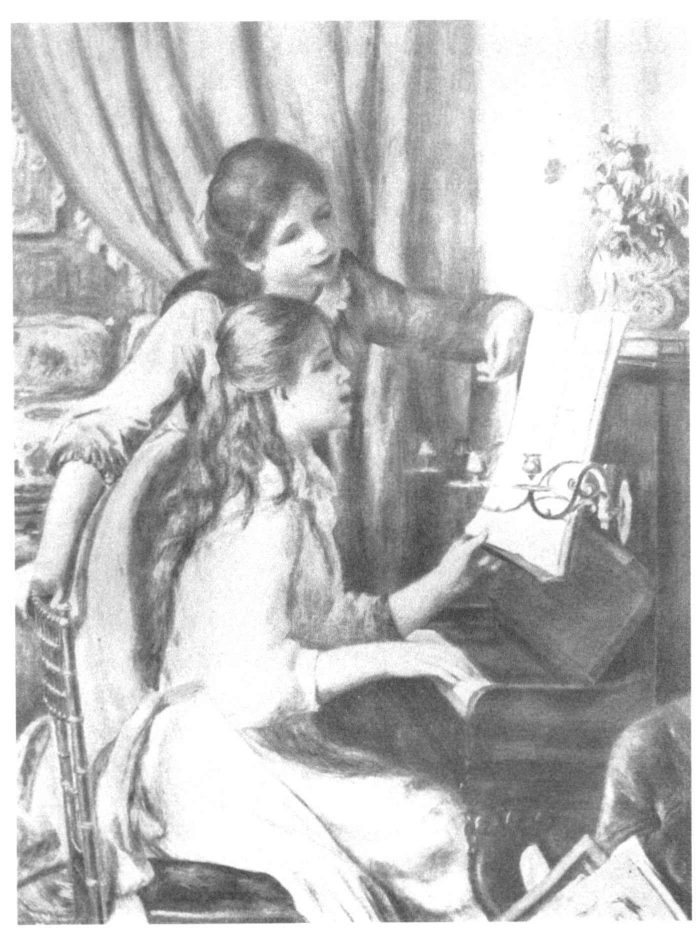

Am Klavier

„Wenn ich nur zuweilen ein wenig Paris atmen kann …" sagte er eines Tages.

*Ich.* „Aber wenn Sie in Paris sind, essen Sie nicht mehr, Sie können in der Hitze nicht arbeiten …"

*Renoir.* „Mag sein: aber es ist doch die Luft von Paris."

Wenn der Maler nach dem Süden reiste, liebte er unterwegs zu „flanieren" und sich da aufzuhalten, wo es ihm gerade gefiel. So bemerkte er einmal durch die Scheiben des Zuges zwei kleine Bögen einer römischen Brücke in Saint-Chamas: er ruhte nicht, bis er dorthin malen ging.

Als Renoir gezwungen war, fast dauernd seinen Wohnsitz im Süden zu nehmen, setzte er sich zuerst in Magagnosc fest. Magagnosc ist ein provenzalischer Flecken, mit Zügen, die an eine spanische Stadt erinnern, ein eigentümlich an einen Berghang angelehnter Ort. Renoir konnte damals noch seine Beine gebrauchen. Was für schöne Spaziergänge haben wir zusammen bergauf, bergab gemacht, und diese Krammetsvögel, die Madame Renoir am Bratspieß briet – ein Bratspieß, der über einem Rebholzfeuer gedreht wurde!

Nach zwei oder drei Jahren Aufenthaltes in Magagnosc zog Renoir, da er die Kälte in den Bergen nicht mehr vertrug, nach Cannet, dann schließlich nach Cagnes, dessen gute Luft man ihm gerühmt hatte. Aber diese reine Luft atmet man in dem oberen Cagnes; und siedelte sich Renoir nicht in der sumpfigen Ebene des niederen Cagnes an! Und da Renoir, wenn er einmal irgendwo festsitzt, nicht so leicht wieder „flott gemacht" werden kann, so hätte er dort alle seine Winter verbracht, wenn nicht eines Tages ein Olivenhain, in halber Höhe des Hangs, „die Collettes", zur Versteigerung gekommen wäre. Erzählte man sich nicht, dass diese Ölbäume, mehr als tausendjährige Bäume, in kurzer Zeit – so behaupteten die Einheimischen – in Löffel, Serviettenringe, Briefbeschwerer und andere „Erinnerungen aus Jerusalem" verwandelt würden? Ein solcher Gedanke war einem Künstler unerträglich, und Renoir erwarb die Collettes, um die Ölbäume zu retten. Doch nach Erwerbung des Grundstückes kam man auf den Gedanken, ein Haus darauf zu bauen; es entstand dieser hübsche Wohnsitz, den Madame Renoir so geschickt anlegen ließ.

Als ich eines Tages während des Hausbaues in Cagnes ankam, man nannte im Land das Haus „Schloss von Collettes", fand ich Renoir, der seine Beine bereits nicht mehr bewegen konnte, in seinem Rollfauteuil am Fenster, wie er seine Augen durch die Scheiben hindurch nicht vom Anblick der Landschaft losreißen konnte.

„Sie möchten von hier aus ein Bild machen?", fragte ich. – „Das ist es nicht: man hat mir Hoffnung gemacht, dass ich heute mein Haus über die Bäume dort oben emporragen sehen würde!"

Doch wer kann dem Zwang der Dinge entrinnen? Nach Vollendung des „Schlosses" fand Renoir Gefallen an mancherlei Bequemlichkeiten, sodass die Collettes nicht mehr dem Haus von Nieder-Cagnes ähnelten, worin sogar das Postamt einlogiert war. Immerhin kam es vor, dass der Maler in seinem neuen komfortablen, aber einsam gelegenen Haus mit Bedauern an sein früheres mit dem Postamt zurückdachte, wo diese lebendige Geschäftigkeit herrschte. Schließlich ließ sich dieser improvisierte Schlossherr trotz seiner Abneigung gegen alles Mechanische herbei, sein Auto zu haben. Er sah darin vor allem ein bequemes Mittel, zur Landschaft zu gelangen, er hatte die Landschaftsmalerei seit dem Verlust seiner Beine immer noch fortgesetzt, aber unter welchen Schwierigkeiten!

* * *

„Sie sehen, wie mein Mann sich abarbeitet", sagte mir eines Tages Frau Renoir, als der Maler, vom Landschaftern kommend, in seinem Rollstuhl dahergefahren wurde, dessen Gummiräder das Auf- und Niederschleudern beim Anstoßen an Kieselsteine nicht verhinderten. „Das Publikum schätzt ihn, die Händler wollen ihm alle Bilder abkaufen. Warum also, wenn man über ihn schreibt … Man hat mir soeben wieder eine Zeitung gezeigt … Und selbst, wenn man nichts davon versteht … Na, als ich gestern ankam, sagte ich mir: Wie traurig ist das Speisezimmer! … Ich hatte von Paris drei oder vier kleine Studien mitgebracht, *Rosen*, einen *Kopf der Gabriele*, Sachen, an denen Renoir eine Stunde gearbeitet hatte! Als ich die an die Wand geheftet hatte, sah das Speisezimmer ganz anders aus: es gefiel einem drin!"

Madame Renoir schwieg ich hatte sie noch nie so lang über Malerei reden hören.

## XX

### Die Modelle und die Dienstmädchen

*Renoir.* „Gabriele, Gabriele! … Schon wieder weg! Und meine Palette ist nicht gemacht!"

*Ich.* „Wollen Sie mir erlauben? …"

*Renoir.* „Na, heute früh arbeite ich nicht."

*Eine alte Dame zu Besuch.* „Dieses Mädchen ist also immer aus? …"

*Renoir* (nach dem Weggang der Dame). „Sie sind gelungen, die „Herrinnen", und selbst die wenigst schlechten … diese Madame J …, alle Welt sagt: ,Sie ist ein Engel'. Nun, bringen Sie einmal einem solchen Engel bei, dass ein Dienstmädchen dieselben Bedürfnisse hat wie eine andere Frau …

Man muss freilich sagen, dass Gabriele die Dinge leicht nimmt! Und dann versucht sie noch, mich hineinzulegen! Wollen wir wetten, dass sie nachher, wenn sie wieder da ist, bei meiner Frage, wo sie so lange draußen geblieben ist, aussieht, als ob sie aus allen Wolken fiele? ,Aber mein Herr, ich bin nicht ausgewesen! Ich habe mich nur nach der Mutter Machin erkundigt, die vom Spital zurück ist'.

Sie kennen doch die Mutter Machin, meine Zugeherin, und ihren Mann, den Vater Machin, mit seinem roten Gürtel und seinem Tiroler Hut."

*Ich.* „Als ich zum ersten Mal bei Ihnen war, hörte ich die Mutter Machin zu Gabriele sagen: ,Ja, meine Kleine, der Vater Machin hat seine Arbeit aufgegeben, um den anderen den Weg der Pflicht zu zeigen … Er hat einen Arbeitgeber, der die Arbeiter zum Kirchenbesuch zwingt … „Papa[32]" hat den Kameraden gesagt: Ich esse nicht von solchem Brot … Ihr seid Memmen, wenn ihr weiterarbeitet …'"

Wir hören Schritte auf der Treppe.

*Renoir.* „Es ist Gabriele. Dies Mal muss ich böse werden!"

*Gabriele* (bemerkt die strenge Miene, die der „Herr" aufgesetzt hat). „Aber, gnädiger Herr, ich bin nicht ausgewesen. Ich bin nur fünf Minuten

---

32    Kosenamen für den Vater Machin.

120

unten gewesen, um mich nach der Mutter Machin zu erkundigen, die vom Spital zurück ist; ich habe sie nicht einmal angetroffen …"

*Renoir.* „Fünf Minuten! Welche dreiste Behauptung! Gabriele, ich habe Ihnen hundertmal gesagt: Sie sind nicht besser als die anderen, und ich habe nicht vor, Sie gefangen zu halten …"

Doch da kommt schon die Mutter Machin in Person. Während sie auf allen Vieren im Atelier herumkriecht und die Bleisoldaten Claudes zusammensucht:

„Nun", sagte Renoir zu ihr, „Ihre Tochter muss froh über die Stelle sein, die ich ihr bei meinem Freund verschafft habe?"

*Die Mutter Machin.* „Nein, gnädiger Herr, Ihr Herr Freund hat sich gar nicht galant gegen sie benommen! Neulich setzte er ihr die Pistole auf die Brust: ‚Morgen müssen Sie einmachen'! Meine Tochter lässt sich nicht ins Bockshorn jagen und antwortet ebenso prompt: ‚Das muss aufgeschoben werden, weil ich morgen auf dem Land eingeladen bin'. Daraufhin hat Ihr Herr Freund ihr geantwortet: ‚Nein, das wird nicht aufgeschoben, meine Kleine, denn Sie machen, dass Sie gleich fortkommen'! So redet man zu einem anständigen jungen Mädchen! Jawohl mein Herr!"

– „Es muss doch Ihrem Mann sehr unangenehm sein, nichts zu tun zu haben, seitdem die Dachdecker in den Streik getreten sind?" fragte Gabriele die Mutter Machin.

*Die Mutter Machin.* „Nein, meine Kleine, der „Papa" arbeitet sich sogar sehr ab in diesem Augenblick, haben ihn doch die Kameraden während des Streikes mit der Wahrung der Interessen der Witwen und Waisen betraut, und das ist keine kleine Sache bei all den Totschlägen, die die „Flics" [Schutzleute] an den unbewaffneten Arbeitern verüben … Doch wenn der Vater Machin erscheint, so grüßen ihn die „Cognes" [Gendarmen] sehr ehrerbietig, weil er nicht wie ein Arbeiter aussieht … Ja, meine Kleine … Er hat denselben Gusto wie die „besseren" Leute. Er verlangt an jedem Sonntag seine kleine Hammelkeule mit Knoblauch …"

Plötzlich vernimmt man: Ga ..Ga ..Der kleine Claude rief nach Gabriele.

*Renoir* (der allein mit mir geblieben ist, da die Mutter Machin Gabriele folgte). „Sie haben die Mutter Machin gehört … Aber mir sind diese Dummheiten hundertmal lieber als die Redereien einer „penseuse". Treffe ich da eines Tages im Hotel eines Badeorts eine von dieser Spezies … Als ich ihr sagte, dass es hier ein wenig an Resonanz, an Leben mangle, stürzt sie da nicht sogleich ans Klavier! …"

Es läutet an der Haustür. Sogleich ertönt die Stimme Gabrieles, die der Köchin zuruft:

„La grande Louise, wenn es ein Kleiner mit einem komischen Gesicht ist und der durch die Nase spricht, schmeißen Sie ihn heraus! Er fragt die ganze Zeit nach dem Herrn! Er sieht nach einem Maler aus!"

*Renoir.* „Sehen Sie rasch nach, Vollard! Nein, bleiben Sie! Es ist die „Boulangère". Diese Gabriele ist wirklich gelungen mit ihrem Eifer, die Leute, die wie Maler aussehen, hinauszuwerfen. Wenn ich sie gewähren ließe – wieviel Knüppel hätte sie mir schon zwischen die Beine geworfen! Und kennen Sie den schönen Streich, den Sie mir neulich gespielt hat!

Sie sagte mir: ‚Jemand ist gekommen, der den Herrn um jeden Preis sehen will. Aber obgleich er geschoren ist und seinen Sonntagsanzug anhat, habe ich ihn doch erkannt: es ist der Feldhüter! Ich habe ihn nicht hereinkommen lassen'!

Und dieser Feldhüter war kein anderer als Monsieur de J ..., der Präfekt.

Und einmal schrieb sie gar Z ..., der dekoriert worden war, dass man bei uns mit großem Vergnügen seine Ernennung zum Ritter der Fremdenlegion erfahren habe ..."

Im gleichen Augenblick trat ein Besuch herein. Es war der kleine näselnde Herr. Er hielt in einer Hand eine Lilie, in der anderen ein Lorgnon. Er wandte sich an Renoir:

„Ich möchte mich von Ihnen malen lassen ... die Ähnlichkeit ... ist mir egal, wenn ich nur meinen Charakter behalte ..."

Ich war aufgestanden, aber Renoir:

„Gehen Sie nicht fort, Vollard, ich erwarte jemand, den Sie mit Vergnügen sehen werden ..."

Dann brüsk zu dem Mann mit der Lilie:

„Gehen Sie doch zu Besnard. Die Bildnisse, die ich mache, gefallen nicht."

Der kleine Herr, der bereits ein wenig vom Anblick dieses Ateliers geniert war, das gar nichts vom „Museum" hatte, wandte sich zur Tür mit dem Wort „Meister" auf den Lippen, das Renoir so verabscheute, als der Freund kam, den Renoir erwartete, mein Landsmann von der Insel Bourbon, der Dichter Léon Dierx[33], den ich noch nicht kannte.

---

33    Dierx war nach einer dreißigjährigen Beamtenlaufbahn immer noch in der Expedition beschäftigt. Als sich jemand darüber entrüstete, meinte der „Prinz der Dichter" mit einem Lächeln:

       „Glauben Sie mir, ein Dichter ist nicht sehr verwendbar. In meinem Dienst hatte ich einmal

Renoir hatte mir eines Tages gesagt: „Der ganze Dierx steckt in dem einen Charakterzug, dass er nie etwas für sich verlangt und nie jemanden um etwas beneidet hat!" Ein einziges Mal habe ich ihn jemand herabsetzen hören:

„Ich kenne keine schrecklichere ‚Schwätzerin'". Er sprach von Frau von Sévigné!

Im Lebenswerk Renoirs ließ Dierx voll und ganz die erste Manier des Malers gelten.

„Welch schönes Gemälde, *Die Loge*", sagte er eines Tages, „ach, wenn Renoir doch jetzt nicht so sehr ins Rot geriete! …"

Und als einer bemerkte, dass diese neue Manier Renoirs beim Publikum sehr viel Anklang fände:

„Ich haben einen Freund, meinte der Dichter, der auch Maler ist, und der eine entzückende Frau hat! Er malt auch mit viel Rot wie Renoir, er wird also auch bald mit Bilderverkäufen an die Reihe kommen."

Dierx trat strahlend ins Atelier:

„Renoir, Sie sollten die schöne Sache kennen, die ich soeben gehört habe! Ein junger Dichter trug mir Verse vor, in denen von einem jungfräulichen jungen Mann die Rede ist." Meine Zugeherin hält plötzlich wie in Ekstase inne:

„Mein Herr, ich bitte um Entschuldigung, wenn ich mich in Dinge mische, die mich nichts angehen, aber ich höre von einem jungen Mann sprechen, der noch seine Jungfernschaft hat, und dabei fällt mir die schönste Erinnerung meines Lebens ein! So wie ich dastehe, nur dass es vierzig Jahre her ist, habe ich auch die Jungfernschaft eines jungen Mannes gehabt!"

„Und was hat das für eine Bedeutung", fragte ich sie, „die Jungfernschaft eines jungen Mannes zu besitzen?"

Darauf sie:

„Nun, mein Herr, man kann das nicht so sagen, aber man ist hingerissen!"

Gabriele schien nicht von ähnlichen Gefühlen wie die Zugeherin beseelt – sie hielt offenbar die Männer für Schelme, aber sie war darum nicht weniger empfindsam für das starke Geschlecht.

Eines Abends speiste ich bei Renoir in Louveciennes:

<hr>

einen Brief zu schreiben. Gleich nachher erhalten wir einen entrüsteten Protest. Der Brief war an einen Archivisten gerichtet; ich hatte gesetzt: An den Herrn Anarchist …"

„Schauen Sie Gabriele und ihre Soldaten!" sagt Madame Renoir.

Und ich sehe, wie Gabriele zwei Soldaten, die sich auf das Blech des Küchenfensters geschwungen hatten, durch die Stäbe Marmeladebrote zusteckt.

Einen Augenblick darauf sieht Madame Renoir, die in die Küche gegangen ist, wie Gabriele den Soldaten Suppe zu essen gibt.

„Aber Gabriele, Sie sind verrückt, Suppe nach Marmelade!"

Gabriele wurde gleich besorgt. Ich beruhigte sie; es gäbe, sagte ich, Leute, die die Suppe zum Nachtisch essen, das sei insbesondere eine Lyoner Sitte.

„Unser Regiment", fiel einer der Soldaten ein, „soll gerade nach Lyon verschickt werden."

Da reichte denn Gabriele den Soldaten ohne Sorge um ihre Gesundheit den Löffel Suppe, den sie in der Hand gehalten hatte, durch das Gitter. Renoir hatte nach dem Kaffee ein Gläschen Schnaps verlangt, die Flasche war leer.

„Ich habe den Soldaten einen Tropfen gegeben", erklärte Gabriele.

„Aber wie sollen die Soldaten", sagte Madame Renoir, „wenn sie getrunken haben, den Weg durch den Wald nach ihrem Fort finden?" Gabriele hatte sich ein Tuch um den Kopf gebunden.

„Wo gehen Sie hin?" erkundigt sich Renoir.

„Eh nun, ich laufe den Soldaten nach, zu dritt findet man besser den Weg nach dem Fort!"

* * *

Gabriele liebte lebhafte Farben. Eines Tages hatte Renoir um ein Halstuch gebeten, und Gabriele band ihm ein großes rotes weißgetupftes Taschentuch um den Hals. So ausstaffiert ging Renoir in Begleitung Gabrieles, die nicht weniger auffallend angezogen war, zum Crédit Lyonnais. Als Renoir den Scheck, den er einlösen wollte, vorwies, verweigerte der Beamte die Auszahlung.

„Aber", protestierte Gabriele, „das ist doch Monsieur Renoir, der noch dazu dekoriert ist!"

Sie öffnete ihre Börse und zog die Offiziersrosette der Ehrenlegion heraus.

Ich kam gerade dazu. Renoir hielt immer noch den Scheck in der Hand, aber vor allem wurde er von einer kleinen Arbeiterin gefesselt, die am Nebenschalter wartete.

124

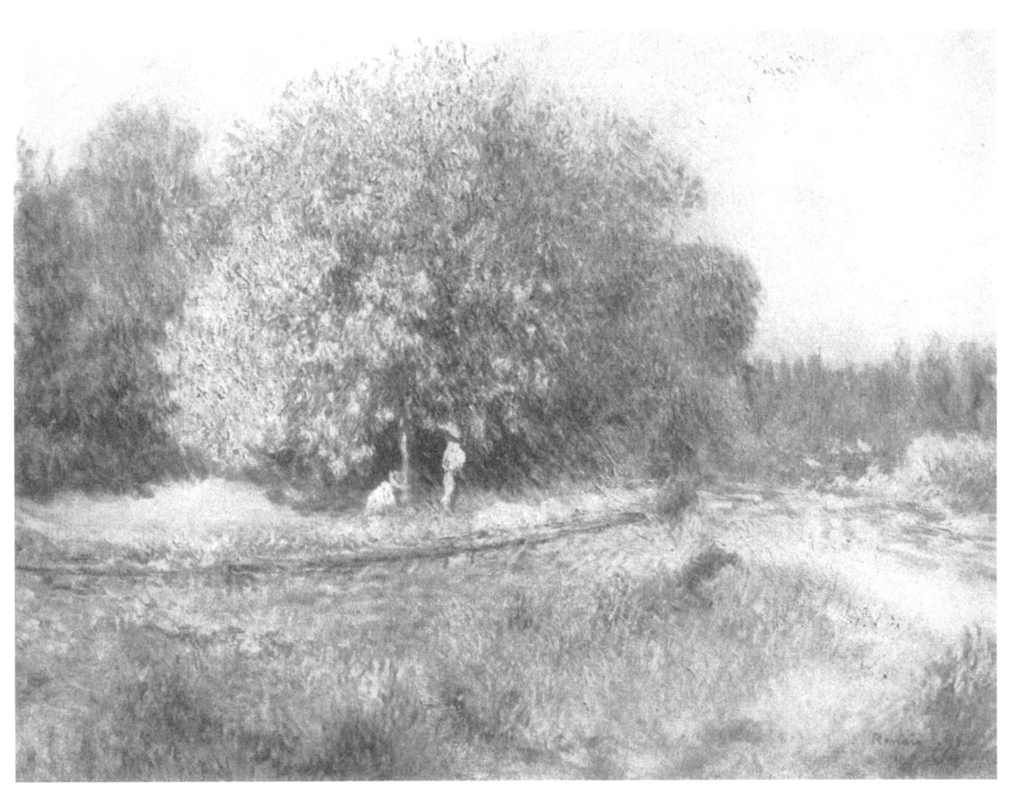

DER KASTANIENBAUM

„Sehen Sie doch, Vollard, das ist ganz der Typ der Marie, Sie wissen schon, als sie noch ihren Pfirsichteint hatte! Wie gern möchte ich diese Haut malen! Versuchen Sie doch einmal, ob sie mir nicht sitzen würde?"

Gabriele wollte an sie herangehen, aber Renoir hielt sie zurück. Er fürchtete, dass eine solche Überstürzung das junge Mädchen verscheuchen könne.

Mich setzte diese Zumutung ziemlich in Verlegenheit, ich fand nur die Worte:

„Mein Fräulein, ich komme um einer guten Sache willen."

„Welche gute Sache?" fragte mich die Kleine misstrauisch.

„Der Herr, den Sie dort sehen, möchte Sie malen."

„Mein Herr, ich bin anständig …"

Ich versicherte sie, dass ihre Tugend nicht in Gefahr komme.

„Das sagt man anfangs immer … ich will mir's mit meiner „großen Schwester" überlegen …"

Ich befand mich im Atelier, als sie erschien, steif wie ein Stock.

„Mit der kann ich nie etwas anfangen, sie hat eine Eisenstange verschluckt …"

Doch in diesem Augenblick stach sich ein Modell, das eben seinen Hut aufsetzte, in den Finger und stieß einen derben Fluch aus. Das heimelte die neu Angekommene an, denn sie änderte sofort ihre steife Haltung und benahm sich natürlich.

* * *

Eines Tages sah ich, wie Gabriele einen Diamanten an ihrem Finger betrachtete.

„Sehen Sie doch, gnädige Frau, wie das glänzt! Der ist aus der Rue de la Paix. Es steht in der Schachtel!"

„Ich habe wahrhaftig keinen so schönen Ring", sagte Madame Renoir, die sich nichts aus dem Besitz von Schmucksachen machte.

Renoir sah den Ring zu meinem Erstaunen aufmerksam an.

„Sehen Sie, Vollard, heute kann man nicht mal mehr einen Stein fassen!"

Und indem er sich an Gabriele wandte:

„Hat Ihnen E … wieder diesen Ring geschenkt? Da haben Sie's. Ich habe noch seinen kleinen Jungen als Zugabe auf das Bild gemalt, das er bei mir bestellt hatte, und *Sie* haben dafür den Ring bekommen! …"

126

Und lachend:

„Finden Sie nicht, Vollard, dass es mir bald wie dem holländischen Maler, dem Van der … Dingsda, gehen wird, der ein Schaf mehr auf eine *Weide* gemalt hat als verabredet war, und der, da er dafür nichts bezahlt bekam, das Schaf vor Ablieferung des Gemäldes wieder wegwischte!“

Madame Renoir allein sorgte sich um das „Schicksal“ des Ringes.

„Was wollen Sie damit machen, Gabriele? Sie werden ihn verlieren, und so etwas ist nicht wenig Geld wert.“

„Als man ihn mir gab“, erwiderte Gabriele, „hat man mir sogar gesagt, dass der Händler, von dem er stammt, ihn mir für tausend Franken zurücknehmen würde.“

„Ach – das freut mich für Sie, Gabriele! Laufen Sie schnell in die Rue de la Paix, legen Sie Ihr Geld auf der Sparkasse an oder kaufen Sie sich einen Weinberg dafür in Ihrer Heimat.“

Aber Gabriele:

„Ich habe kein Vertrauen zu der Regierung. Ich traue auch den Weinstöcken nicht. Sie haben zu viel Krankheiten! Und dann ist es so hübsch, einen Diamanten anzusehen; wie das blitzt!“

Und den Ring am Finger staubt Gabriele die Möbel ab … Vorsicht war nicht Gabrieles Haupteigenschaft. Eines Tages lässt sie in Collettes zwei Vagabunden in die Küche und schneidet ihnen große Scheiben Fleischpastete ab.

„Das geht doch nicht, Gabriele,“ sagt Madame Renoir. Nachher schmeckt ihnen ihr Brot und ihr Käse nicht mehr, und Fleischpasteten bekommen sie nicht wieder.“

Worin sich Madame Renoir täuschte. Die Vagabunden kehrten mitten in der Nacht in die Küche zurück, die mit einem einfachen Riegel verschlossen war, und aßen den Rest der Pastete. Aber da sie nicht bösartig waren, steckten sie wenigstens beim Weggehen das Haus nicht in Brand.

* * *

Eines Tages war Madame Edwards gekommen, um Renoir zum russischen Ballett abzuholen. Renoir war schon sehr gichtkrank und konnte kaum gehen.

Natürlich brauchte der Maler keinen Frack anzuziehen; selbst um das russische Ballett zu sehen, hätte er sich nicht einen Anzug angezogen, den er lächerlich und lästig fand.

127

Man kann sich das Erstaunen im Saal vorstellen, als man im ersten
Rang, in einer Loge, jemand in einem grauen Anzug mit einer Radfahrer-
mütze sitzen sah …

Auf einmal öffnet sich die Logentür: Gabriele kommt.

„Dort oben, wo ich sitze, sehe ich schlecht; hier wird es besser sein!
Man kann nicht sagen, dass ich zu auffallend bin, nicht? …“ Und Gabriele
nahm in ihrem geschlossenen schwarzen Kleid Platz neben ihrem „Herrn“.

* * *

Dass Renoir seine Dienstmädchen zum Modell nimmt, das kommt daher,
dass er nichts so hasst wie das „Berufs“-Modell.

Und wenn ihm ein Modell gut im „Pinsel sitzt,“ so ist ihm ein Wechseln
lästig. Selbst das Alter ist ihm gleichgültig. Eines Tages begeisterte er sich
für ein schönes Mädchen, das er zum ersten Male gesehen hatte.

„Ich werde einen herrlichen Akt malen!“

Er führt sein Gemälde aus, aber die Stellung war entschieden zu höl-
zern. Er nahm ein anderes sehr schönes Mädchen und malte einen zweiten Akt auf den ersten, der ihn ebenso wenig zufrieden stellte.

„Kampfesmüde“, sagte er, „hole ich mir Louison wieder … Was mich
ärgert, ist, dass sie keinen Popo mehr hat, keinen Busen, dafür aber einen
Hängebauch … Wenn ich daran denke, als ich sie das erste Mal auf dem
Boulevard de Clichy traf, mit einem kleinen blauen Band um den Hals …
Das ist nun dreißig Jahre her! Welche Bauchlinie! …“ Und Renoir nimmt
wieder Louison vor, findet die Bauchlinie unter den Fleischwülsten und
macht seinen schönsten Akt.

Gabriele saß ihm ungezählte Male, teils allein, teils mit dem kleinen
Jean auf dem Arm und später mit Claude. Sie ist auch auf dem großen
Gemälde *Die Familie* dargestellt.

Eines Tages sehe ich Gabriele im Atelier mit einer phrygischen Mütze
auf dem Kopf, mit aufgelöstem Haar.

*Renoir.* „Sehen Sie, Vollard, wie sie einem Knaben gleicht! Schon lange
wollte ich einen *Paris* malen, aber ich konnte nie ein Modell dazu finden.
Welchen Paris habe ich da!“

Und in der Tat hat er mit Gabriele als Modell einige Zeichnungen
gemacht und zwei oder drei Bilder gemalt, die *Paris der Venus den Apfel
reichend* darstellen. Aus diesen Studien ist auch das Basrelief *Das Urteil des
Paris* und die große Statue *Siegreiche Venus* entstanden.

128

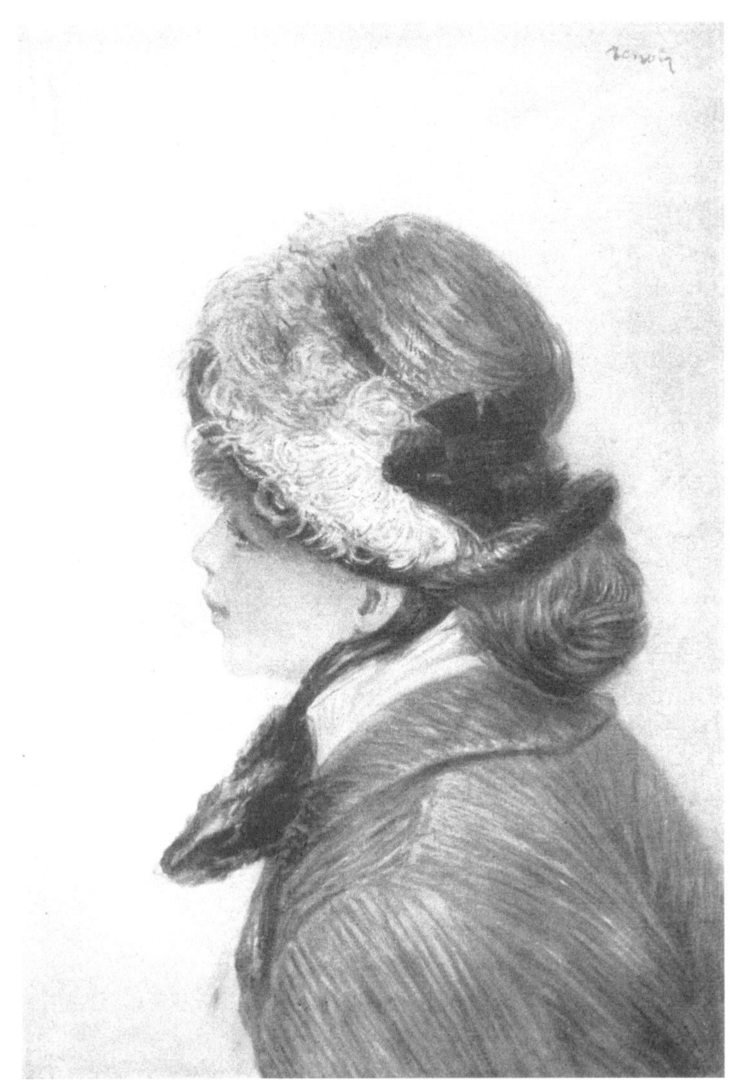

MÄDCHENKOPP

Die Bildhauerei hatte ihn sein ganzes Leben gelockt. Eines Tages fragte ich ihn vor einem *Akt,* warum er nicht bildhauere.

„Ich bin viel zu alt dazu“, antwortete er mir.

Aber wenn Renoir sich etwas in den Kopf setzte …

* * *

Eines Tages, als ich mit Renoir im Atelier war, sprechen wir von den Überraschungen, die man beim Auskleiden der Modelle erleben kann. Frauen, die man für gut gewachsen hält, enttäuschen sehr, während andere, hässlich aussehende, als Akt, Göttinnen gleichen.

In diesem Augenblick läutete es an der Ateliertür.

Ein Modell stellt sich vor: ein richtiger Trampel! Sie stand vor Renoir, die Hände in den Schürzentaschen: „Mein Herr, mein Revier sind die Hallen, doch das „Geschäft“ geht nicht wegen der „Sitte“ und der Konkurrenz der verheirateten Frauen. Da man mir nun gesagt hat, dass der Modellberuf ein guter Beruf sei …“

„ … Nun, wir werden noch sehen“, sagte der Maler, um sie loszuwerden.

Und Renoir, als sie verschwunden war:

„Ich bin nicht anspruchsvoll, immerhin hat alles seine Grenzen … “

Doch da hörten wir ein leises Räuspern hinter der spanischen Wand im Hintergrund des Ateliers, und zugleich erschien der Kopf dieses ‚Modells‘.

„Was machen Sie da?“ rief Renoir.

„Na, Sie haben mir doch gesagt, Sie werden noch sehen; ich habe mich ausgekleidet …“

Ich verließ Renoir. Als ich am nächsten Tag wieder ins Atelier kam, fand ich den Maler vor seiner Staffelei …

„Ich warte auf das Modell: Sie wissen doch, die Frau, die Sie gestern hier gesehen haben.“

*Ich.* „Dieses Scheusal! …“

*Renoir.* „Ein Scheusal? … Es ist die Venus selbst! …“

* * *

Seit einigen Jahren hatte Gabriele den „Herrn“ verlassen, ebenso die Mutter Machin, die Portierfrau geworden war. Eines Tages, als ich auf den Montmartre kam, treffe ich letztere, die vor „ihrem“ Hause frische Luft schöpft.

„Ihr Haus sieht recht nett aus“, sagte ich ihr, um ihr ein Kompliment zu machen.

130

„Nein, Herr … Das Haus ist gar nicht fein. Die kleine Dame im sechsten Stock macht ihren Gatten zum Hahnrei, einen, bei Gott, sehr netten Mann, der Alte im ersten Stock ist ein Satyr, der Mieter im dritten Stock ist seiner Frau durchgegangen … Jawohl mein Herr!“

„Und Gabriele“, fragte ich, „haben Sie sie wiedergesehen?“

„Nein, Herr … Gabriele wohnt in Athen, einer kleinen, sehr hübschen Stadt … und man sagt, dass Gabriele eine Zofe und einen Samtmantel hat … Jawohl, Herr!“

# XXI

## Renoir und die Kunstliebhaber

Nichts verdrießt Renoir mehr, als seine Malerei zu verkaufen. Nicht darum, weil er sie durchaus behalten will; aber man muss die Bilder wieder vornehmen, das Weiß zudecken, signieren …

Als Sacha Guitry erschien um ihn um die Erlaubnis zu bitten, eine Kinoaufnahme von ihm zu machen (ich komme noch auf seine Unfähigkeit, etwas zu verweigern, zurück):

„Wenn ich Sie aufnehmen könnte, mit dem Pinsel in der Hand!" sagte ihm Sacha.

Renoir hatte gerade ein Bild zu signieren. Er lässt es auf die Staffelei tragen und seinen Malkasten bringen.

Ich sah ihn vom Hintergrund des Raumes aus, den Pinsel in der Hand hin und her bewegen … Als der Operateur mit Kurbeln fertig war, reichte Renoir dem kleinen Claude die Hand hin, um sich den Pinsel aus den Fingern nehmen zu lassen.

„Aber, Papa, du hast ja das Bild nicht unterzeichnet? … "

Darauf Renoir:

„Ein anderes Mal …"

*Ich.* „Nach den Bewegungen Ihrer Hand zu schließen, dachte ich, dass Sie eher zwei- wie einmal unterschrieben haben."

„Nein", sagte Renoir; „ich habe eine kleine Rose hinzugefügt … "

Und wenn nun Renoir den letzten Pinselstrich macht und die Händler glauben, die Bilder endlich zu bekommen, tritt der Kunstliebhaber auf … Da Renoir im Ruf steht, nicht *direkt* verkaufen zu wollen, tritt der Liebhaber, um an ihn heran zu kommen, mit der Bitte an Renoir heran, das Porträt seiner Frau oder seiner Tochter zu malen … viel seltener seines Jungen, denn Knabenbildnisse sind viel schwerer verkäuflich.

„Wenn Sie wüssten, Monsieur Renoir! Seit drei Jahren spart meine Frau an ihren Toiletten, um ihr Porträt in Ihrer „neuen Manier" zu erhalten. Sie hat eben ihre Sparbüchse erbrochen und hat dreitausend Franken drin gefunden! … Freilich wagen wir nicht für diesen Preis ein

Ölbild zu erhoffen! ... Aber ein einfaches Pastell würde uns so glücklich machen!"

Und bei der Bitte um ein Pastell weiß man genau, dass Renoir mit seinen gelähmten Fingern nicht mehr die Pastellstifte handhaben kann, und dass er, wenn auch eine Zeichnung besprochen ist, von selbst zu Leinwand und Pinsel greift.

Soll ich hinzusetzen, dass, nachdem dieser Streich gelungen ist, die Dame nicht verfehlen wird, so ausgeschnitten wie möglich zu erscheinen. Je mehr Haut man zeigt, desto mehr ist die Leinwand wert ... Sie wird auch wahrscheinlich in Begleitung ihres „kleinen Mädchens" kommen (es gibt Beispiele dafür, dass es bei einer Freundin ausgeliehen wird), und eine neue „Kampagne" wird eröffnet, damit das Kind mit der „Mutter" gemalt wird ...

Während man den Maler so überrumpelt, kann man sich vorstellen, wie wenig er sich selbst in Gedanken mit den Händlern befasst, und sie dürfen sich nicht einmal bei ihm bemerkbar machen, denn die erste Bedingung für einen Händler, der etwas von Renoir erwischen will, ist, dass er ihn nicht „embêtiert". Und da die Hausmädchen, um bei der Arbeit bleiben zu können, den Schlüssel an der Haustür stecken lassen und das „Aussieben" der „Ankömmlinge" der Köchin überlassen, so finden die „Kunstliebhaber" ungeniert Zutritt, wenn die „große Luise" gerade den Braten zu überwachen hat.

Wenn die Händler nun endlich Glück gehabt haben, wenn die Bilder gemacht und signiert sind, so sagt Renoir im Ton einer Verwünschung:

„Na, weg damit ..."

Man braucht die Bilder, die man „ergattert" hat, nicht einmal anzusehen, empfiehlt sich, wobei man immer dasselbe sagt:

„Monsieur Renoir, ein anderes Mal rechnen Sie mir mehr und geben Sie mir mehr!"

„Hm, Sie sehen es nicht gern, dass ich an die Liebhaber verkaufe?"

„Da wir doch mehr bieten wie sie ... "

Darauf Renoir, der sich nie durch Geld hat beeinflussen lassen:

„Warten Sie doch ein Weilchen; beim Tempo, das die anderen einschlagen, werden sie bald genug haben ... " Aber der Kunstliebhaber hat nie genug; ein Bild ist für ihn nichts anderes als ein Wertpapier im Tresor ... Wenn Renoir sich „beruhigt" hat, schnell schickt er dem Maler andre Kunstliebhaber, die für ihn handeln, auf den Hals.

Man geht zu Renoir mit *seinen* Meinungen über Politik, Religion, Literatur, wenn nötig, sie noch überbietend, so wie jener, der eines Tages, um der Vorliebe des Malers für Dumas zu schmeicheln, die *Dame de Monsoreau* über die *Ilias* stellte! – Und jener andere, der, abgesehen davon, dass er renoireske Meinungen äußerte, auf einen noch größeren Vorteil hoffte, wenn er eine genaue Kenntnis der „Manier" des „Meisters" bekundete. Er brachte eine Leinwand, aus der er sorgfältig Datum und Unterschrift ausgemerzt hatte:

„Monsieur Renoir, das ist ein unsigniertes Bild von Ihnen! Ich habe es auf dem Marché aux puces [Trödelmarkt] gefunden. Sobald ich es bemerkte, rief ich aus: Ein Renoir! Und ich möchte meine Hand ins Feuer legen, dass es in dem Jahr … gemalt ist."

Und wenn Renoir die Angaben des „Liebhabers" bestätigt, die Leinwand wieder signiert und – datiert, wie viel gerührte Danksagungen.

„So bin ich denn bis zu Renoir vorgedrungen! … Sie gestatten mir, Renoir zu sagen. Man ist gewohnt, kurz Tizian, Velasquez, Watteau zu sagen! … (Ein tüchtiger „Anreißer" muss den Geschmack seines Opfers kennen und muss wissen, dass Tizian, Velasquez, Watteau die Götter Renoirs sind, wie ihm auch nicht unbekannt ist, dass ihm schlecht bekommen würde, wenn er an Stelle von „Renoir" „Meister" gesagt hätte.) Seitdem ich dieses Bild gefunden habe, bin ich immer auf dem Weg zu Ihnen, aber an Ihrer Haustür verließ mich der Mut. Einmal bin ich bis in Ihren Stock gestiegen … Im Augenblick, da ich läuten wollte, bin ich wieder heruntergegangen. Heute habe ich Mut gefasst, wenn ich mir auch immer sagte: ‚Ich kenne einen, der heute hübsch herausfliegt'! …"

Wie sollte man einen so braven Mann vor die Tür setzen? … Und der Liebhaber spricht mit Tränen in der Stimme vom Glück seiner Frau, wenn es ihm gelänge, eines Tages mit einem andern Renoir heimzukommen, und so wird die Sache mit dem Porträt eingefädelt:

„Sie erlauben mir, meine Frau mitzubringen. Seitdem sie eine Ausstellung von Ihnen bei Durand-Ruel gesehen hat, schläft sie nicht mehr! ‚Wenn ich mich doch von Renoir malen lassen könnte'! … Ich kann ihr, sooft ich will, wiederholen: ‚Dein Anblick wird vielleicht Monsieur Renoir abstoßen' …"

Und Renoir ist zu zartfühlend, um zuzulassen, dass diese „arme Frau" glaubt, sie könne ihn „abstoßen", und er geht schließlich auf die Bekanntschaft ein, wobei er nur den einen Wunsch äußert, dass er nicht zu sehr drangsaliert werde, dass das Modell nicht zu alt sei und eine Haut habe, die das Licht gut aufnimmt … Ist es notwendig zu sagen, dass das unbegründete Befürchtungen sind? Man führt ihm zu, was es an schönstem „Blond" gibt, dieses Blond, das Renoir so gern malt!

Aber diese Kniffe werden von der Schlauheit eines Chinesen übertroffen, der an Renoir schrieb, welch „himmlisches" Glück es für ihn sei, wenn er nur einen einfachen Strich des „Meisters" (Renoir verträgt „Meister" leichter schriftlich als mündlich) für die bescheidene Summe von …

Renoir las mit lauter Stimme. Ehe er das Blatt umwandte:

„Sie werden sehen, Vollard, man bietet mir dreihundert Franken an. Doch um ein Bild in China zu haben …"

Es waren fünfhundert Pfund Sterling, die der Pfiffikus antrug. Und Renoir gab ihm für diesen Preis ein Bild, für das er das Doppelte ausgeschlagen hatte.

* * *

„Welch sympathisches Gesicht", sagte ich eines Tages zu Renoir, „hat dieser Mann, der eben weggegangen ist."

Man hatte dem Maler den herrlichsten Louis XIV.-Rahmen gebracht:

„Ein Familienerbstück, dieser Rahmen … und wie gut würde das Porträt meiner Frau, das Sie mir versprochen haben, darin aussehen … "

Man hatte zwar eine kleinere Leinwand verabredet, aber Renoir nimmt es nicht so genau.

„O, Vollard! Ich finde immer mehr, dass es ein zweiter Monsieur Chocquet ist!"

Am nächsten Tag war ich bei meinem Antiquar. Ich sah denselben Amateur mit demselben „Familienerbstück" eintreten.

„Ich bringe Ihnen den Rahmen zurück, den ich zur Ansicht mitgenommen hatte … "

Da Renoir für immer durch seinen Rheumatismus an seinen Fauteuil gefesselt ist, so riskiert der Amateur nicht, dass der Maler einmal zu ihm zu Besuch kommt, um sich von der Wirkung seines Bildes in dem Rahmen zu überzeugen. Aber man denkt nicht an alles … Die Überraschung Renoirs war groß, als er einige Zeit darauf in einem Auktionskatalog das Porträt aufgeführt fand, das er sich von diesem zweiten Monsieur Chocquet hatte ablisten lassen.

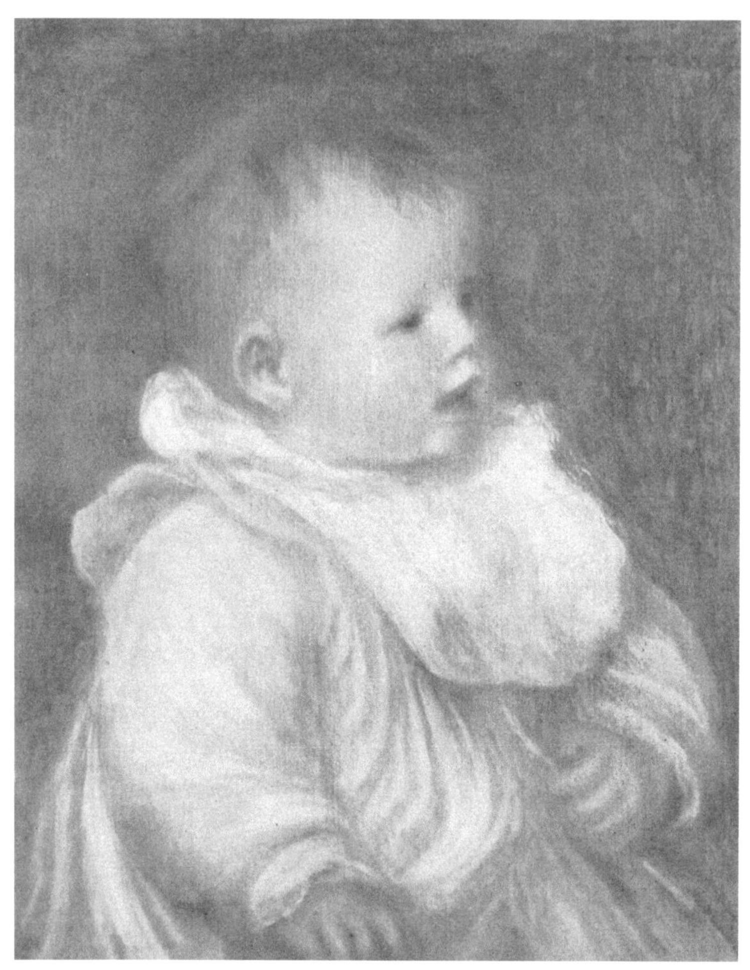

KINDERBILDNIS

# XXII

## Die Figur eines „großen Kunstliebhabers“

Neben den „Amateuren“, denen das gute Geschäft die Hauptsache ist, und abgesehen von gewissen Ausnahmen, wie Chocquet, de Bellio, Caillebotte (um nur Tote anzuführen), die wirklich Bilder aus Liebe kaufen, gibt es eine Spezies von Sammlern, die trotz ihrer unüberwindlichen Gleichgültigkeit, ja sogar Abneigung vor der Kunst, sich Sammlungen halten, wie andere Rennställe. Zu dieser Sorte von „großen Amateuren“ gehörte vor allem Monsieur Chauchard, der bis zum Schluss besorgt war, dass seine Millionen gezeigt würden und bestimmte, dass man seinem Leichenbegängnis das Bild vorantrüge, das ihn am meisten gekostet hatte … Doch dieser große Amateur starb, bevor Renoirs Malerei so hoch bezahlt wurde, dass sie würdig war, in seiner „Galerie“ vertreten zu sein, sodass ich nicht von Monsieur Chauchard reden kann. Dagegen gehört der Graf Isaac de Camondo hierher, nicht weil er einige übrigens widerwillig gekaufte Renoirs besaß, sondern wegen seiner Bemühungen, dieser Malerei gerecht zu werden.

Um 1910 sah ich den Grafen Isaac de Camondo zu mir in den Laden treten. Ich hatte mir eingebildet, dass der berühmte Sammler auf einen Akt von Renoir „anbisse“, der im Schaufenster ausgestellt war, aber sein Besuch galt einer Zeichnung von Degas. Er prüfte den Degas voll Langeweile und fragte mich gähnend nach dem Preis. Während ich die Zeichnung einpackte – schließlich hatte er sie gekauft:

„Und dieser *Akt* von Renoir?“ versuchte ich.

Zu gleicher Zeit drehte ich die Staffelei um, auf der das Gemälde stand. Monsieur de Camondo war zwei Schritte zurückgewichen:

„Wenn „Ihr“ Renoir noch jünger wäre, so könnte er sich von diesen Farbenexzessen befreien und zeichnen lernen, doch wenn ein Maler, der über die Sechzig hinaus ist, einen Arm so und einen Schenkel so malt – – und achten Sie auf die Farbe der Wangen! … (Und er deutete mit seiner Stockspitze auf die angeführten Stellen.) Und dann, was Renoir fehlt? *Die Tradition*! Man fühlt, dass dieser Mann nichts für den Louvre übrig hat! Da steht es doch anders mit seinem Namensvetter, dem Zeichner Renouard, den ich neulich im Museum bei der Betrachtung eines Holbein antraf."

Zufällig besaß ich Sachen dieses Renouard, z.B. einen *päpstlichen Kämmerer*, und ich zeigte sie meinem Kunden vor den Zeichnungen Degas', die er zu sehen wünschte.

„Ich habe viel bedeutendere Degas", meinte Monsieur de Camondo, indem er wieder unter Gähnen den Renouard betrachtete. Dieses Mal war es nicht schwer zu erraten, dass Monsieur de Camondo durch sein Gähnen nur seine Gleichgültigkeit vortäuschen wollte, umso mehr, als ich mir nicht erklären konnte, warum er von seinen Degas' sprach, da ich ihm doch einen Renouard zeigte ...

Nun, – ich sah bereits alle meine Renouards verkauft ... Und indem ich nach einem Fach griff:

„Ich habe noch mehr Zeichnungen von Renouard da, der zeichnen kann!"

Er hielt im Nu im Gähnen inne, und sein Gesicht sah unzufrieden aus. Trotz der Unterschrift und trotz des Gegenstands, der auf der Zeichnung dargestellt war, hatte er den Renouard für einen Degas gehalten.

Um das Gespräch abzulenken, fragte ich Monsieur de Camondo, ob er niemals Geschmack am Impressionismus gefunden habe.

„Nein, sicher nicht! Meine alten Familientraditionen hatten von Jugend auf einen eingefleischten Klassiker aus mir gemacht. Wenn ich auch jetzt bis über die Ohren im Modernen stecke, so kann ich doch nicht von meiner Bewunderung, die ich für die Werke unserer Väter[34] hege, loskommen, wie für die großen Kathedralen und selbst die weniger berühmten unter unseren Kirchen, z.B. für Saint-Germain-L'Auxerrois! Wie oft bin ich auf dem Weg nach dem Louvre davor stehengeblieben, oder wenn mich mein Freund Frantz Jourdain holte, um mir seine „Samaritaine" zu zeigen! Frantz Jourdain mochte noch so viel Eile haben, ich blieb wie angewurzelt vor dem alten Monument stehen.

Und diese Verwandtschaft zwischen dem Alten und dem Modernen, die mir so lange als eine mysteriöse Sache erschienen war, ging mir völlig an dem Tag auf, da mich Frantz Jourdain auf das Dach des Louvre schleppte und ich Saint-Germain-L'Auxerrois und die „Samaritaine" mit einem Blick umfasste ...

---

34  Monsieur de Camondo hatte solchen Geschmack an der französischen Kultur gefunden, dass er es dahin brachte, seine türkische Herkunft zu vergessen.

Um zum Impressionismus zurückzukommen, so offenbarte er sich mir zum ersten Mal, als ich vor ein paar Jahren bei einer befreundeten Prinzessin zu Gast war und aus den Fenstern des Henri II.-Schlosses den Effekt eines Sonnenunterganges auf einem Teich sah. Ich war gerade wieder mit Frantz Jourdain zusammen; ich hatte ihm seit langem versprochen, ihn mit einer wirklichen Prinzessin bekannt zu machen. Auf seine Anregung hin holte der erste Kammerdiener meiner liebenswürdigen Gastgeberin einen Louis XVI.-Rahmen reinsten Stils herbei; und Frantz Jourdain ließ sich nicht nehmen, ihn selbst in die Fensteröffnung zu halten; und indem ich den nötigen Abstand nahm, machte der Teil des Teiches, der durch den Rahmen ausgeschnitten war, den Eindruck eines impressionistischen Bildes auf mich! Ungefähr zur selben Zeit hatte ich in meinem Klub Gelegenheit, Bilder von La Touche zu sehen; wie diese mir die Vision, die ich von dem Teich hatte, bestätigten!"

*Ich.* „La Touche? ..."

*Monsieur de Camondo* ... „‚ein großer Moderner'! wie, ich weiß nicht mehr welcher Kritiker geschrieben hat. Und mittels La Touche bin ich bis zu Monet vorgedrungen, so wie ich Saint-Saëns geliebt habe, bevor ich Verständnis für Wagner bekam. ‚Man gelangt nicht in einem Tag nach Mekka', sagt ein türkisches Sprichwort. Und einmal mit dem Impressionismus angefreundet, hatte ich keine Veranlassung mehr, daran zu rühren. Immerhin muss der Impressionismus der Malerei bleiben; und ohne Zeichnung gibt es keine Malerei!"

Als sich Monsieur de Camondo verschwor, niemals einen Renoir in seine Sammlung aufzunehmen, hatte er – einem Sprichwort gemäß, das nicht türkischen Ursprungs ist – vergessen, dass man nicht sagen soll: „Brunnen, ich werde nicht von deinem Wasser trinken."

Es kam ein Augenblick, wo die Kunst Renoirs ihm keine Ruhe ließ. Es handelte sich nicht mehr um die Feststellung, ob Renoir zeichnen könne oder nicht, sondern ob eine Impressionistensammlung vollständig sein könne ohne Renoir. Man muss diese Gerechtigkeit Monsieur de Camondo widerfahren lassen: Wenn es darauf ankam, d.h. wenn gewisse Namen in einer großen Sammlung notwendig waren, konnte er seinen persönlichen Geschmack zurückstehen lassen.

„Ich werde schließlich einige Proben von Renoirs verrücktester Malerei kaufen müssen!" erklärte er eines Tages einem Freund, der ganz verdutzt war.

Monsieur de Camondo setzte seinen Plan auseinander.

„Wenn ich es einmal so weit gebracht habe, diesem Vitriol gerade ins Gesicht zu sehen, so kann ich hinterher was immer schlucken!" Die „verrückten" Renoirs[35] wurden gekauft. Freilich gelangte Monsieur de Camondo nie dazu, dieses Übermaß an Farbe zu „verdauen", das mit einem solchen Mangel an Zeichnung Hand in Hand ging …

„Wenn Sie, so blies ich ihm eines Tages ein, den Versuch mit einem andern Abschnitt aus Renoirs Werk machten?"

„Aber keine 1900 er, nicht einmal 1896er Bilder!" wehrte Monsieur de Camondo ab.

Ich suchte ihm ein herrliches 89er Bild zu suggerieren: *Das Portät der Madame de Bonnières.*

„Ich will auch keines von 89, denn das ist seine „herbe" Epoche, die Epoche, von der ein Kritiker der Avantgarde geschrieben hat: ‚Diese Renoirs sind Früchte, die nie zur Reife gelangen'.

Aber ich habe mich zum Besitz von Renoirbildern entschlossen; finden Sie mir gute 70er, selbst 65er, Renoir-Frauen, natürlich! Achten Sie auf die Hände! Keine Köchinnenhände, die er so gern malte! Und passen Sie auf das Kostüm auf, und auch ein bisschen *Morbidezza* darf nicht fehlen! Es versteht sich von selbst, nicht wahr, dass diese Renoirs nicht zu viel Renoir sein dürfen! Halten Sie sich immer vor Augen, dass sie eines Tages für eine Schenkung an den Louvre bestimmt sind! Ich will Ihnen nicht verbieten, bis zu den 1860ern herunterzugehen!

Was ich vor allem will, ist ein wenig Zeichnung."

*Ich.* „Ich kenne ein Bild von 1858 von einer außerordentlichen Vollendung, das erste Bild, das Renoir gemalt hat!"

*Monsieur de Camondo.* „Eine Renoir-Frau?"

*Ich.* „Nein, ein Renoir-*Stillleben.*"

„Kein Stillleben! Ich habe gerade einen *Fisch* von Monet zurückgewiesen … Ich habe keinen Platz mehr in meinem Speisezimmer … Sie könnten nicht auf geschickte Weise herausbringen, ob in seiner alten Manier nicht der *Akt* einer Dame existiert? Ich weiß wohl, dass diese Damen des Faubourg [St. Germain] nicht …"

„Immer sehr einladend sind", wollte ich fortfahren, als Monsieur de Camondo hinzufügte: „Leichtzugänglich sind! … Es geht indessen das

---

35    Die Renoirs der Sammlung Camondo im Louvre.

Gerücht, dass Renoir bei einem Verwandten der Rothschilds verkehrt! …
Sie wollen etwas sagen?“

Ich hatte in der Tat etwas auf der Zunge …

„Könnte ich Ihnen nicht Werke der Jungen anbieten?“

*Monsieur de Camondo* (mit einem Lächeln). „Ich durchschaue Sie! Und
Sie sind nicht der einzige! Alle Welt scheint sich verschworen zu haben,
mir zu sagen: ‚Da Sie doch vorzugsweise die Jugendwerke der großen
Maler kaufen, warum kaufen Sie nicht Werke von Malern, die jetzt jung
sind‘? Man sollte doch wissen, dass ich in meiner Galerie keine Sachen
aufnehmen kann, die noch der Diskussion unterliegen. Ich weiß wohl, was
Sie mir entgegnen werden: ‚Und Das Haus des Gehängten von Cézanne‘?
Nun ja – na also, ich habe ein Bild gekauft, das noch nicht von jedermann
akzeptiert ist! Aber ich kann es verteidigen. Ich habe einen eigenhändi-
gen Brief von Claude Monet, der mir sein Ehrenwort gibt, dass dieses
Bild einmal berühmt werden wird. Wenn Sie demnächst zu mir kommen,
zeige ich Ihnen den Brief. Ich bewahre ihn in einem kleinen Futteral, das
hinter der Leinwand angenagelt ist; damit stopfe ich all denen den Mund,
die mich mit dem *Haus des Gehängten* aufziehen möchten.“

Ich möchte erwähnen, dass der Graf de Camondo später, als man sich
nicht mehr über den Wert der Cézannes täuschen konnte, bei den Preisen, die sie erreichten, noch einige andere erwarb. Er hätte noch viel mehr
gekauft, aber bei Cézanne wurde hauptsächlich der Stilllebenmaler so
hoch bezahlt, und man hat bereits gesehen, dass der Meinung de Camon-
dos nach ein Stillleben nur zum Schmuck eines Speisezimmers dienen
konnte; und sein Speisezimmer war schon voller Stillleben.

Monsieur de Camondo war im Begriff fortzugehen; er drehte sich
nochmal um. „Ich will trotzdem etwas für Ihre „Jungen“ tun. Da Sie
Renoir anbeten, so will ich Ihnen gestatten, zu erzählen, dass ich mir von
Ihnen Bilder von Renoir zeigen ließ!“

*Ich.* „Ich habe schon erzählt, dass Sie einen Degas erworben haben.“

*Monsieur de Camondo.* „So! Sie dürfen niemals meine Käufe ohne
meine Einwilligung bekannt machen! Sie sehen doch, dass alle Welt mich
beobachtet, und dass jedes Mal, wenn ich ein Gemälde kaufe, der betref-
fende Maler dadurch im Wert steigt, so dass mir für spätere Ankäufe die
Preise verdorben werden …

Doch wenn Sie mir Diskretion bei den Erwerbungen, die ich mache,
zusagen, ferner, wenn Sie mich nicht ‚als Araber behandeln‘, will ich Ihnen

Freunde zuführen. Sehen Sie, ich mache gleich den Anfang mit den beiden da, die da drüben auf dem Trottoir gehen. Sie kaufen nie etwas, aber ein Baron und ein Marquis machen sich immer gut in einem Laden ..."

Die beiden Leute treten bei mir ein.

*Monsieur de Camondo.* „Geht es Ihnen nicht gut, Marquis? Sie sehen aus, als ob ..."

*Der Marquis.* „Ich bin sehr bedrückt ... Mein Sohn Jacques hat letztes Jahr eine Million fünfzigtausend Franken Rente von seiner Mutter geerbt. Möchten Sie glauben, dass ich soeben von meinem Bankier eine Mitteilung erhalte, dass sein Guthaben nur noch drei Franken fünfundachtzig Centimes beträgt! ... Ein Kind, das mir nie Sorgen gemacht hat! Ich hatte ihm zu seinem achtzehnten Geburtstag einen kleinen Kredit eröffnet, damit er mit den Alltäglichkeiten des Lebens in richtigen Kontakt käme; nun, ‚er gab seinen drei Kühen nichts zu fressen, wenn das Heu teuer war‘".

*Monsieur de Camondo.* „Wenn er, statt sich zu amüsieren, Impressionisten gekauft hätte, so hätte er in einigen Jahren seine Million verdreifacht."

*Der Marquis.* „Sie wissen, welches Interesse ich für die Hellmalerei habe; Sie haben mich nie auf einer Ausstellung bei Durand-Ruel fehlen sehen; aber offen gesagt ist es mir lieber, dass all dieses Geld auf Kokotten draufgegangen ist als auf Bilder von Renoir, Manet, Sisley, Pissarro, Monet, Guillaumin ... Sie haben all die Leute beobachtet, die Impressionisten kaufen? Unser Freund F., der, seitdem man eine Baisse auf Sisley befürchtet, in einem Grad neurasthenisch geworden ist, dass er auf Anordnung seines Arztes seine Galerie versteigern lässt[36] Und jener D ..., diese besorgte Miene, selbst wenn er über die unverhoffte Hausse seiner

---

36     Dagegen kauft der Liebhaber der „schlechten" Malerei nicht ein Bild, um daran zu verdienen, er kauft aus Liebe, und zu dieser Liebe gesellt sich ein solcher Respekt für das Bild, das man erworben hat, dass es vorgekommen ist, dass der Inhaber eines öffentlichen Hauses dieses sein Geschäft verkauft hat, um nicht vor seinen Bouguereaus erröten zu müssen!

    Im Ausland beobachtet man die umgekehrte Erscheinung. Das Kaufen von „schlechter Malerei" trägt nicht zur Erhebung der Gefühle bei: Wer bis dahin Bouguereau gesammelt hat und darum als unfein angesehen wurde, verwandelt sich in einen vollendeten Gentleman, sobald er sich mit dem Impressionismus befasst.

    Ich habe einen Münchner gekannt, einen großen Sammler von Picot, Delaroche, Meissonnier, Bouguereau, der mit weiß Gott was für Lastern behaftet war ... Nach Ablauf einiger Zeit finde ich ihn wieder als vollendeten Familienvater, als Mustergatten ... Und als ich darüber verwundert war:

    „Oh", meint seine Gattin, „Fritz kauft jetzt Cézannes ..."

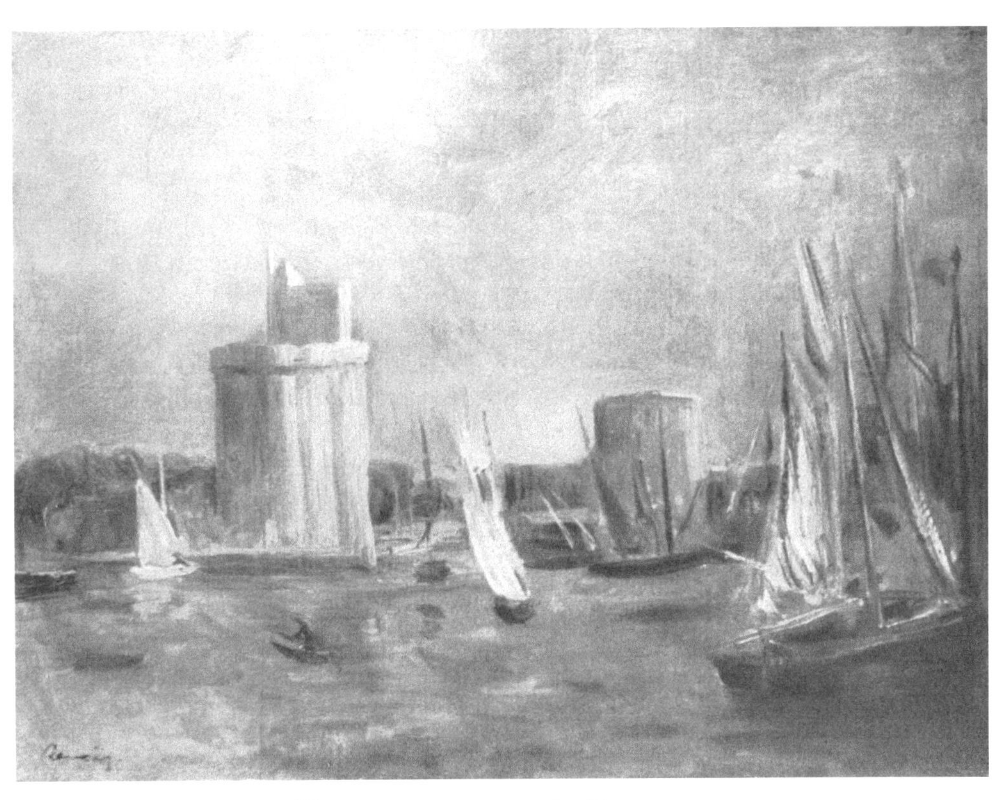

Hafenausfahrt von La Rochelle

Manets spricht. Mein Jacques hat eine Million durchgebracht, drei sind ihm vor der Nase weggeschnappt ... aber wenigstens ist er vergnügt geblieben ... Wenn er mir um den Hals fällt und mir sagt: ,Mein alter Papa, ich habe dich so lieb'! so hat er immer seine guten Augen, seine reine Stirn ... "

Ein Herr war eingetreten, der Vicomte von J ..., den ich nach einer Silhouette wiedererkannte, die ich von ihm in einem Album von Sem gesehen hatte. Er drückte dem Baron die Hand.

„Alle Hochachtung, Philipp, für Ihr *Pâté en croûte* auf der Ausstellung im Epatantklub. Wie das lebendig ist!"

*Der Baron.* „Ehe ich anfing zu malen, habe ich die Manier Bonnats in seinem *Portrait Coignets* studiert. Welche Harmonie von Rot und Schwarz, ein so bestrickendes Zinnober, und welch tiefes Asphalt! Und wie das Ganze zusammengehalten ist! ..."

*Der Vicomte von J.* „Auch ich bin sehr von der Zeichnung und der Farbe Bonnats entzückt, obgleich ich dem Meister vorwerfe, dass er in seinen letzten Werken sich zu sehr von den Impressionisten beeinflussen lässt[37]."

Ich war paff, als ich den Vicomte von J. so erzählen hörte, hatte er doch bereits vor zehn Jahren auf der Versteigerung Théodore Duret einen Cézanne gekauft.

Auf meine erste Bemerkung darüber:

„Nicht ich, sondern die Vicomtesse hat ihn gekauft."

*Ich.* „Aber wie finden Sie, Herr Vicomte, dieses Bild von Cézanne?"

*Der Vicomte de J.* „Ich habe es nicht gesehen, es hängt im Schlafzimmer der Vicomtesse."

* * *

---

37   Schon Coignet war es bange, dass es mit Bonnat übel enden würde. Ein altes Fräulein, die Chevalière de Z ..., erzählte mir eines Tages von einem Essen, auf dem sie mit Coignet zusammen war:

„Der Meister sah aus, als ob er von einer Beerdigung käme, und als die Gäste ihn teilnehmend befragten:

„Ich habe einen schrecklichen Traum geträumt, liebe Freunde ... Ich sah meinem Lieblingsschüler Bonnat zu, wie er auf eine Mauer zeichnete ... „Kleiner", sagte ich ihm, „dein Ofenrohr ist nicht gerade, beobachte die Natur ..." Worauf er mir erwiderte: „Es ist kein Ofenrohr, es ist der Kopf einer jungen Italienerin ..."

Und Coignet zu einem Gast gewendet, der ängstliche Blicke auf ihn warf:

„Ich sage Ihnen mein lieber Abel de Pujol, dass der Modernismus auf uns lauert. Wenn Sie „Léon" vorhin gesehen hätten, reinen Zinnober auf die Leinwand setzen!"

144

*Monsieur de Camondo* meinte es wirklich gut mit mir. Er kam eines Tages mit Monsieur B., einem seriösen Kunden, zu mir in den Laden. Die beiden Sammler hatten sich mit „Kollegen" verabredet, dem König Milan von Serbien, einem „Eklektiker" (er ging von Bouguereau bis zu Van Gogh), und Monsieur Sarlin, einem Amateur speziell für 1830 (die „große Klasse" von 1830!). Man hatte ihm irrtümlich berichtet, ich hätte einen Daubigny „mit Enten".

*Monsieur de Camondo* (zu Monsieur Sarlin). „Man hat im Klub von Ihrer letzten Erwerbung gesprochen: ein Corot ... Mit Wasser natürlich? ..."

*Monsieur Sarlin* (ein wenig verlegen). „Nein, ein Corot ohne Wasser ..."

*Monsieur de Camondo und Monsieur B.* ... (zusammen). „Ein Corot ohne Wasser?"

*Monsieur Sarlin.* „In der Tat, ohne Wasser, aber von einem Ton ..."

*Ich.* „Die Farbe hilft über manches hinweg ..."

*Monsieur de Camondo.* „Man muss sich vor der Farbe in acht nehmen ... Wenn man sich einmal dahinein gekniet hat ..."

Der König Milan betrachtete mit Interesse ein Fernglas, das Monsieur B ... umgehängt trug ...

„Sie gehen aufs Wettrennen?" erkundigte sich seine Majestät ... „Haben Sie Tips?"

„Dieses Fernglas", antwortete Monsieur B., „brauche ich zur Prüfung von Gemälden, die man mir zeigt!"

Diese so unerwartete Erklärung brachte den König Milan ganz aus dem Konzept.

„Nun", fuhr Monsieur B. fort, „wenn ich das Bild durch das umgedrehte Fernglas, das größere Glas oben – betrachte, so kann ich die Zeichnung bei einer solchen Verkleinerung besser beurteilen ... Ich gehöre nicht zu denen, die mit den Ohren kaufen, ich ... Man muss immer ans Verkaufen denken."

„Sie dächten daran, ihre Sammlung zu Geld zu machen?" erkundigte sich Camondo.

„Das wird davon abhängen, wen meine Tochter eines Tages heiraten wird. Wir haben genug um sie auszustatten, sei es, dass sie einen Herzog, einen Fürsten oder einen Königssohn ... (Der sanfte König Milan machte ein ärgerliches Gesicht.) Aber ich würde meine Renoirs, Meissonniers, Cézannes, Besnards, Rembrandts nicht mehr brauchen. Hätte ich einen königlichen Schwiegersohn, brauchte ich mir Leute nicht durch meine Galerie ins Haus zu ziehn!"

Nach dem sauren Gesicht, das der König gemacht hatte, war ich über die Neugierde erstaunt, mit der er sich diskret nach dem Alter der Tochter erkundigte.

„O, meinte B …, die Kleine hat noch nicht gezahnt! Sie sehen, ich habe noch nicht mit Sammeln aufgehört!“

# XXIII

## Renoir malt mein Porträt

*(1915)*

Ich hatte Renoir schon mehrere Male gesessen. Er hatte nach mir eine Lithographie und drei Ölstudien gemacht, von denen die eine, die mich, den Arm auf einen Tisch gestützt, mit einer Statuette von Maillot in der Hand, darstellt, sehr weit geführt war (1908).

Das hätte mir genügt. Doch Renoir hatte noch nicht das Porträt Bernsteins gemalt (1910), jenes Bild mit seiner prachtvollen Harmonie in Blau.

Seitdem wünschte ich nichts sehnlicher, als ein Porträt von mir in einer ähnlichen Harmonie in Blau zu besitzen.

Renoir war damit einverstanden, doch hatte er eine Bedingung daran geknüpft: „Wenn Sie einen Anzug von einer blauen Farbe anhaben, die mir gefällt: Sie kennen es wohl, Vollard, dieses metallische Blau mit Silberreflexen."

Ich suchte nach diesem Blau. Doch bei jedem neuen Anzug, den ich mir bestellte, sagte mir Renoir: „Sie haben es noch nicht getroffen."

1915 hatte ich einige Zeit in Collettes verbracht. Ich dachte nicht mehr an das Porträt. Als ich durch den Orangenhain schritt, der sich von der Straße bis zum Haus erstreckt:

„He, Vollard!" hörte ich jemand rufen.

Es war Renoir, der in seinem Stuhl von der „großen Luise" und dem Gärtner Baptistin getragen, vom Landschaftern zurückkam. Das Modell mit der angefangenen Leinwand schritt voraus.

Die beiden Träger standen still.

„Gehen Sie nicht so schnell, Madeleine, rief Renoir dem Modell zu; ich betrachte mein Bild." (Sich zu mir wendend:) „Schon vierzehn Tage habe ich zu Hause bleiben müssen, ich brannte darauf, wieder klar zu sehen … Es waren nur noch einige Pinselstriche erforderlich, um mein Bild fertig zu machen. Ich wollte gern eine Arbeit mit Madeleine anfangen, doch hatte man vergessen, meinen Sonnenschirm mitzunehmen. Welche Zauberin, die Sonne! Ich war eines Tages mit meinem Freund Lauth auf dem Land bei Algier, als wir plötzlich ein fabelhaftes Wesen auf einem Esel daher reitend bemerkten. Es näherte sich, es war ein einfacher Bettler; doch in der Sonne waren seine Lumpen Edelsteine."

Das Modell hatte die Leinwand auf den Boden gesetzt und gegen einen Baum gelehnt.

„Nicht übel, nicht wahr", sagte Renoir zu mir, indem er mit den Augen blinzelte … Das Unglück ist, dass bei Zimmerbeleuchtung mein Bild ganz schwarz aussehen wird. Doch wenn ich es wieder im Atelier vornehme, nach einer kleinen Sitzung – all der Glanz, den es wiederbekommen soll!"
Als wir im Atelier angelangt waren:
„Vollard, rufen Sie doch meine „Ärztin""!
Und bei meiner verwunderten Miene:
„Ich kann mich absolut nicht an das Wort „Krankenpflegerin" gewöhnen! … Ihr Hut ist erstaunlich! Ich muss etwas danach malen … Setzen Sie sich auf diesen Stuhl … Sie sind in einer wirklich bizarren Beleuchtung, aber ein guter Maler muss mit allen Beleuchtungen fertig werden! Sie wissen nichts mit Ihren Händen anzufangen! Da, nehmen Sie den Pappdeckeltiger Claudes, oder wenn es Ihnen lieber ist, die Katze, die am Kamin schläft."

Ich entschied mich für die Katze, obwohl ich von der guten Laune dieses Tieres abhängig war. Doch hatte ich das Glück, sie nach einigem Schnurren auf meinen Knien einschlafen zu sehen.

Die „Ärztin" präparierte die Palette. Renoir bestimmte die Farben, sie presste die Tuben aus.

Die Palette war bereit, und als die Pflegerin sich anschickte, ihm den Pinsel zwischen die Finger zu schieben:
„Und meinen „Daumen"[38] vergessen Sie!" rief Renoir.
Ich glaubte mein Porträt schon in Frage gestellt, aber die „Ärztin" fand den Daumen in ihrer Schürzentasche.

Renoir geht stets auf seine Leinwand los, ohne scheinbar im geringsten an eine Komposition zu denken. Man sieht Farbflecke, immer wieder Farbflecke, und plötzlich entwickelt sich aus diesem Farbenwirrwarr das Bild. Selbst mit seinen gelähmten Fingern gelingt es ihm, so wie früher, einen Kopf in einer Sitzung zu machen[39].

---

38    Gerollter Leinwandstreifen, in den man den Daumen des Malers hineintun musste.
39    Das Porträt Wagners ist in fünfundzwanzig Minuten gemalt. (Siehe S. 76.)

Ich konnte meine Augen nicht von der Hand losreißen, die da malte. Renoir bemerkte es: „Sie sehen, Vollard, man hat keine Hand zum Malen nötig! Die Hand: – die ist nur Belastung."

* * *

Im Gegensatz zu Cézanne, der von seinen Modellen Unbeweglichkeit und Stillschweigen verlangte, erlaubte Renoir Gespräch und Bewegung. Es kam vor, dass er Modelle wegschickte, weil er sie für seinen Geschmack zu unbeweglich fand. Natürlich begannen wir uns zu unterhalten. Plötzlich sangen Stimmen auf der Straße:

*Liberté, Liberté chérie,*
*Combats avec tes défenseurs!*
*Renoir.* „Hören Sie sie? …

Und diese Freiheit, die sie andichten, der sie öffentliche Denkmäler errichten, und von der sie in den Büchern schreiben, – wenn Sie wüssten, wie es ihnen im Grund ihrer Seele vor ihr graust! Ich fragte jemand eines Tages: ‚Aber sagen Sie mir doch offen, was Ihnen an meiner Malerei missfällt'?

Er antwortete: ‚Weil darin eine solche Freiheit herrscht! …'

Ein anderes Mal las ich in einer Zeitung, dass auf einem Kongress die vereinigte sozialistische Partei eines ihrer Mitglieder trotz seines wütenden Protestes ausgestoßen habe.

Nach dem Widerstand dieses „Vereinigten"[40] zu schließen, dachte ich, handele es sich um einen armen Teufel, dem man den Bissen Brot entreiße; erfahre aber, dass es ein reicher Sozialist war, der die Partei aus seiner Tasche unterstützte! Schauen Sie! Man gab ihm seine Freiheit zurück, und der arme Mann konnte sich nicht an die Idee gewöhnen, niemandes Diener mehr zu sein!

Wenn jemals, war man nur unter den „Tyrannen" frei! Dieser Papst, der es ganz selbstverständlich fand, dass Raffaël die Geschichte der Psyche malte: „Versuchen Sie es heute, bei einem staatlichen Auftrag, mit der Geschichte der Jungfrau! Na, neulich, gucke ich in die Fabeln von La Fontaine, die Claude aus der Schule mitgebracht hatte: Nun, in: *Der kleine Fisch wird groß werden* hatte man statt: *Wenn Gott ihm Leben verleiht …* gesetzt: *Wenn man ihm Leben verleiht …* Das ist wirklich unerhört! Überall sehe ich geschrieben: *Freiheit* und unmittelbar darunter: *Der weltliche*

---

40    Man kann nicht genau wissen, was „vereinigt" bedeutet. Trotz der Bezeichnung, die die Einheit der Doktrin in sich schließt, findet man *Majoritäre* und *Minoritäre* in der Partei.

149

*Unterricht ist obligatorisch* … In der alten Zeit gab es keine Freiheit und keinen obligatorischen weltlichen Unterricht, und man konnte französisch sprechen … und schreiben …"

Renoir fing an zu lachen.

„Und zum Beweis dafür, wie sehr jedermann die „Freiheit" scheut, sehen Sie uns selber an! Als wir die Satzungen für unsere ersten Ausstellungen ausarbeiteten, hieß es, dass jeder das Recht habe zu malen, wie es ihm beliebe, gleich hinterher aber beschlossen wir, dass es verboten sei, in dem offiziellen Salon auszustellen! …"

Ein Pochen an der Tür: es war ein Arzt aus Paris, der auf der Durchreise Renoir guten Tag sagen wollte.

„Da ist mir eine gelungene Geschichte passiert!", erzählte er uns. „Einer meiner Patienten, der Syphilis hat, erklärt mir, dass er während der Kriegsdauer nicht mehr mit 606 eingespritzt werden will, da das eine deutsche Erfindung sei."

„Glauben Sie denn", fragt Renoir, „an all diese modernen Mittel?"

„Ob ich daran glaube? das heißt, wenn das 606 schon zu Zeiten Franz' I. gefunden worden wäre, so wäre er nicht gestorben!"

*Renoir.* „Ich erinnere mich an das Buch meines Freundes G … über den Louvre, die Art und Weise, wie er Franz I. behandelt! ‚Dieser Satyr, dieser Schönschwätzer.' Schauen Sie diese Republikaner an, die nicht zulassen, dass Könige bei Frauen schlafen!"

Es schien dem Arzt, dass Renoir mit diesen Worten das herrschende System angriffe. Mit einem Blick der Überlegenheit auf den Maler:

„Ich bin nicht für die Geistlichen!"

*Renoir.* „Bei der Konfirmation Pierres sah ich eine Frau, die eben das Abendmahl empfangen hatte; sie ging auf ihren Platz zurück, den Hut schief auf dem Kopf, über alle Bänke stolpernd, außer sich … Da habe ich die Macht der Religion begriffen, die es fertig bringt, einen Menschen in solchen Zustand zu versetzen. Die Freimaurer, die Protestanten, kurz die ganze Bande, möchten die Frauen den Geistlichen wegstibitzen, aber sie sind nicht stark genug dazu: daher ihre Wut … Und dann liebe ich eins: die Geistlichen haben eine Amtskleidung, man sieht sie kommen, man kann sich aus dem Staub machen … Aber Ihre verdammten Sozialisten, sind angezogen wie jeder andere, man ist nicht auf der Hut vor ihnen, und ehe man sich's versieht, haben sie einen in den Klauen und öden einen an bis aufs Äußerste!"

Die Ateliertür öffnete sich. Madame Renoir trat ein mit einem blauen Papier in der Hand:

„Renoir, eine Depesche von Rodin, er ist in Cannes. Er wird heute bei uns frühstücken. Du weißt, du musst ein Porträt von ihm für ein Buch machen, das bei Bernheim erscheinen soll. Aber darum kommt er nicht. Er telegraphiert, dass er gegen Mittag kommt und nur kurz bleiben kann. Ich habe angeordnet, dass das Auto vorfährt, ich fahre nach Nizza, um ein Huhn, eine Gänseleber und eine Languste zu holen. In einer Stunde bin ich wieder zurück.“

Und indem sie sich zu mir wandte:

„Renoir soll nur reden, das Auto hat doch sein Gutes!“

Der Arzt war aufgestanden: „Ich gehe gerade nach Nizza, ich benutze gern diese Gelegenheit.“

*Madame Renoir.* „Ein Brief von der „Triennale“, Renoir, den ich dir beinahe vergessen hätte zu geben. Zweifellos sollst du dich an ihrer Ausstellung beteiligen[41].“

Als wir allein waren:

„Ich bin sicher, Sie sind der Ansicht meiner Frau … doch bedenken Sie, wenn man weder von Autos, noch von Eisenbahnen, noch vom Tele-

---

41  Bei der folgenden Ausstellung der Triennale (im Todesjahr des Malers 1919) sagte mir Renoir: Vollard, die Triennale veranstaltet eine Ausstellung in Amerika! Sie verlangen etwas von mir. Diese armen Leute haben mich zum Ehrenpräsidenten ernannt. Darf ich Sie mit der Übersendung meiner Statue *Venus* betreuen?

Als ich im Grand Palais ankam:

„Die Herren sind gerade dabei, die Skulpturen auszuwählen“, sagte mir ein Diener.

Ich betrat einen Saal, wo drei Personen hinter einem Schreibtisch saßen. Auf einer Wage daneben wog man die Bronzen: Fünfundzwanzig Kilo.

Angenommen.

Fünfunddreißig Kilo.

Zurückstellen.

Vierzig Kilo.

Abgelehnt.

Wieviel wiegt Renoir? fragen die drei Richter zusammen.

Ich glaube, um hundertfünfundsiebzig Kilo.

„Hundertfünfundsiebzig für den Transport einer einzigen Statue nach Amerika!“ rief einer der Jurymitglieder aus; aber das heißt ja fünf oder sechs Kameraden opfern, da wir ein bestimmtes Gewicht nicht überschreiten dürfen.“

Als ich fortging, sagte mir der Präsident der Jury:

„Nun, ich nehme es auf mich, eine Ungerechtigkeit zu begehen. Wir werden bei Renoir bis zu fünfundsiebzig Kilo gehen.“ Und indem er den Zeigefinger hob: vor allem sprechen Sie nicht darüber: soeben sind noch „Siebzig Kilo“ eines Mitgliedes des Institutes durchgerasselt.“

graph wüsste, so wäre Rodin in der Postkutsche gekommen, ich wäre einen Monat vorher benachrichtigt worden, das Huhn wäre im Hühnerhof fett geworden, die Gänseleberpastete wäre zu Hause gemacht worden, denken Sie, wieviel besser die wäre, als die bemalte Schachtel, die meine Frau nachher von Nizza mitbringen wird! Und es würde nicht vorkommen, wie neulich, dass man im Innern des Geflügels Borsäure findet … Und außerdem würde ich nicht die ganze Zeit von einem Haufen Menschen angeödet, die hübsch ruhig zu Hause blieben, wenn wir in einer normalen Zeit lebten, in einer Zeit ohne Eisenbahn, Elektrische, Auto!

Mit der Elektrischen braucht Madame L … nur vierzig Minuten von Nizza hierher. Davon macht sie nun reichlich Gebrauch, diese „Metze!" (Indem er das Näseln der Madame L … nachmachte): „Mein Mann hat mir bei meiner Abreise von Paris den Schwur abgenommen, Sie sehr oft zu besuchen! … Ach, die Teuere! Und was sie sich noch herausnimmt! Diese gute Protestantin, die sich über den Pomp der katholischen Zeremonien lustig macht! … Sie kennen mich, Vollard, ich bin kein Sektierer, doch wenn ich mich einem Protestanten gegenüber befinde, werde ich zum wütenden Katholiken! Wenn Sie Madame L … gehört hätten: ‚Die protestantische Religion, Monsieur Renoir, hat wenigstens dies eine Gute, eine einfache Religion zu sein! …'

Eine einfache Religion! Sie hat das gefunden, diese Gans!

Aber, gnädige Frau, meine ich dazu, Sie wollen wohl „eine farblose" Religion sagen? Der Wilde, man kann nicht bestreiten, dass er einfach ist. Und sehen Sie, mit welch glänzenden Farben er sich kleidet!

Und nachdem sie mich mit ihrer „einfachen Religion" drangsaliert hat, fängt sie gar an „über Musik" zu reden! Die Musik ihres Freundes B … Es ist nicht mein Fehler, wenn ich nicht die Musik eines Literaten mag.

Gallimard führte mich eines Tages in eine Oper des B Am nächsten Tag besucht er mich, ich war gerade dabei, einen Akt zu malen.

‚Und die Musik des B …'? fragt mich Gallimard.

„Nun", antworte ich, „sie amüsiert mich weniger als das Malen eines Popos."

* * *

„Diese arme Kathedrale von Reims!" fuhr Renoir fort. „Welcher Jammer, diese enthaupteten Engel, die man in den Zeitungen sieht! Und das Unglück ist, dass man alles das nach dem Krieg wieder restaurieren wird! … Man sollte es sich genug sein lassen zu sehen, wie sie die Fassade der Kirche in Vézelay, zugerichtet haben! …

Nehmen sie einen gotischen Säulengang, ein Kohlblattmotiv daran. Nun, ich wette, dass Sie kein einziges Blatt finden, das genau dem anderen gegenübersteht und ähnlich gebogen ist. Gleiches gilt für die Säulen; keine steht genau der anderen gegenüber und ist ihr genau ähnlich. Nicht ein einziger moderner Architekt, bei Viollet-le-Duc angefangen, hat verstanden, dass der gotische Geist auf Unregelmäßigkeit beruht. Sie haben sich lieber dafür entschieden, dass jene nichts verstanden. Ich habe eines Tages eine Anzahl Architekten vor Lachen platzen machen, weil ich sagte, dass der Parthenon die Unregelmäßigkeit selber sei. Ich hatte das auf gut Glück gesagt, aber ich fühlte wohl, dass dem nicht anders sein könne. Ich habe später gesehen, dass ich recht hatte. Doch wird niemals ein Architekt zugeben, dass die Regelmäßigkeit im Auge sitzt, nicht in der Ausführung des Werkes. Es gibt in Rom eine neue Kirche, die Sankt-Pauls-Kirche, die erbärmlich wirkt, weil die Säulen wie vom Drechsler gemacht sind. Wenn man ähnliche Säulen auf dem Parthenon sieht, ist man von ihrer Regelmäßigkeit hingerissen, doch, wenn man näher kommt, bemerkt man, dass es nicht zwei gleiche Säulen gibt. Diese Unregelmäßigkeit findet man bei allen Primitiven, selbst in China und in Japan. Der moderne Geist und die Professoren haben die Zirkelregelmäßigkeit erfunden …

Haben Sie den Artikel von Pelletan gelesen, der den Bau einer ganz neuen Kathedrale in Reims durch deutsche Gefangene vorschlägt, neben der alten? Und in seinem Innern ist dieser gute Pelletan davon überzeugt, dass sie schöner werden wird als die alte!

Ich erinnere mich an zwei Propheten an einem Portal der Kathedrale in Reims, über dem einen war eine Blattverzierung: welch erstaunliche Fantasie herrscht darin! Und diese zwei kleinen Köpfe zu beiden Seiten des anderen Propheten; welch entzückende Grazie!

Der Reichtum dieses Portals ist unglaublich! Das schwere Material wirkt so leicht, dass man es für Spitzen halten könnte! Dass eine so schwere Masse so leicht und doch so reich wirken kann! … Und wenn Sie allen Pelletans auf Erden sagen, dass man mit Milliarden und Abermilliarden nichts zuwege bringen kann, was nur von weitem daran heranreicht, werden sie im Chor antworten:

‚Und der Fortschritt? …‘

Unter den vielen Meisterwerken an der Kathedrale in Reims gibt es drei Figuren, *Die christliche Religion, Die Königin von Saba* und *Das Lächeln von Reims.* Das ist von einer Schönheit, die verrückt macht! Wenn man solche Sachen sieht, so fühlt man die ganze Dürftigkeit und letzten Endes die Albernheit der modernen Bildhauerei! Denken Sie an die Pferde auf dem Grand Palais, die nach entgegengesetzter Richtung ziehen, wahnsinnige Pferde! Man möchte darauf eine Bombe fallen sehen, aber so viel Glück haben wir nicht!

Und diese La Tours, die man immerfort neben den Werken von Reims reproduziert! Ein Bild braucht nur durch die Deutschen gelitten zu haben, um sofort ein Meisterwerk zu werden!"

*Ich.* „Es ist also kein großer Maler, La Tour?"

*Renoir.* „Wenn Sie wollen …"

*Ich.* „Etwa wie Nattier?"

*Renoir.* „Immerhin etwas besser … Aber gelungen, ein Maler, der nicht gerne Hände machte! …"

* * *

Ich betrachtete ein Bild, das auf einem Stuhl stand. Es waren verschiedene kleine Gegenstände nebeneinander darauf gemalt: *Feigen,* ein *Kopf mit einem Vogelprofil,* ein kleiner unvollendeter *Akt.*

*Renoir.* „Diesen Akt, der da angefangen ist, habe ich nach einem kleinen Modell begonnen, das mir Madame Frey geschickt hatte. ‚Ich kann Sie versichern‘, schrieb sie mir, ‚dass dieses junge Mädchen moralisch einwandfrei ist‘.

Doch als sie ausgezogen war, wäre mir viel lieber gewesen, sie wäre unmoralischer gewesen und hätte festere Brüste gehabt! Was mich an diesem Bild interessiert und weshalb ich es aufgehoben habe, sind nicht die *Feigen* und nicht der *Akt,* sondern die Studie nach einem *Frauenkopf*: eine Fremde, von der ich später ein großes Porträt gemalt habe.

Dieser sanfte und grausame Ausdruck; das ist so ganz sie! Ich habe ihn nicht so gut in dem fertigen Gemälde herausgebracht.

Eine amüsante Einzelheit. Der Gatte dieser Dame ließ mir immer sagen: ‚Ich möchte, dass Sie meine Frau ganz „indim"[42] machten‘!

Infolgedessen mache ich den Hals nur zwei Finger breit entblößt.

---

42    Elsässische Aussprache. (Anmerkung des Übersetzers.)

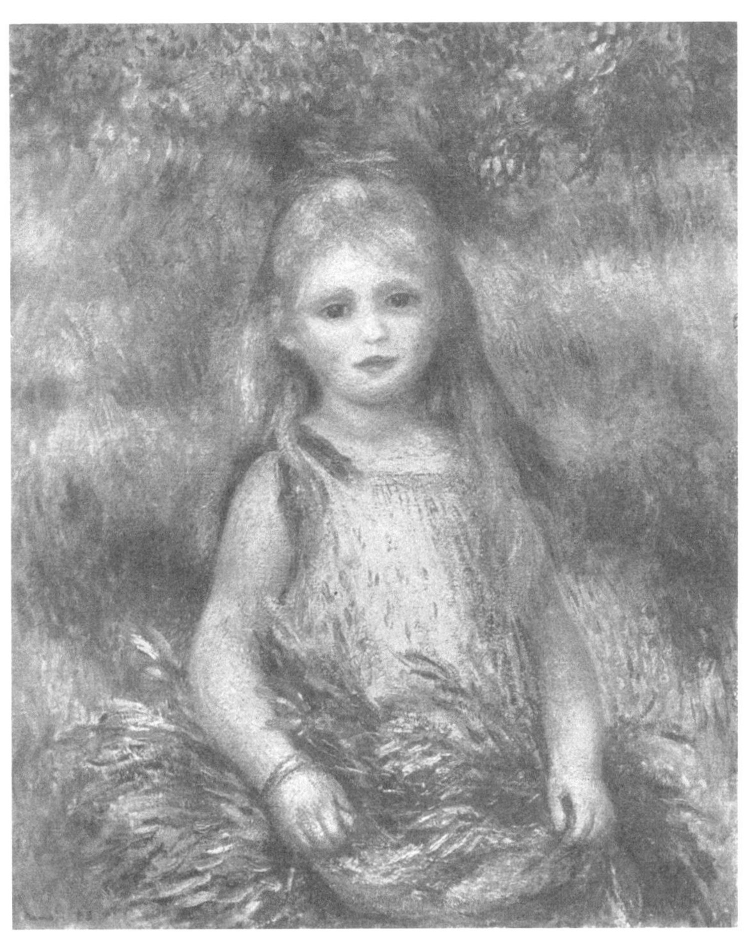

KINDERBILDNIS

‚Noch „indimer“, sagte mir der Gatte.

Ich nehme den Halsausschnitt fort, und ich füge eine Halskette dazu.

‚Aber, Monsienr Renoir, ich sage Ihnen *„indim“*, sehr *„indim“*: dass man wenigstens eine ganze Brust sieht! …‘

Ach, ich habe kein Öl mehr, Vollard. Geben Sie mir diese kleine Flasche aus der Ecke meiner Schachtel.

Ich kann noch so viel Öl hineinmischen, immer habe ich Angst, dass das, was ich male, zu dünn ist! Welch ewige Sorge, leuchtend und fett zu malen, nicht mager wie Ingres! Die Zeit hat für ihn gearbeitet, doch welch unangenehmen Eindruck mussten seine Bilder machen, als sie eben fertig waren! Die waren spitz wie Stahlklingen!“

*Ich.* „Haben Sie Ingres gekannt?“

*Renoir.* „Ich war zwölf oder dreizehn Jahre alt, als mich eines Tages mein Meister, der Steingutfabrikant, in die Nationalbibliothek schickte, um ein Shakespeareporträt durchzupausen, das auf einen Teller reproduziert werden sollte. Auf der Suche nach einem Sitzplatz gelangte ich in eine Ecke, wo sich verschiedene Herren befanden, unter anderem der Architekt des Hauses. Ich bemerkte in der Gruppe einen kleinen, lebhaften Mann, der das Porträt des Architekten malte: es war Ingres. Er hatte einen Zeichenblock in der Hand, machte eine Skizze, warf sie fort, fing wieder eine neue an, und machte schließlich eine Zeichnung in einem Zug von solcher Vollkommenheit, als ob er acht Tage daran gearbeitet hätte!

Wenn Ingres saß, musste er groß aussehen, aber wenn er stand, schienen die Knie die Füße zu berühren.

Um auf die Bilder Ingres’ zurückzukommen, kenne ich nichts Langweiligeres als *Ödipus und die Sphinx* und ein Ohr drauf obendrein ist da … Eine verdammt schöne Sache ist zum Beispiel *Napoleon auf seinem Thron*: welche Majestät! Doch das Meisterwerk Ingres’ ist: *Madame de Senones*. Diese Farbe! … sie ist wie ein Tizian gemalt. Freilich muss man nach Nantes gehen, um es beurteilen zu können, dieses Bild ist nicht wie so viele andere von Ingres, die die Fotographie gut wiedergibt; dieses Bild muss man absolut gesehen haben …

*Das Martyrium des heiligen Symphorian* liebe ich viel weniger, es gibt darauf sehr schöne Sachen, aber auch sehr verhauene. Wenn man solche Bilder vor Augen stellt oder *Die Thetis, die Jupiter anfleht* (welch seltsames Gemälde!) begreift man, dass man Ingres geschmacklos gefunden hat; aber es genügt nicht, wenn man von einem Maler sagt, dass er bald absurd, bald genial ist, man muss noch ergründen, warum?

Es ist merkwürdig, wenn Ingres sich von seiner Leidenschaft fortreißen lässt, erscheint er direkt albern. So hat er auf der *Francesca da Rimini* eine solche Leidenschaft in die Haltung des jungen Mannes legen wollen, dass er ihm den Hals unmäßig verlängert hat. Und Gott weiß, dass er einen Hals zeichnen konnte! … Der Hals der Madame de Rivière im Louvre! Freilich in *Roger und Angelika* hat die Frau einen Hals … dass die Leute sagen könnten: „Aber diese Frau hat einen Kropf!" Um ihren Schmerz auszudrücken, hat ihr Ingres so sehr den Kopf nach hinten zurückgebogen, dass er die Halsmuskeln verzeichnet hat! Und dann sagt man, dass er ohne Leidenschaft gemalt habe!

Ich sagte Ihnen, dass *Madame de Senones* sein Meisterwerk sei. Aber es existiert noch die *Quelle*: welch entzückendes Werk! Das sind kleine Brüste, die jung sind, und dieser Leib und diese Füße und dieser Kopf, der an nichts denkt!"

*Ich.* „Und der *Bertin*?"

*Renoir.* „Gewiss, er ist herrlich, aber ich gäbe zehn Bertins für eine Madame de Senones. Neben Madame de Senones ist der *Bertin* Schokolade!

Immerhin, wenn ich Henner dieses Bild herunterreißen hörte …"

*Ich.* „G … hat mir erzählt, als er einmal bei Corot war:

‚Papa Corot', fragte er ihn, ‚was halten Sie von Ingres'?

Darauf Corot: ‚Ganz gewiss viel Talent, aber er ist auf Abwege geraten. Er glaubte, dass das Leben im Kontur sitzt, und gerade das Gegenteil ist wahr, denn der Kontur ist dem Auge nicht sichtbar.'"

*Renoir.* „Sie haben neulich diesen blöden Z … gehört, der, um den Anschein zu erwecken, dass er etwas von Malerei verstände, Delacroix gegen Ingres ausspielte!"

*Ich.* „G … erzählte mir auch, dass Delacroix eines Tages im Hôtel de Ville, das er auszumalen hatte, mit Chassériau im Ingressaal auf und ab ging:

‚Es ist gut, es ist sehr gut', sagte Delacroix, ‚er macht offenbar Fehler; mein Gott, so mache ich's auch. Es ist gut, aber es ist voll von Fehlern. Ach, ich kann mir wohl vorstellen, dass wir beide nach dem Tod wegen dieser Fehler in das Fegefeuer kommen, doch wenn man Ingres die Aufgabe stellte, meine Bilder zu malen, und mir – seine, nun, ich möchte wetten, dass ich besser abschnitte …'

Aber Sie, Monsieur Renoir, – lieben hauptsächlich Delacroix?“

*Renoir.* „Meiner Natur nach neige ich augenscheinlich mehr zu Delacroix … Es gibt kein schöneres Bild auf der Welt, als *Die Frauen in Algier.* Wie diese Frauen wirklich Orientalinnen sind … die, welche eine kleine Rose im Haar hat … Und die Negerin! Sie macht eine negerhafte Bewegung! Dieses Bild duftet nach dem Serail; wenn ich davor stehe, bilde ich mir ein, in Algier zu sein. Ist das aber ein Grund, nicht vor einem Ingres in Entzücken zu geraten?“

* * *

Renoir hatte offenbar an diesem Tag keine Lust mehr, weiter an mir zu arbeiten. Er hatte eine Zeitung, die vor ihm lag, aufgeschlagen, aber sogleich warf er sie voll Zorn weg:

„Da fangen Sie schon wieder mit Sport an! Heute ist es Tennis …

Verstehen Sie mich wohl, ich habe nichts Besonderes gegen Tennis, aber ich sah eines Tages, wie sich junge Leute die Bälle zuwarfen: welch albernes, prätentiöses Gehaben! Zu meiner Zeit spielte man mit dem Federball, ein graziöses Spiel, und wenn man dieses Spiel spielte, bildete man sich nicht ein, etwas Außergewöhnliches zu tun, und man war mit einem Rakett, das drei Franken kostete, sehr zufrieden. Neulich verlangt der Sohn meines Freundes C … fünfundsiebzig Franken von seinem Vater für einen Tennisschläger! … Das herrlichste Spiel aber …, sprechen Sie mir vom Korkspiel! Sie müssen sich die ganze Zeit dabei bücken, das drückt auf die Leber und scheidet die Gifte aus. Doch wenn man heutzutage den Vorschlag machen wollte, wieder mit dem Korken zu spielen … Und wie irregeführt werden die jungen Mädchen! Ich malte neulich das Porträt eines zehnjährigen Kindes. Ich suchte seine Aufmerksamkeit durch die Erzählung von einem kleinen Buckligen zu fesseln, der sich in einen Prinz verwandelt und die Tochter des Königs heiratet.

‚Das ist nicht wahr‘, sagte sie mir. ‚Wozu ist das nütz‘?

‚Nun, was liest du denn‘?

‚Aber Monsieur Renoir, Geschichten, die belehren: *Die Gedächtnisreden von Bossuet … Die Poetik von Boileau‘.*

Geben Sie mir doch wieder die Zeitung, Vollard, mir schien, dass vor dem Artikel über das Tennis einer stand, der der Kunst gewidmet war, KUNST mit einem großen K.“

Kaum aber hatte Renoir seine Augen darauf geworfen:

158

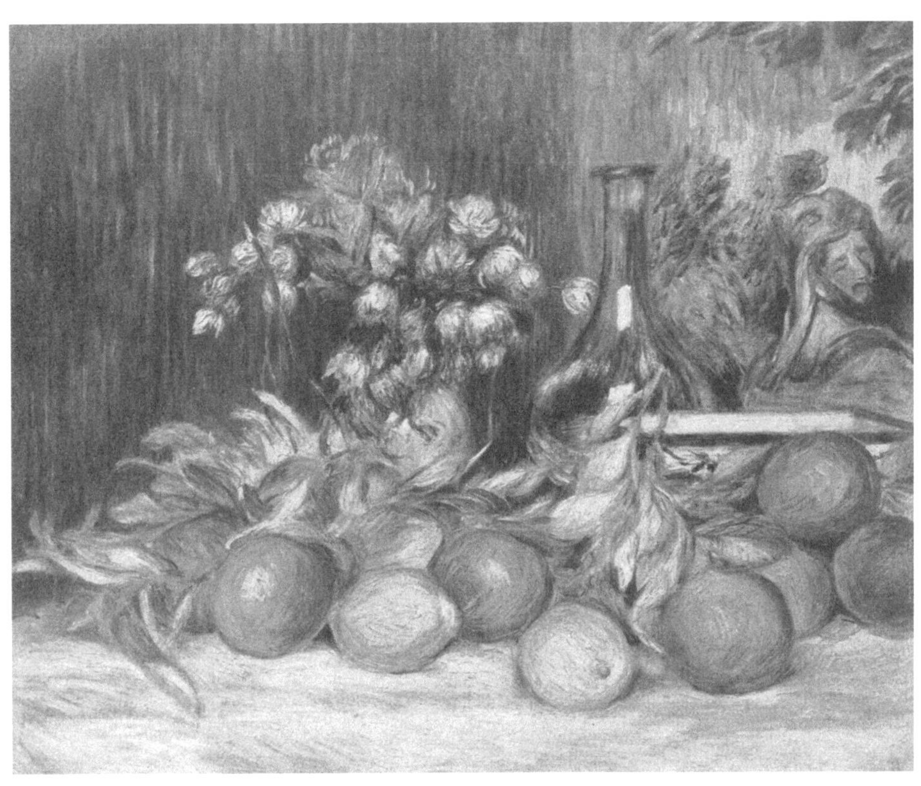

BLUMEN, ORANGEN UND ZITRONEN

„Das ist doch stark! Diese verdammte Gewohnheit, dieselben Leute über Kunst schreiben zu lassen, die die Chronik der überfahrenen Hunde führen … Und versuchen Sie einmal ihnen klarzumachen, dass die Kunst eine undefinierbare[43] Sache ist, und dass es nicht mehr Kunst wäre, wenn sie sich analysieren ließe!"

Von neuem hatte Renoir die Zeitung weggeworfen. Er hatte mir nicht den Verfasser des Artikels genannt, und zweifellos hatte er sich nicht die Mühe genommen, danach zu sehen.

Ich konnte gerade das Blatt noch erwischen, das in einen Kamin gefallen war und bereits zu brennen anfing, und ich sah, dass der Artikel[44] Henry Bergson unterzeichnet war. Aber mit diesem Namen wusste Renoir nichts anzufangen.

*Ich.* „Das hier wird Ihnen gefallen; ich sehe in dieser Zeitung einen Roman von Anatole France angezeigt."

---

43  Als Renoir wusste, dass ich ein Buch über ihn schrieb: „Alles was Sie wollen, Vollard, aber bitte kein Wort über meine Malerei: ich selbst wäre in Verlegenheit, wenn ich sie erklären wollte."

 *Ich.* Monsieur Renoir, ich traf kürzlich V …, er kam von M …: „Ich verstehe nicht", sagte er mir, „ein fertiges Bild, und nun ändert er den Hintergrund …"

 *Renoir.* So wie ich es auf meinem Bild *Die Badenden* gemacht habe. Seit vierzehn Tagen hatte ich es mit einem roten Hintergrund in Arbeit, heute früh habe ich einen blauen versucht.

 *Ich.* Man sagte von Degas, dass er ein ewiger Sucher war.

 *Renoir.* Wir alle sind so. Und wenn man mit der Frage zu mir kommt, wieviel Manieren ich gehabt habe! …

 *Ich.* Georges Lecomte hat in Ihrem Werk vier Manieren gefunden, und. Camille Mauclair drei Manieren …

 *Renoir!!!!!!*

44  2) „Welches ist der Gegenstand der Kunst? Wenn die Wirklichkeit unmittelbar an unsere Sinne und unser Bewusstsein pochte, wenn wir ohne weiteres mit den Dingen und mit uns selbst in Beziehung treten könnten, so glaube ich wohl, dass die Kunst überflüssig wäre oder vielmehr, dass wir alle Künstler wären, denn unsere Seele würde alsdann unaufhörlich im Einklang mit der Natur schwingen. Unsere Augen würden mit Unterstützung unseres Gedächtnisses unnachahmbare Bilder aus dem Raum herausschneiden und festlegen. Unser schweifender Blick würde aus dem lebendigen Marmor des menschlichen Körpers ebenso schöne Fragmente von Statuen meißeln, wie sie in der antiken Bildhauerkunst existieren. Wir würden im Grund unserer Seele die ununterbrochene Melodie unseres inneren Lebens als eine manchmal heitere, öfters klagende aber immer originelle Musik vernehmen. Alles dies ist um uns herum, alles dies ist in uns, und doch wird nichts von alledem deutlich von uns wahrgenommen. Zwischen die Natur und uns, was sage ich? zwischen uns und unser eigenes Bewusstsein schiebt sich ein Schleier, der für den gemeinen Menschen dicht ist, aber leicht, fast durchscheinend für den Künstler und für den Poeten. Welche Fee hat diesen Schleier gewoben? Geschah es aus Bosheit oder aus Freundschaft? Man war gezwungen zu leben und das Leben verlangt, dass wir die Dinge in ihrer Beziehung zu unseren Bedürfnissen erfassen. Leben besteht im Handeln … (Auszug aus dem *Lachen* von Bergson; Verlag Alcan, Paris.)

*Renoir.* „Nein … er fand nicht die kleine blaue Blume."

*Ich.* „Einer, den ich liebe, J.-H. Rosny."

*Renoir.* „Eines Tages auf der Reise höre ich jemand neben mir sagen: ,Hält der Zug? Ich habe Lust, einen kleinen Kuchen zu essen'. Auf der nächsten Station sehe ich den, welcher das gesagt hatte, vom Büffet zurückkommen. Nach der Art, wie er sein kleines Paket an der Kordel trug, sagte ich mir: ,Das ist sicher ein Literat', und da höre ich schon rufen: ,Hierher, Rosny'!"

Ein Autogeräusch. Es war Madame Renoir, die von Nizza zurückkam.

Im selben Augenblick benachrichtigte die „Ärztin" Renoir, dass es schon zwölf Uhr sei. Sie tat die Pinsel weg und schloss den Farbenkasten …

Hinter der „Ärztin" waren Baptistin und die große Luise mit dem Trag-stuhl hereingekommen:

„Ich muss mir", sagte Renoir, während man ihn aufhob, „Rodin genau ansehen; ich habe schon Studien nach ihm gemacht … doch Rodin hat einen ziemlich merkwürdigen Kopf."

*Ich.* „Als Falguière die Büste von Rodin machte sagte er:

,Es ist so schwer ein Gesicht zu gestalten, in dem zugleich etwas von Jupiter und von einem Bureauchef steckt'!"

*Renoir* (zum Mädchen). „Luise, lassen Sie mich nicht diesen Pfeifen-händler vergessen, der wiederkommen soll … Noch einer, der nicht ohne Bilder von mir leben kann! Und wenn ich zum anderen, na, der ihn mir immer mitbringt, sage: ,Geben Sie ihm doch zu verstehen, dass es mir läs-tig ist zu verkaufen … – O Monsieur Renoir, er ist so gut'!

Die Güte, zunächst mal, die hasse ich … Das wäre ein Hauptspaß für mich, wenn meine Bilder im Preis sänken[45]" – ,Dieses Schwein Renoir, für das Geld, das ich für seine Malerei ausgegeben habe – all die Stubben[46], die ich dafür hätte haben können.'"

---

[45]  Und selbst wenn die Malerei nicht im Preis sinkt … Ein berühmter Schriftsteller hatte seine Renoirs verkauft, die er nur einige Monate zuvor vom Maler gekauft hatte. Die Bilder hatten das Dreifache des Einkaufspreises gebracht. „Nun", sagte er zu einem Freund, der ihn beglück-wünschte, da ich ein ganzes Jahr, wo mir der Kopf nur nach Malerei stand, nichts produziert habe, so hat mich die Bekanntschaft mit Renoir, alles in allem, beiläufig 250 000 Franken gekostet." (Anmerkung des Verfassers.)

[46]  Ein Holz, das für die Pfeifenfabrikation sehr gesucht ist.

# XXIV

## Das Frühstück mit Rodin

Im Augenblick, da man aus dem Atelier kam, hörte man das melodische Signal eines Autos.

Es war Rodin, ein lächelnder Rodin!

*Renoir.* „Auch Sie sind dem Auto nicht entgangen. Sie machen es wie ich, die ganze Zeit rede ich dagegen, und dann bin ich froh eins zu haben, wenn ich nun nach Nizza fahren muss."

*Rodin.* „Es ist das Auto einer meiner Verehrerinnen, der Gräfin von X …"

*Renoir.* „Eine sehr bedeutende Frau, nicht?"

*Rodin.* „Herz und Geist vereinigt. Ein bezeichnender Zug, den ich letzthin an ihr erlebte: ich befand mich mit der Gräfin im Atelier, ich ließ mir die Haare schneiden. Wir sprachen davon, wie vorsichtig man bei der Restaurierung der Kathedralen vorgehen müsse, besonders wenn man es mit Nationalbesitz zu tun hat, als ich den Besuch eines Freundes, eines Ministers, erhielt, der mit der Nachricht kam, dass der Staat meine „Schenkung" annähme …

‚Jules‘, rief da die gute Freundin dem Barbier zu, ‚geben Sie beim Schneiden gut acht; der Meister wird Nationalbesitz‘!"

Madame Renoir zeigte Rodin Bilder von Jean und Claude, als sie ganz klein waren.

*Rodin.* „Welche prachtvollen Kinder, Madame! Womit haben Sie sie genährt?"

*Madame Renoir.* „Aber mit meiner Milch, Monsieur Rodin."

*Rodin.* „Und die gesellschaftlichen Pflichten, wenn man selbst stillt?"

*Madame Renoir* (das Lachen verhaltend). „Wir können uns zu Tisch setzen, Monsieur Rodin, das sind Oliven von Collettes."

Rodin hielt eine Olive zwischen Daumen und Zeigefinger.

*Rodin.* „Davon lebten die alten Griechen! Von einem Stück Schwarzbrot, Ziegenkäse und Wasser aus dem nächsten Bach. Wie glücklich waren diese Griechen in ihrer Armut, und. welche Wunderwerke haben sie uns hinterlassen! Dieser Parthenon! …

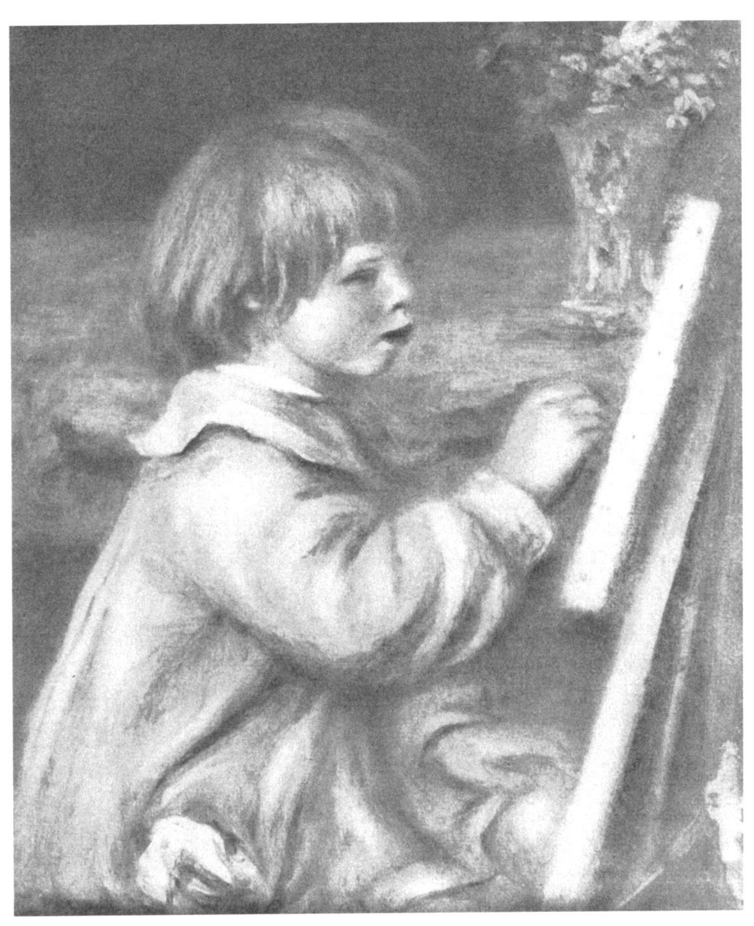

MALENDES KIND

Ich glaube endlich den Schlüssel zum Geheimnis ihrer Meisterwerke gefunden zu haben. Das Geheimnis der Griechen, es beruht auf ihrer Liebe zur Natur …

Die Natur! und wenn ich sie auf den Knien studierte, habe ich meine schönsten Sachen gemeißelt! … Man hat mir oft vorgeworfen, dass ich meinen *Schreitenden Mann* ohne Kopf gebildet habe; aber, sagen Sie selbst, marschiert man mit dem Kopf?"

*Renoir.* „Sie haben das russische Ballett gesehen?"

*Rodin.* „Welche Tänzer, diese Russen! Ich habe mir einen auf einer Säule Modell stehen lassen … ein Bein in der Beuge, die Arme nach vorn. Ich wollte einen Genius im Augenblick seines Abflugs darstellen … Doch an diesem Tag war mein Geist abwesend, ich träumte von den Griechen … Und allmählich schlief ich ein, meinen Tonklumpen in den Händen. Plötzlich wache ich auf: mein Modell hatte seine Stellung verlassen … ganz einfach verlassen!

Wo ist sie, die Zeit, da der Künstler Rechte hatte! …

Wer hat mir doch die Geschichte von dem Bildhauer aus dem Altertum erzählt, der, um einen von den Hunden zerrissenen Aktäon zu gestalten, eine ausgehungerte Meute auf sein Modell losgelassen hat … Nein, stellen Sie Sich den Lärm vor, wenn ich nur …"

*Renoir.* „Und der Papst? Sind Sie mit ihm zufrieden gewesen? Hat er gut gesessen?"

*Rodin* (das Haupt schüttelnd). „Dieser Papst[47] versteht nichts von der Kunst. Ich wollte ein Stückchen Ohr von ihm erwischen. Doch mein Modell hatte die Stellung eingenommen, die ihm am vorteilhaftesten erschien: unmöglich, etwas von diesem verdammten Ohr wahrzunehmen! Ich habe wohl versucht, meine Stellung zu ändern, doch sowie ich mich drehte, drehte er sich auch. Wir sind weit von einem Franz I. entfernt, der Tizian die Pinsel aufhob! …"

Rodin betrachtete einen *Akt*, der ihm gegenüber aufgehängt war. Plötzlich:

„Ich verstehe, Renoir, warum Sie den rechten Arm dieser Frau dicker gemalt haben als den linken: der rechte Arm ist der Arm der Aktion!"

*Ich.* „Meister, ist es mir erlaubt, Sie eines Tages in Ihrer Eremitage zu Meudon oder in Ihrer Zelle im Hotel Biron zu besuchen?"

---

47    Benedikt XV.

*Rodin.* „Ja[48]. Man kennt also alle Einzelheiten meiner Künstlerexistenz? Wo ich doch so der Reklame aus dem Wege gehe!"

---

48  Man versteht, dass ich gleich nach meiner Rückkehr Gebrauch von dieser so liebenswürdig gegebenen Erlaubnis machte. Ich traf bei Rodin Madame de Thèbes, Camille Flammarion und Loïe Fuller. Im Atelier ging eine junge Frau ohne Hut auf und ab, als ob sie bei sich zu Hause wäre.

„Wirklich, Baronin, es sind nun beinahe zwei Jahre her, dass ich Sie warten lasse", sagte Rodin.

Und er griff nach einer phrygischen Mütze und. setzte sie ihr auf:

„Ich habe gewiss einmal ein Attribut für meine *Republik* zu zeichnen ..."

Mitten im Atelier stand eine Statue, die in Tücher eingehüllt war. Rodin nahm die Streifen ab, und ich sah einen vollendeten Frauenakt vor mir erstehen. Der Bildhauer hatte Hammer und Meißel ergriffen; er schlug die Arme, den Kopf, die Beine ab.

Der Meister betrachtete die über den Boden zerstreuten Trümmer.

„Und jetzt muss man für alles dies Namen finden! Glücklicherweise fällt mir das Denken leicht."

Er nahm ein Stück Unterleib auf:

„Wie schön das ist! ... Wie soll ich das benennen?"

„Meister", wage ich mich vor, „wenn Sie einfach einen Kopf *Kopf*, eine Hand *Hand*, einen Bauch *Bauch*, einen Fuß *Fuß* benamsen: da steht eine Gruppe nackter Frauen, warum soll man anders sagen als *Nackte Frauen?*"

*Rodin.* Zweifellos, aber man gerät auf das Niveau von Hinz und Kunz, wenn man die Dinge bei ihrem Namen nennt. Ich fand zuerst für diese nackten Frauen den Titel *Beschwörung*, und bei längerem Nachdenken *Die Musik* ...

In diesem Augenblick trat eine Frau mit einem kleinen Kind auf dem Arm ein. Sie stürzte Rodin weinend zu Füßen. Sie war zu Fuß aus Sibirien gekommen, um dem Meister den Gruß einer Gruppe dahin verbannter Intellektuellen zu überbringen ... Unterwegs war sie eines Kindes genesen ... Sie reichte es Rodin:

„Segnen Sie es, Meister ..."

Und Rodin legte seine Hand auf den Kopf des Kindes.

Doch da fuhr ein Herr mit einem Lastwagen vor, auf den eine Bronzegruppe geladen war. Es war eine *Umarmung*, die der Meister für authentisch erklären sollte.

„Die herrliche Bronze", rief Rodin aus.

*Der Herr.* Ich hatte gleich gesehen, dass sie echt war ...

*Rodin* (lebhaft). Nein, sie ist eine Fälschung ... Jedermann, der nur etwas vom Handwerklichen versteht. muss sogleich an der Feinheit des Korns ersehen, dass man die Form, die zum Guss diente, vom Gips abgenommen hat. Und ich habe eine Bronze als Modell abgegeben. Die *Umarmung* sollte serienweise für Amerika hergestellt werden, und der Gips hat den Fehler weich zu werden, wenn man öfters Abgüsse von ihm macht. .

*Ich.* Also ist etwas echt, wenn der Künstler seine Genehmigung erteilt hat, falsch, wenn er sie verweigert; es kann also vorkommen, dass eine Fälschung schöner ist als das Echte ... Und wie soll sich der Kunstliebhaber, der doch auf Echtheit Gewicht legt, bei alledem verhalten?

*Rodin.* Er soll mir das Objekt bringen ... Ein einziges Mal habe ich mich geirrt, als es wirklich unmöglich war, sich nicht zu irren. Man kommt mir berichten: „Man hat in einem Laden ein Werk von Ihnen gesehen, *Das Chaos* ..." Ich schaue mein Register durch, ich finde nichts. Aus Gewissenhaftigkeit gehe ich die Statue prüfen ... Kurz, ich reiche eine Klage auf Fäl-

*Ich.* „Man erzählt sich, dass Sie es trotz Ihres Genies nicht verschmähen, Hammer und Meißel selbst zu handhaben, wie die alten Steinmetzen!"

Rodin strich sich den Bart:

„Gibt es einen schöneren Traum für einen Bildhauer, als selbst Stein und Marmor zu bearbeiten!"

*Ich.* „Man sagt auch …"

*Rodin* (aufgeräumt). „Na, was sagt man denn noch?"

*Ich.* „Und wenn Ihnen auch das Institut noch so viel Avancen macht …"

*Rodin* (auffahrend). „Ach das! Warum wollen sie denn nicht, dass ich ins Institut eintrete?"

*Ich.* „Ihre Freunde, Meister, lieben Sie mit einer so eifersüchtigen Freundschaft …"

*Rodin.* „Nun, mir wäre erwünschter, ihre Liebe wäre weniger groß, und sie würden nicht verhindern, dass ich diese Weihe empfinge! Wahrhaftig da ist eine ganze Bande, dieselben, die meinen Balzac für sich in Beschlag nehmen wollten: ‚Meister, wenn man Ihr Genie hat! …'

Mein Genie! Wenn man bedenkt, dass in den Ministerien, auf Beerdigungen, überall, ein Saint-Marceau den Vortritt vor mir hat! Sie werden eines Tages erleben, dass Bartholomé selbst … Und hätte mich Clémenceau vierzehnmal seine Büste neu anfangen lassen, wenn ich Mitglied des Instituts wäre?"

Plötzlich steht der kleine Claude Renoir brüsk vom Tisch auf:

„Ach, ich werde wieder die Ameisen verpassen!"

Und ohne sich um das „Willst du schweigen, Claude!" der Madame Renoir zu kümmern, verlässt er seinen Platz und pflanzt sich, mit beiden Händen in den Taschen, vor Rodin auf:

---

schung und Schadenersatz ein; da findet man eine Quittung wieder … Ja, aber ich hatte ihr als Titel gegeben *Die Enteilende*! …

* * *

Eines Tages hörte ich, wie ein Bildhauer, auf all die stückweise verkauften Statuen anspielend, von seinem „Kollegen" sagte, „er handle mit Abfällen".

Ein Intimus von Rodin, dem ich diesen Ausspruch überbrachte, erklärte mir, wie im Gegenteil dieses ganze „Zerlegen" ein Beweis für das höchste künstlerische Gewissen sei: „Die Hand kommt nicht so schnell voran wie der Gedanke … Begabt mit einem Gehirn, das immer schaffensbereit ist, muss der Meister, um möglichst wenig von seinen Eingebungen zu verlieren, die großen Maschinen stehen lassen, um sich in kleinen Sachen, die man in der Folge vergrößert, auszudrücken. Da kommt es nun vor, dass die verschiedenen Teile einer Statuette, nach ihrer Vergrößerung, zusammen nicht mehr einheitlich wirken, wenn sie auch im Einzelnen für sich selbst nichts an Vollendung der Linien und Formen verloren haben."

166

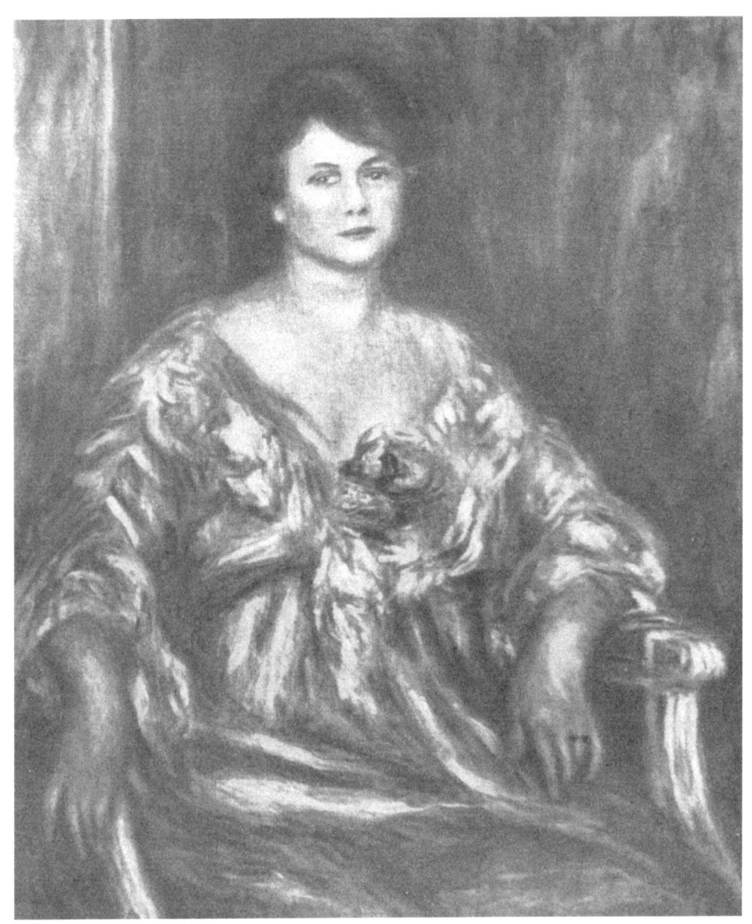

BILDNIS MADAME DE GOLÉA

„Monsieur Rodin, wollen Sie nicht mitkommen, die Ameisen arbeiten sehen."

„Es ist ein kleiner Taugenichts", sagte Madame Renoir, während Claude, ohne die Antwort Rodins abzuwarten, nach der Tür eilte. „Mit dreizehn Jahren verbringt er noch seine Zeit damit, die Ameisen zu beobachten!"

*Rodin.* „Mit dreizehn Jahren hat sich Michelangelo bereits geoffenbart! und im gleichen Alter habe ich mit Modellieren angefangen. Welch schwierige Sache, die Bildhauerei! ... Wenn es zu allen Zeiten große Maler gegeben hat, ist es doch verwunderlich, dass die Bildhauerkunst fast erloschen war, als ich auf den Plan trat?"

*Renoir* (zu Rodin). „Vollard hat mir wundervolle Abbildungen nach Aquarellen von Ihnen gezeigt ..."

*Rodin.* „Das habe ich mit Clot zusammengemacht. Wenn der verschwindet, so wird man wohl sagen können, dass es mit der Lithographie zu Ende ist. Clot hat freilich einen Witz, den ich nicht mag. Neulich ließ ich ihn einmal allein mit der Schachtel, in der meine Orden lagen. Als ich zurückkam, war er im Begriff, sie sich an die Brust zu stecken ... Es gibt Dinge, mit denen man nicht spielen soll."

*Madame Renoir.* „Monsieur Rodin, lieben Sie die Blumen?"

*Rodin.* „Ja, sehr! Mirbeau hat mir von einer Chrysantheme erzählt, von einem eigentümlichen Goldbraun, die kürzlich im Sterbezimmer der Prinzessin von Y ... statt Buchsbaum verwandt wurde, und ich habe letzthin bei der Vicomtesse von L ... eine äußerst seltene Nelke bewundert: sie war schwarz wie Tinte und roch sehr schlecht."

*Madame Renoir.* „Hier gibt es keine seltenen Blumen, doch ist der Garten trotzdem ganz hübsch. Die Margeriten, die Sie da durch das Fenster sehen, neben den Mimosen! ... Ich muss Ihnen übrigens sagen, dass mein Mann eine Vorliebe für die gewöhnlichen Blumen hat."

*Rodin.* „Wie Mallarmé! Ein Künstler, dessen Sprache so gepflegt war, und den ich in Bewunderung vor einem Feldblumenstrauß sah!"

*Renoir.* „Bei Mallarmé fällt mir ein: Madame Morizot sagte ihm eines Tages, als er ihr ein Gedicht vorlas:

‚Hören Sie, Mallarmé, wenn Sie einmal wie für Ihre Köchin schrieben'?

‚Aber', meinte Mallarmé, ‚ich würde nicht anders für meine Köchin schreiben'!"

„Wenn einige Gedichte Mallarmés", fuhr Renoir fort, „mir auch nicht liegen, welch ausgezeichneter Mann war das, und von welcher Originalität! Ich erinnere mich an die entzückende Einfachheit, mit der er von einem gewissen Negerschüler sprach, der das Lyzeum besuchte, auf dem er Englisch unterrichtete. – Ich schicke ihn jedes Mal an die Tafel, damit er die Worte mit Kreide darauf schreibt, und Sie können sich nicht den Genuss vorstellen, den ich habe, dass ein Schwarzer sich in Weiß ausdrückt."

„Ich schlage vor", sagte Madame Renoir, „dass man den Kaffee unter den Rosenbüschen im Garten trinkt."

„Ja", sagte Rodin, „aber mein Porträt?"

Indem er eine schöne goldene Uhr aus der Tasche zog:

„Es ist fünf Minuten vor zwei. Der Wagen der Gräfin soll mich genau um drei Uhr abholen, und mein Sekretär hat mich heute Morgen darauf aufmerksam gemacht, dass ich während meines Aufenthalts im Süden nicht mehr über eine Minute verfügen kann."

„Schnell, also", sagte Renoir. „Man trage mich ins Atelier! Vollard wird mir ein Blatt Papier auf ein Malbrett heften."

Ich blieb ein wenig länger im Atelier, ich wollte sehen, welche Stellung Rodin einnähme. Und ich brauchte schließlich nicht fortzugehen, da Renoir die Anwesenheit eines Dritten nicht genierte, was Rodin anlangt, so wurde er, sobald er einmal saß, so unbeweglich wie der Rodin aus dem Panoptikum. Um zehn Minuten vor drei legte Renoir seinen Rötel nieder und bat um eine Zigarette. Das Porträt war beendet.

„Ich habe noch Zeit", sagte Rodin, „den Garten zu sehen. Ich verfüge noch über zehn Minuten!"

Doch im gleichen Moment klopfte man an die Ateliertür, und ein Lakai erschien auf der Schwelle:

„Der Wagen der Frau Gräfin wartet auf den Herrn Meister."

Darauf Rodin, indem er sich zu Madame Renoir, die eintrat, wandte:

„Wenn ich wieder nach dem Süden zurückkomme, werde ich gern einen Spaziergang durch Ihren Garten machen. Ich liebe die Natur so sehr!"

* * *

Ich begleitete Rodin bis zum Auto. Der Chauffeur drehte die Kurbel, ohne den Motor in Gang zu bringen.

„Der Herr Meister muss wohl eine kleine Viertelstunde warten", sagte der Lakai.

*Rodin.* „Eine Viertelstunde. So habe ich Zeit, den Garten zu sehen. Das wird Madame Renoir Vergnügen machen."

Doch mit einem Blick auf seine Lackschuhe zuckte er die Achseln:

„Aber, er hat eigentlich nichts Besonderes; dieselben Blumen, die man längs der ganzen Eisenbahn sieht."

Ich nützte diese gute Gelegenheit unter vier Augen aus, um zu versuchen, einige neue Aufschlüsse über den *intimen Rodin* zu erlangen.

„Wie teilen Sie Ihre Arbeit ein, Meister?" fing ich ihn an zu fragen.

*Rodin.* „Ich überlasse mich ganz meiner Inspiration."

*Ich.* „Zu welcher Zeit ist Ihr Gehirn am schöpferischsten? Nüchtern? oder während der Verdauung? ..."

*Rodin.* „Ich „denke" allezeit mit derselben Leichtigkeit, abgesehen von einer kleinen Siesta ..."

*Ich.* „Zu welcher Tageszeit?"

*Rodin.* „Nach dem Frühstück. Mein Arzt selber sagte mir, als er einmal meine Katze nach Leerung ihrer Schale Milch einschlafen sah: ‚Man muss es machen wie die Tiere'.

*Ich.* „Ich erinnere mich nie, eine Beschreibung Ihres Schlafzimmers gelesen zu haben? Das wäre doch etwas, was die Feder unserer größten Reporter reizen müsste ... Ihr Bett? Alte, neue Kunst?"

*Rodin.* „Mein Bett ist x-beliebig. Ich fürchte mich zu verwöhnen, wenn ich in einem antiken oder stilvollen Möbel schliefe. Ich habe in meinem Schlafzimmer einen Kunstgegenstand, denn ich fühle das gebieterische Bedürfnis, etwas Schönheit um mich zu haben, worauf mein Auge ausruhen kann; es ist einer meiner *Bürger von Calais.*"

*Ich.* „Wenn Sie Siesta machen, sind Sie angezogen oder ausgezogen?"

*Rodin.* „Immer vollständig angezogen. Wenn ich nur meinen Kragen auszöge, so wäre das bereits eine Verlockung zum far niente: und ein Künstler hat keine Zeit dazu übrig."

*Ich.* „Schlafen Sie leicht ein?"

*Rodin.* „Sehr leicht ... außer wenn ich sehr lebhaft denke."

*Ich.* „Man sagt, dass man einschläft, wenn man einen glänzenden Gegenstand fixiert."

*Rodin.* „Die Orientalen betrachten ihren Nabel. Ich habe bei meinem Bett eine Spieldose, die mir eine meiner Bewunderinnen aus New York geschenkt hat. Wenn ich nicht einschlafen kann, drücke ich auf einen Knopf am Deckel, und es dauert nicht lange, so verfalle ich in einen Kinderschlaf."

*Ich.* „Sie lieben die Musik?“

*Rodin.* „Ach, Wagner! … Man muss den Mut seiner Meinung haben: neulich sprach man von Musik. Nun, ich verteidigte Wagner vor Saint-Saëns …“

*Ich.* „Ich kenne nicht die Musik von Saint- Saëns, aber ich habe sagen hören, dass er Wagner sehr viel verdankt. Woher stammt sein wütender Hass gegen seinen Nährvater?“

*Rodin.* „Nur ein wirklich origineller Geist verleugnet nicht den Meister, der ihm zu seiner Existenz verholfen hat. Haben Sie mich jemals die Griechen lästern hören?“

*Ich.* „Ich wollte Sie noch fragen, Meister, welchen Beinamen Sie am liebsten von der Nachwelt haben möchten.“

*Rodin* (mit der Bescheidenheit, die bei großen Männern so häufig ist). „Ich kann dazu keine Anregungen geben. Vielleicht darf ich sagen, dass auf meiner letzten Ausstellung in Buenos-Aires alle dortigen Zeitungen mich den *Victor Hugo der Bildhauerkunst* nannten. Victor Hugo! Dieser war von wirklichen Freunden umgeben, die sich um den Ruhm des Meisters bekümmerten!

*Die Türme von Notre-Dame waren das H seines Namens*[49]!

Keiner von all den Leuten, die mir nachlaufen, hätte je etwas Derartiges gefunden! … Der Ruhm, dass sein Name für die Ewigkeit mit Notre-Dame verknüpft ist! …“

*Ich.* „Der Ruhm … Léon Dierx sprach mit mir eines Tages von einem Gedichtentwurf: Bei der Erkaltung der Erde fliegt der letzte Bewohner des Planeten, ein Papagei, durch den Raum mit dem Ruf : ‚Ehren, Würden, Ruhm‘!“

*Rodin* (ernst). „Ich wette, dass man „Ihren“ Dierx nicht kauft?“

*Ich.* „Ich traf Dierx in seinen letzten Lebenstagen:

‚Ich bin ganz zufrieden, Vollard, meine Werke verkaufen sich nach dreißig Jahren so gut, dass sie die Druckkosten wieder einbringen‘!“

*Rodin.* „Da sehen Sie es. Nur die den Ruhm nicht gekannt haben …“

Der Chauffeur war endlich mit seinem Motor zu Rande gekommen:

„Der Herr Meister kann einsteigen, wenn es ihm beliebt“, sagte der Lakai der Gräfin.

*Ich* (während sich Rodin im Auto zurechtsetzte). „Noch ein Wort, Meister. In Ermangelung einer Grabschrift haben Sie vielleicht schon den Ort bestimmt, wo Sie einmal ruhen wollen?“

---

49    Vacquerie.

*Rodin.* „Ich war immer ein einfacher Mann. Ein Loch in meinem Garten … und hauptsächlich (hier machte der Meister mit flacher Hand eine Geste des Köpfens) keine Priester … Es wäre nicht der Mühe wert, Erbe der Revolution zu sein, Söhne des XX. Jahrhunderts, wie mein Freund Frantz Jourdain sagt …“

Der Wagen fuhr los. Das Gesicht des großen Künstlers erschien im Rahmen des Autofensters:

„Ich habe keine Angst vor dem Teufel! …“

# XXV

## Die Künstler von ehemals

Nach Rodins Abfahrt fand ich Renoir im Atelier, ein Album auf seinen Knien.

*Renoir.* „Sie betrachten den Kamin in meinem Atelier? Nicht wahr, der ist nicht hässlich, obwohl er modern ist? Ich habe das Modell zu dem Kamin in diesem Album gefunden, das ich bei einem Händler in der Rue Bonaparte in Paris kaufte. Es gibt darin die verschiedensten Proben alten Stils, von den kompliziertesten Verzierungen bis zur einfachsten Leiste."

*Ich.* „Wie Sie die Dinge der vergangenen Zeit lieben!"

*Renoir.* „Es gibt Leute, die das Neue lieben; ich liebe das Alte. Ich liebe die alten so heiteren Fresken, die alten Fayencen, die von der Zeit patinierten Tapisserien ... Die Patina der Zeit ist wahrlich kein leeres Wort; aber alles hängt davon ab, dass ein Werk diese Patina verträgt. Nur die hervorragenden Werke können sie vertragen. Die neue Kunst ermüdet mich, und wenn ich im Luxembourg die zu weißen, zu bewegten Statuen sehe, so möchte ich davonlaufen, als fürchte ich Fußtritte oder Faustschläge! ... Solange ich noch Beine hatte, war mir nichts angenehmer als ein Gang durch den Louvre, ich kannte keine größere Erholung. Ich fand da, an allen Wänden, alte Freunde, bei denen es gut war zu verweilen und bei denen ich immer neue Qualitäten entdeckte."

*Ich.* „Ist es wahr, dass Sie bestreiten, dass es in der Malerei den geringsten Fortschritt gibt?"

*Renoir.* „Den Fortschritt in der Malerei, nein, den gebe ich nicht zu! Keinen Fortschritt in den Ideen, und auch keinen in der Technik. Sehen Sie, ich wollte eines Tages das Gelb auf meiner Palette ändern; nun, ich bin zehn Jahre lang herumgetappt. Alles in allem ist die Palette der heutigen Maler die gleiche geblieben wie die der Maler in Pompeji, mitinbegriffen Poussin, Corot und Cézanne; ich will sagen, dass sie nicht reicher geworden ist. Die Alten brauchten die Erdfarben, Ocker und Elfenbeinschwarz, womit man alles machen kann. Man hat wohl versucht, einige andere Töne hinzuzufügen, wie leicht hätte man sie entbehren können! So habe ich ihnen von der angeblichen großen Entdeckung gesprochen, Schwarz durch Blau und Rot zu ersetzen, doch wie weit ist diese Mischung von der Feinheit entfernt, die man mit Elfenbeinschwarz erzielt, was außerdem dem unglücklichen Maler erspart, die Kirche ums Kreuz zu tragen! Mit einer begrenzten Palette haben die Alten ebenso Gutes zu Wege gebracht wie die Maler heutzutage (man muss gegen seine Zeitgenossen höflich sein), und ganz gewiss haben sie solider gearbeitet."

*Ich.* „Doch wenn nun der Maler nach dem Stand der Dinge keine neue Palette erhoffen kann …"

*Renoir.* „Worauf soll seine Bemühung in erster Linie hinzielen? Er soll ohne Unterlass sich in seinem Handwerk betätigen und es vervollkommnen; doch man kann nur durch die Tradition dazu gelangen. Heute haben wir alle Genie, das ist selbstverständlich, doch sicher ist, dass wir keine Hand mehr zeichnen können, und dass wir nichts von unserem Handwerk wissen. Weil die Alten ihr Handwerk konnten, besaßen sie diese wundervolle Materie und diese durchsichtigen Farben, deren Geheimnis wir vergeblich zu ergründen trachten. Mir ist wohl bange, dass man auch mit den neuen Theorien nichts ausrichtet.

Doch wenn das Handwerk die Basis und die Solidität in der Kunst bedeutet, so ist das nicht alles. Es gibt in der Kunst der Alten noch etwas anderes, was ihre Schöpfungen so schön macht, diese Heiterkeit ist die Ursache, dass man nie müde wird, sie anzusehen, sie gibt uns die Vorstellung des ewigen Werkes. Diese Heiterkeit besaßen sie in ihrem Innern, nicht nur wegen ihres einfachen und ruhigen Lebens, sondern auch dank ihres religiösen Glaubens. Sie waren sich ihrer Schwäche bewusst, und in ihren Erfolgen wie in ihren Misserfolgen beteiligten sie die Gottheit an ihren Handlungen. Gott ist immer da, und der Mensch zählt nicht. Bei den Griechen war es Apollo oder Minerva, auch die Maler zu Giottos Zeiten wählten sich einen Schutzheiligen. So erhielten ihre Werke diesen Anblick sanfter Heiterkeit, die ihnen diesen tiefen Reiz verleiht und sie unsterblich macht. Doch der moderne Mensch in seinem Hochmut wies diese Mitarbeit als für ihn herabsetzend zurück. Er hat Gott veriagt, und indem er Gott verjagte, hat er das Glück verjagt …

Die Maler dieser so beneidenswerten Epochen hatten – zum Glück für sie – freilich einige Fehler; doch wenn man ihre Werke betrachtet, die durch die Jahrhunderte hindurch so viel Frische bewahrt haben, so findet man nur Qualitäten an ihnen. Diese Werke, die man mit dem Finger

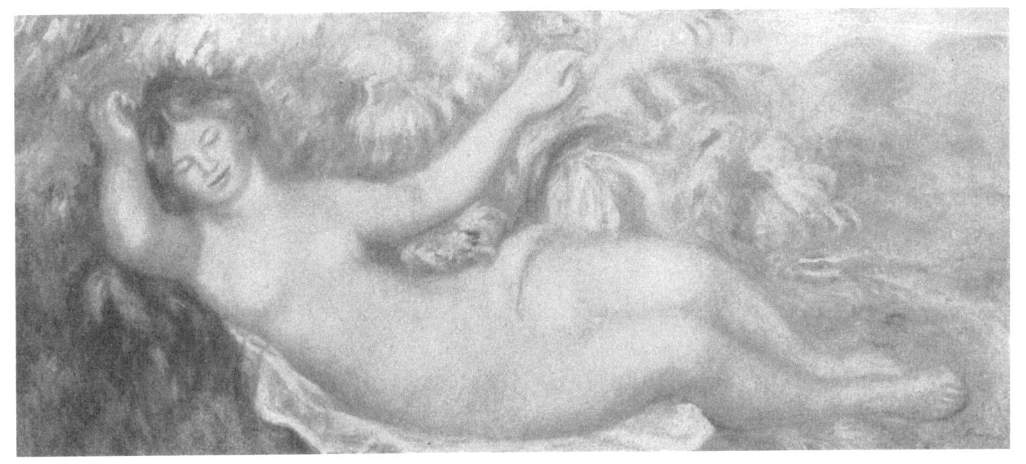

RUHENDE FRAU

wie schönen Marmor berühren möchte, diese wundervolle Oberfläche, diese göttliche Arbeit, was soll ich noch sagen, erfüllen mich mit Freude. In Frankreich gab es während mehrerer Jahrhunderte einen Wettkampf, wer am meisten Geschmack und Fantasie entwickle: Schlösser steigen aus dem Boden hervor, Bronzen, Fayencen, Tapisserien lassen an Feenarbeit denken; jeder will mittels des Lehms, des Holzes, des Eisens, der Wolle, des Marmors den Reichtum Frankreichs mitschaffen helfen. Alles war schön bei uns bis zum Ende des 18. Jahrhunderts, vom Schloss bis zur anspruchslosesten Hütte. Man muss sich die Alben im Trocaderomuseum ansehen, um einen Eindruck zu erhalten von der Kraft dieser Künstler, der Festigkeit der Zeichnung bis in die kleinsten Einzelheiten hinein, und wenn es sich nur um einen Riegel, einen Türgriff handelt. Sie arbeiteten nicht, um im Salon auszustellen!

Der Schaden, den die Salons anrichten können, ist unglaublich! Sie haben neulich diese Dame gehört: „Mein Sohn arbeitet in der Manier des Herbstsalons …" Haben Sie, Vollard, mir nicht erzählt, dass man ausgerechnet im Herbstsalon Matisse zurückgewiesen hat? Sonderbar, wie das die Leute vor den Kopf stößt, wenn sie in einem Gemälde malerische Qualitäten finden. Einer, der sie vor allem schaudern lassen muss, der Douanier Rousseau! Diese *Szene aus vorhistorischer Zeit*, und gerade in der Mitte ein Jäger, der einen Anzug aus der *Belle Jardinière* anhat und ein Gewehr trägt … Aber kann man denn nicht einfach am Farbenzusammenklang einer Leinwand Gefallen finden? Ist es nötig, dass man das Sujet versteht? Und welch hübschen Ton hat dieses Bild von Rousseau! Erinnern Sie sich an jenen Frauenakt, der dem Jäger gegenüber steht? … Ich bin sicher, Ingres hätte das nicht missfallen!"

*Ich.* „Wie hat der Handwerker von ehemals so plötzlich verschwinden können?"

*Renoir.* „Woher kommt dieser brüske Stillstand? Ein Schreinergeselle hat es mir neulich, ohne dass er es wollte, erklärt. ‚Mein Herr, ich mache die Stuhlbeine, ein anderer macht die Lehnen, ein anderer setzt zusammen, aber keiner unter uns ist fähig, einen ganzen Stuhl zu machen'.

Das ist das ganze Geheimnis! Der Arbeiter hat den Geschmack an der Arbeit verloren, nachdem er nicht mehr sein Werk genießen kann. Einst schmiedete er selbst sein Eisen, machte er seine Vase, seine Möbel, verstand er in Holz, Stein, Marmor zu arbeiten. Er ist der Schwerarbeiter geworden, der nur sein Tagewerk vollbringt, um zu essen, ohne Ideal, das Gehirn mit einer Menge Ideen vollgestopft, die mit seiner Aufgabe nichts zu tun haben, und dazu mit einem Abscheu vor der Werkstatt, wo Sie nicht mehr lachen und singen hören. Kurz, der Arbeiter ist von dem Fortschritt und der Wissenschaft tot gemacht worden.

Wo existiert die Macht, die diesen Strom eindämmen könnte, der uns überflutet? Dieser Wahnsinn ist der Wahnsinn aller; nichts kann ihm Einhalt gebieten, und dennoch kann das Glück nur im Gefolge der Arbeit kommen, der Arbeit, die langsam mit der Hand gemacht wird[50].

Seitdem der Wind der Revolution vorübergebraust ist und alles ausgetrocknet hat, haben wir weder Töpfer, noch Schreiner, noch Gießer, noch

---

50    Doch macht sich Renoir keine Illusionen, wenn er denkt, dass der Arbeiter Geschmack an der Arbeit findet, wenn er den Mitgenuss am Werk hat? Ich sah eines Tages in einer Werkstatt einen Maler, welcher ein Album von Radierungen drucken ließ. „Ich werde Ihren Namen in den Druckvermerk setzen", sagte er dem Arbeiter: „Sie sollen Genuss an Ihrem Werk haben."

„Werden wir eines Tages die Rückkehr zur Tradition erleben? Man muss es hoffen, ohne dass man es recht glauben kann.

„Darauf pfeife ich!"

Er versuchte, ihn an einer andern Stelle zu packen: „Ein Abzug mit einem Schwarz, das gut herauskommt, ist eine wahre Augenfreude. Nicht, mein Freund, wenn Sie an Ihrer Presse stehen …" Er hielt inne, denn der Arbeiter hatte ihm einen bösen Blick zugeworfen. Und als er aus der Werkstatt herausgegangen war, sagte der andere naserümpfend zu den Genossen:

„Diese Schweinebande von Bürgern, das fehlt noch, dass ihnen das Volk zum Genuss verhilft!"

Es sei noch hinzugefügt, dass, wenn ein Arbeiter mit Geschmack an seine Arbeit geht … Ich habe in einer Provinzstadt, in Saumur, eine Werkstatt mit einem Meister gekannt, der es verstand, seinen Arbeitern die Arbeit „amüsant" zu machen.

Auf einer Ausstellung in Angers hatte die Werkstatt N. eine Vitrine mit schmiedeeisernen Gegenständen ausgestellt.

Als die Kommission daran vorbeikam;

„Wie diese Dinge lustig sind!" meinte der eine unter ihnen.

Und ein anderes Mitglied der Jury:

„Ich wette, das haben sie gemacht, um sich zu amüsieren. Das schmeckt nicht nach Anstrengung." (Ganz dasselbe, was man immer Renoir vorgeworfen hat.)

Doch da diese Vitrine trotzdem Erfolg hatte, so wagte sich N. mit der Bitte um eine Subvention an den Staat – eine sehr geringe –, nur um des Prinzips wegen.

Man prüft den Fall nach, und das erste, was man ihn fragt:

„Für wen stimmen Sie?"

„Sie antworten nicht? Das heißt, Sie stimmen falsch. Und welches ist Ihr Syndikat?"

„So, Sie stimmen falsch und Sie sind nicht syndiziert! Und wetten wir, Ihre Frau geht in die Messe? Gut, dass man das weiß! Und darum verlangen Sie eine Subvention?"

Als N. bemerkte, dass dies alles nichts mit dem Eisenschmieden zu tun habe:

„Nichts damit zu tun? Nun, das werden Sie eines Tages sehen, wenn man die Genossen so lange auf Sie hetzt, bis sie alles kurz und klein bei Ihnen schlagen!"

Architekten, noch Bildhauer, zum Glück sind noch einige Maler übrig
geblieben, die dem Korn gleichen, das auf ein Brachfeld gefallen ist und
dennoch keimt ...

Öffnen Sie bitte das Fenster, Vollard, dass die Sonne ins Atelier herein
kann! Sie sehen am Brunnen diese Rosenbuketts ... Nicht, das erinnert
an einen Maillol! Jeanne Baudot sagte mir eines Tages:

‚Ich werde Ihnen etwas zeigen, was Sie lieben‘. Wir gehen nach Marly
und finden Maillol, der in seinem Garten an einer Statue arbeitet. Er
suchte seine Form ohne jede Skizze, das sah ich zum ersten Mal. Die
andern bilden sich ein, der Antike nahezukommen, indem sie sie kopieren, Maillol aber ist, ohne ihr etwas zu entlehnen, so sehr ihr Kind, dass
ich, während ich seinen Stein „werden“ sah, Ölbäume um mich suchte ...
Ich glaubte mich nach Griechenland versetzt.“

# XXVI

## Die letzten Jahre

Wenige Tage nach dem Besuch Rodins war mein Porträt beinahe ganz beendet.[51]

„Noch eine kleine Sitzung“, hatte mir Renoir gesagt, „und ich bin fertig!“ Aber er konnte mir diese Sitzung nicht sofort ansetzen.

Renoir ist nämlich in Cagnes noch mehr „besetzt“ als in Paris, denn auf dem Lande liebt er es, sobald schönes Wetter ist, auszugehen. In Essoyes, wo es fast keine Autos gibt, lässt er sich in einem Wägelchen auf die Straße oder ans Flussufer bringen, in Cagnes, wo ein unaufhörlicher Wagenverkehr herrscht, lässt er sich in einem Tragstuhl durch sein Besitztum tragen, sodass er dessen hübsche Ausblicke in all ihrer Mannigfaltigkeit genießen kann: den Rosengarten, die Quarrés von Mandarinen- und Orangenbäumen, den Weinberg, das *Terrain Fayard* mit seinen japanischen Mispeln, seinen Kirschbäumen, seinen silbernen, Collettes überragenden Ölbäumen.

„Ich habe jetzt wohl das Recht“, pflegte Renoir zu sagen, „ein wenig zu bummeln.“

Bei diesem Flanieren sind so viele außerordentliche Landschaftszeichnungen entstanden; denn es braucht wohl nicht besonders gesagt zu werden, dass das Modell mit dem Farbenkasten immer folgte.

Während der Arbeit am Porträt der Madame de Galéa, das etwa fünfzig Sitzungen erforderte, und das ihn so fesselte, dass er es ohne Unterbrechung zu Ende führte, sagte er einmal, als er im Atelier an einem ausnahmsweise warmen Tag malte:

„Ich zahle das Vergnügen teuer, das ich bei diesem Bild habe, aber es ist so köstlich, sich der Wollust des Malens hinzugehen!“

Und dann, wenn das Wetter zu kalt wird und seine Ziegenfelldecke nicht mehr zum Schutz ausreicht, bleiben Renoir die Ausflüge im Automobil. Antibes besonders übt einen unwiderstehlichen Reiz auf ihn aus.

---

51    Renoir machte noch ein Porträt von mir. Dieses Mal saß ich ihm im Kostüm eines Toreadors (Essoyes, 1917).

Wenn er die Corniche entlangfährt, geben ihm die Hügel ringsum mit ihrer Atmosphäre von durchdringender Süße einen so friedlichen Eindruck, der sich immer wieder erneuert.

„Hier muss ich mich zwei Monate festsetzen, um zu malen“, rief er eines Tages, als er über den Reiz der Landschaft in besonderes Entzücken geraten war.

Und ganz seinen Rheumatismus vergessend, der ihn zwang in einem Haus zu leben, das eigens für ihn als „Brutanstalt“ eingerichtet war, gibt er dem Chauffeur Weisung, jedes Mal, wenn er sähe *Villa zu vermieten*, anzuhalten.

Der Arzt selbst empfahl Renoir, sich so viel als möglich im Freien aufzuhalten.

„Nichts reinigt die Bronchien so gut, als frische Luft einzuatmen“, sagte er dem Kranken.

Und wenn der Arzt eine Sache anordnet, die Renoir gefällt, so führt er die Vorschrift genau aus.

So meinte Renoir eines Tages, als man einen Ausflug nach Nizza plante, um Fischsuppe zu essen, obwohl es in Strömen goss:

„Bah, der Arzt hat gesagt, dass man draußen besser atmet als drinnen … Und dann habe ich jetzt fünfundsiebenzig Jahre überschritten und will nicht mehr, dass man mich langweilt! Tragt mich in den Wagen!“

Als Renoir Collettes kaufte, ließ er nicht gleich eine Straße für sein Auto anlegen. Madame Renoir stieg unten am Haus ein, und Renoir ließ sich in seinem Fauteuil herauf- und heruntertragen.

„Das ist vielleicht ein wenig unbequem“, sagte er, „doch die, welche mich um meinetwillen lieben, lassen es sich wohl eine kleine Anstrengung kosten, um mich zu besuchen; und was die „Verehrer“ anlangt, so wird mir dieser ausgezeichnete Steilhang manchen vom Leibe halten.“

Aber einmal in dem so ersehnten Süden angelangt, langweilen sich die Pariser beider Geschlechter so sehr, dass es keine Anhöhe gibt, die sie nicht hinaufklettern würden, um „die Zeit totzuschlagen“. Will heißen, dass Renoir sogleich nach seiner Übersiedlung nach Collettes seine treue Gefolgschaft von „Verehrern“ aus Paris, sogar durch manches neue Element verstärkt, vorfand.

Ich erinnere mich an den Tag, da ich Renoir unter der großen Linde in seinem Garten sah, einen langen Stock in der Hand, dem Gehilfen die Formen seiner *Siegreichen Venus* umschreibend.

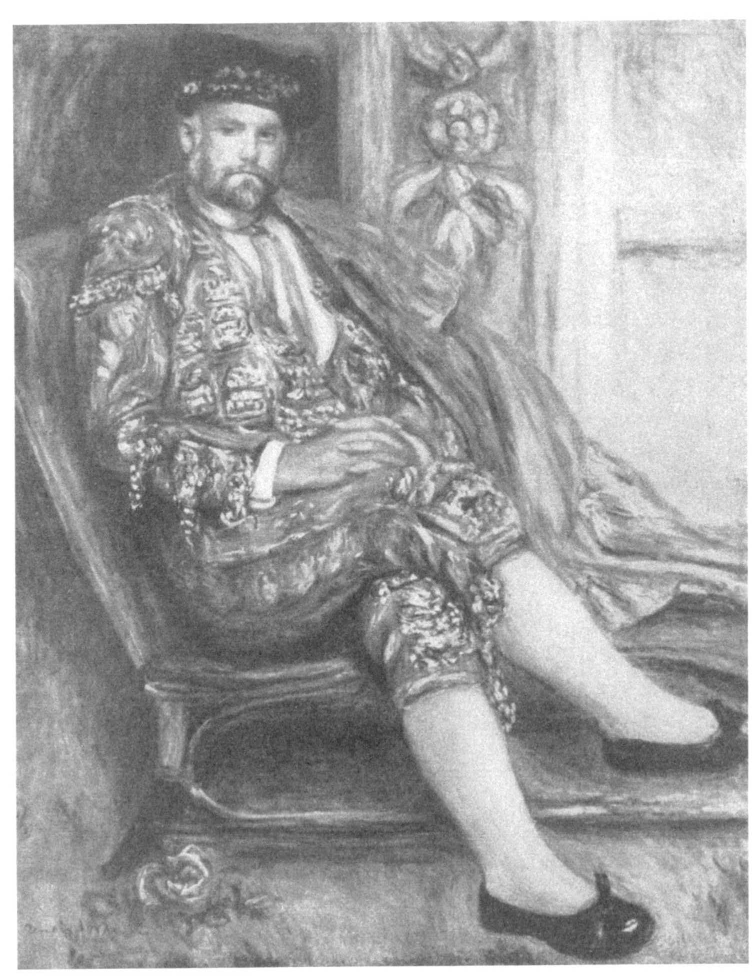

MANN IN SPANISCHER TRACHT

„Endlich habe ich sie, meine Statue! Bei diesem wundervollen Wetter kann ich den ganzen Nachmittag draußen arbeiten."

„Vorausgesetzt, dass Sie niemand stört!" wagte ich mich vor.

„O, so dreist wird doch niemand sein …"

Er hatte noch nicht den Satz vollendet, als ein Auto drei unbekannte Damen bei ihm absetzte.

„Der Portier vom Palace in Nizza", erklärte die eine, „hat uns gesagt, dass in Cagnes das Atelier Renoirs zu besichtigen sei."

„Jedoch", fiel eine andere der Reisenden ein, die offenbar guten Eindruck machen wollte, „wenn der Meister beschäftigt ist, können wir ja ein wenig warten!"

Und hinter Renoir stehend tauschen die drei Touristinnen ihre Eindrücke über die *Venus* aus.

Renoir hielt an sich, als weiterer Besuch kam: Monsieur Z …, ein gewichtiger Getreidehändler, in Begleitung einer jungen Frau. Dieses Mal musste Renoir von seiner Statue ablassen.

Eine der drei Damen aus Nizza sagte, sie habe in Paris einen Salon für Literaten und Künstler:

„Wenn der Meister zu einem meiner Empfangstage kommen wollte, so würde ich eine kleine „Plauderei" über die modernste Malerei veranstalten …"

„Doch warum sagst du kein Wort", sagte die Begleiterin des Monsieur Z … ihm ins Ohr, doch laut genug, dass ich es hörte.

„Ich denke nach!"

Schließlich fand er etwas, denn, indem er sich zu Renoir wandte: „Meister, wenn Sie Aquarell malten statt mit Öl, so wäre Ihnen jetzt gedient. Sie könnten all das Wasser, das uns der Himmel seit acht Tagen auf den' Kopf fallen lässt, für Ihre Farben verwenden."

Und als Renoir den Kopf schüttelte:

„Wie müssen Sie sich langweilen, in diesem Loch!"

*Renoir.* „Ich habe meine Malerei …"

Darauf Herr Z …: „Die Malerei … Ich weiß, was das bedeutet, ich male auch!"

Nach dem Weggang der ganzen Gesellschaft schloss Renoir die Augen (denn ein Besuch ermüdete ihn mehr als eine Modellsitzung), als der Briefträger einen Brief brachte.

Renoir las ihn ziemlich gleichgültig; dann auf einmal:

„Das ist ein Freund, er sorgt sich sogar, ob der Hund Jeans wiedergefunden worden ist! … Seine Töchter sind damit beschäftigt, mir eine
Decke zu stricken …“

Und das Gesicht Renoirs verdunkelte sich:

„Nicht mich liebt man, meine Malerei … Herr Y … erinnert mich an
die Bilder, die er wünscht …“

Und mit einer großen Traurigkeit in der Stimme:

„Ich bin „durchgedrungen“ wie kein Maler bei seinen Lebzeiten; Ehren
regnet es auf mich von überall, die Künstler machen mir Komplimente
über das, was ich mache, so viele Leute, denen meine Stellung beneidens-
wert vorkommen muss … Und ich habe es nicht bis zu einem Freund
gebracht!“

# Nachwort

Renoir starb in Cagnes den 17. Dezember 1919. Aus einem Brief, den einer seiner Söhne an Durand-Ruel richtete, entnehmen wir diese Zeilen:

*Mein Vater hatte gerade eine Lungenentzündung hinter sich, die vierzehn Tage gedauert hatte. Die letzten Tage des Monats schien er wiederhergestellt, und er hatte seine Arbeit wieder aufgenommen, als er sich plötzlich, am 1. Dezember, ziemlich schlecht fühlte. Der Arzt stellte eine Lungenkongestion fest, die sich eher weniger gefährlich anließ als die im letzten Jahr. Wir konnten nicht auf einen solchen Ausgang gefasst sein. Die beiden letzten Tage hat er das Zimmer gehütet, aber er lag nicht beständig zu Bett.*

*Er sagte wohl von Zeit zu Zeit: „Mit mir ist's aus", aber ohne Überzeugung, und er hatte das vor drei Jahren weit öfters gesagt. Die fortwährende Pflege reizte ihn ein wenig, und er hörte nicht auf, sich darüber lustig zu machen.*

*Am Dienstag legte er sich um 7 Uhr zu Bett, nachdem er ruhig eine Zigarette geraucht hatte.*

*Er wollte ein Vasenmodell zeichnen, aber man fand keine Kreide. Um 8 Uhr begann er plötzlich leicht zu delirieren.*

*Wir waren darüber sehr entsetzt, und unsere leidliche Zuversicht schlug in die größte Besorgnis um. Sein Delirium nahm zu. Der Arzt kam. Mein Vater hat sich bis Mitternacht herumgeworfen, aber er hat nicht einen Augenblick gelitten. Er hat sicher nicht gewusst, daß er sterben würde.*

*Um Mitternacht hat er sich beruhigt, und um zwei Uhr ist er ganz sanft entschlafen.*